U0591621

第六辑

佛山先秦考古与岭南文明

「佛山历史文化丛书」编委会 编
邱立诚 著

SPM
南方出版传媒
广东人民出版社
·广州·

图书在版编目（CIP）数据

佛山先秦考古与岭南文明 / 邱立诚著. —广州：广东人民出版社，2021.11

（佛山历史文化丛书. 第六辑）

ISBN 978-7-218-15325-4

Ⅰ. ①佛… Ⅱ. ①邱… Ⅲ. ①考古学史—研究—佛山 Ⅳ. ①K87-09

中国版本图书馆CIP数据核字（2021）第215384号

FOSHAN XIANQIN KAOGU YU LINGNAN WENMING

佛山先秦考古与岭南文明

邱立诚 著

版权所有 翻印必究

出 版 人：肖风华

责任编辑：陈泽航

责任技编：吴彦斌 周星奎

封面设计：集力书装 彭 力

装帧设计：友间文化

出版发行：广东人民出版社

地 址：广州市海珠区新港西路204号2号楼（邮政编码：510300）

电 话：（020）85716809（总编室）

传 真：（020）85716872

网 址：http://www. gdpph. com

印 刷：佛山市高明领航彩色印刷有限公司

开 本：787毫米×1092毫米 1/16

印 张：22.75 字 数：310千

版 次：2021年11月第1版

印 次：2021年11月第1次印刷

定 价：82.00元

如发现印装质量问题，影响阅读，请与出版社（020-85716849）联系调换。

售书热线：（020）85716826

“佛山历史文化丛书”编辑委员会

成员单位

中共佛山市委宣传部　佛山市文化广电旅游体育局

佛山市社会科学界联合会　佛山市文学艺术界联合会

佛山传媒集团　佛山日报社

顾　问

岑　桑　罗一星

学术委员会

（按姓氏笔画顺序排列）

龙建刚　任　流　巫小黎　杨河源

肖海明　陈　希　陈忠烈　陈恩维

罗一星　钟　声　凌　建　黄国扬

戢斗勇　温春来

总序 Preface

佛山——站在文明续谱的桥头堡上

罗一星

假如把两千年来的岭南历史文化比喻为一串人文项链，那么在这串人文项链上就有几颗耀眼的明珠，秦汉时期的南越国文明、隋唐时期的广州贡舶贸易、宋元时期的珠玑巷南迁、明清时期的佛山崛起和珠江三角洲的开发、清代的广州中西贸易、近代中华民国政府的建立，都是既有地方特色也有全国意义的“和璧隋珠”。

“未有佛山，先有塔坡”的谚语，浓缩了“佛山”之名的渊源。据说东晋时有西域僧到塔坡冈结茅讲经，不久西还。唐贞观二年（628），乡人见塔坡冈夜放金光，掘地得铜佛像三尊和圆顶石碑一块，碑有联云：“胜地骤开，一千年前青山我是佛；莲花极顶，五百载后说法起何人。”乡人十分诧异，遂建塔崇奉，并因此名其乡曰“佛山”。唐宋时期，中国的经济重心不断南移。尤其是北宋末年以来，建炎南渡、元兵入主，大批的士民渡岭南来。佛山也在此时形成聚落，史称“乡之成聚相传肇于汴宋”。明清时期佛山迅速崛起，成为举世闻名的“四大名镇”和“天下四聚”之一，以出产精美的“广锅”而誉满天下。时人“春风走马满街红，打铁炉过接打铜”的诗句，就是对佛山冶铁业盛况的生动写照。佛山在制造业上的成就和中心市场功能，决定了她在中国城市发展史上的重要地位。然而，佛山所具有的价值还不仅在于此。佛山是明清时期因经济因素发展起来的中心城市，不同于传统的郡县城市。在其兴起发展的过程中，传统社会结构与新兴经济因素之间相互调适，兼容发展，透射着理性之光。因此，研究佛山都市化的过程与社会结构的互动变迁，有助于我们理解和把握传统中国城市发展的多样性，有助于我们摒弃概念化的中国城市发展形态的认知模式。此外，佛山还集中了岭南传统社会的各种文化现象，它们五色杂陈，大放异彩，其典型性远胜于广州，这又使研究佛山的文化现象具有非同一般的意义。

纵观佛山的历史地位和文化价值，每一点都离不开岭南独特地缘人文的滋养，每一页都关联着中华悠久文化的传承。如此既有结构性因素又有精致性内容的文明篇章，值得每一位热爱佛山历史文化的人士投身书写、共同编织。笔者在此仅发其端要，以就教于方家。

佛山是“广佛周期”的双主角之一

历史是时间和空间发展次序的结合体。自17世纪初至19世纪末，岭南区域出现了一个经济发展的高峰期——广佛周期。在广佛周期存在的时间内，以广州、佛山为中心的城市体系得到空间的迅速布局和层级的系统发展，其城市化的程度居全国领先地位。广州、佛山两大中心城市外贸和内贸互补功能的发挥，使因地理和人文环境差异而形成的岭南独特的三种市镇空间结构整合为一体。此时佛山扮演着双重城市角色，既是岭南二元中心市场体系的中心城市，承担广货与北货宏大交流的商贸枢纽；又是国内最大的综合型民生日用品生产基地，满足国内及海外的产品多样性需求。从佛山运出的精美广货及其丰厚利润，吸引了十八省商人和四远来谋生的手工业者。“走广”成为全国商人的时髦行动和共同追求。当时“汾江船满客匆匆，若个西来若个东”的大规模商品流转的盛况，常年不辍。

在广佛周期，佛山商业繁荣远胜于广州的情景见诸中外史籍。法国传教士道塔·塔鲁塔鲁和道·冯塔耐，分别于1701年和1703年到过佛山，他们描述佛山是一个约有100万人口的巨大聚落，并称佛山既没有城墙也没有特别长官，在汾江河上的大船有5000艘以上。康熙时人吴震方《岭南杂记》记载："佛山镇……天下商贾皆聚焉。烟火万家，百货骈集，会城百不及一也。"《南越游记》的作者陈徽言也说："俗称天下四大镇，粤之佛山与焉。镇属南海，商贾辐辏，百货汇集，夹岸楼阁参差，绵亘数十里。南中富饶繁会之区，无逾此者。"徐珂的《清稗类钞》也说：佛山的"汾水旧槟榔街，为最繁盛之区。商贾丛集，阛阓殷厚，冲天招牌，较京师尤大，万家灯火，百货充盈，省垣不及也"。清代到佛山的徽州商人也记载："佛山，居天下四镇之一，生意比省城大。"这里说的"会城""省垣""省城"均指广州。在此举例说明清代佛山商业规模比广州大的历史事实，并不是刻意夸大佛山的历史地位，而是指出，佛山的历史地位显然被长期低估，应该给予应有的重视和正确评价。

只要对广州、佛山两个市场的商品结构、商人组织和市场网络进行比较研究，就可知广州市场上各省运来的货物绝大多数是清朝允许出口的商品；各省运回的商品更是清一色的洋货，这说明广州商品与对外贸易相联系。佛山市场上，洋货寥寥，广货（或称"南货"）充斥，生产用品和民生日用品占主导地位，这表明佛山市场的商品与国内、省内贸易相联系。各省商人运来的"北货"（或称外江货）在佛山市场与广货大规模交流。佛山林立的外省商人会馆和形成的外省商人聚居区，都表明佛山与广州是两个功能不同的中心市场。

广佛周期开始于17世纪初的明朝末年，迄于19世纪末的清朝末年，历时三百年左右。这一周期以广州、佛山为中心形成一个地跨两广、河海相连的岭南市场体系。如果把岭南中心市场比喻成一座巨大的中外贸易桥梁，那么，广州和佛山，就犹如这座桥梁的两个桥头堡，一头连接海外市场，一头连接国内市场，它们功能各异，自成一体，然又互相联系、互相配合。这种二元中心市场模式，是因佛山城市地位的迅速上升并成为双主角之一而确立的。

佛山是中华铸造文明的重要支点

冶铁业是明清时期佛山的支柱产业，带动了佛山众多制造行业的共同发展。但是佛山冶铁业的真正贡献，却是对中华铸造文明的传承和支撑。人类从史前时代进入文明时代，是以金属的发现、金属工具的制作使用为标志的。有了对冶金术的规律性把握和持续控制的技能，人类才能从自在走向自为。世界文明史上，古埃及、古巴比伦、古印度和中国是四大铸造文明古国，也是东方铸造文明的典型代表。他们以其先进的铸造技术成为所在区域的核心国家，并依靠铸造技术优势与周边国家进行交流。中国在夏代开始进入青铜时代。铸造技术支撑了礼仪大国的呈现，西周铸造的大型礼器作为镇国之宝，把礼仪文字和刑法文字铸在鼎上，形成了中华独特的铸造文明。中国在战国时期进入铁器时代，锐利的刀剑和犁耙，高大的铁塔和钟鼎，每一件铸铁品，都记录了华夏文明的历程。西汉时中国的生铁冶铸技术传到中亚地区，东汉三国时中国的刀剑制作技术传到日本并发展为倭刀锻造技术。日本、越南的铸钟、铸镜、失蜡法、生铁冶铸等技艺也是从中国传入的。正如华觉明先生指出：“中国以生铁铸造为基础的整个钢铁生产，产生了焕发异彩的钢铁文化。在世界文化史上，青铜礼器制作和两千年的铁水长流，均为中国所独有。所以说，中国的文明是铜和铁浇灌的文明。”

唐代以后冶铁技术不断南移，南汉时广州光孝寺的东西两铁塔的铸造技术已臻完美，塔身铸有上千个佛像，称为千佛塔。南宋著名学者洪咨夔的《大冶赋》这样讴歌了南方冶铸产品运输的盛况：“铁往铜来，锡至铅续。川浮舳舻之衔尾，陆走车担之襁属。出岭峤，下荆蜀。绝彭蠡洞庭而星驰，泝重淮大江而电逐。”这里所说的“岭峤”，指的就是五岭山脉。明代后起的广铁誉满天下，佛山承接了中华传统失蜡法铸造技术，又独创了“红模铸造法”，成为与遵化齐名的两大冶铁中心之一。遵化冶铁业在正德八年（1513）被明王朝停办后，佛山更是后来居上，一枝独秀。祖庙现存的大型铜铁礼器中，有明景泰年间铸造的北帝铜像，重2.5吨，是明代国内最大的青铜造像；有明成化年间的铜钟，重约1吨，钮钟设计为精细的龙身造型，独具匠心，造型精美；有明嘉靖年间的铜镜，铜质光泽如新，形制巨大，为祖庙重器，是明代国内最大的铜镜；有铸于嘉庆年间的大铁鼎，该鼎通高2.6米，以镂空金钱图案装饰，铭文工整古朴，全鼎浑然一体，气势非凡。明清两代，中国铁钟为东南亚诸国所追求。作为庙宇的镇庙之宝，佛山铸造的铁钟尤为当地寺庙首选，占据了东南亚诸国寺庙梵钟的主导地位。佛山的大铁锅更是备受欢迎。明清时期，广锅出口日本，大获盈利，大者一口价银一两。雍正年间，佛山铁锅大量销往外洋，洋船每船所载多者两万斤，少者五六百斤。“其不买铁锅之船，十不过一二。”清中叶后，出国谋生的广府华侨群体，也把广锅传入美国旧金山、澳大利亚墨尔本。两广总督张之洞就曾在给光绪皇帝的奏折中称：佛山铁锅每年出口新加坡、新旧金山约五十万口。从此英语出现了“WOK”（粤语“镬”音）一词，专指圆形尖底的中国锅（Chinese Wok）。

《左传》有云：“国之大事，在祀与戎。”除了礼器、民生用品和生产器具外，佛山铸造还担负起了皇朝的国防任务。明清两朝均用佛山铸造的铁炮在全国布防，从辽东到宣大边塞，从虎门到广州城防，从水师战船到海关缉私艇，比比皆然。佛山生产的铁炮从五百斤到一万斤皆有，清道光年间，佛山成为国内供应海防大炮的最大军火基地，广东官府曾一次性订购铜铁炮2400余门。作为支柱产业，佛山铸造业带动了佛山手工业体系的其他上百个金属加工业的发展。佛山的铜铁铅锡金等锻造行业，门类齐全，制造精细，所出产品涵盖了建筑装饰、民生日用的各个方面。入清以后，佛山的手工业进入全面发展阶段，以冶铁业为主干，以陶瓷业和纺织业为辅助，带动了造纸业、成药业、颜料业、爆竹业、衣帽业、扎作门神业的百业兴旺。多样性、派生性、互补性，构成了此时佛山手工业体系的有机结合形态。

世界科技史泰斗李约瑟认为，欧洲的生铁铸造技术是从中国传入的。因为在中世纪，只有中国能提供数量庞大的铁和钢。由此可见，中国的铸铁技术在古代和中世纪曾长期处于领先地位。而自16世纪至19世纪持续兴旺的佛山制造业，既是中国铸造技术和产品输出的高地，更是中华铸造文明的重要支点。它支撑着几千年来中华铸造文明的光荣延续，支撑着中国作为东方铸造文明大国地位的世代辉煌。

佛山既是岭南文化的核心基地，也是中华传统文化的宝库所在

岭南文化有四大内容在佛山诞生发展，它们是明儒心学、状元文化、祖庙文化和粤剧文化。

明儒心学发端于江门，而传播于西樵。明儒心学为明代广东新会学者陈献章（号白沙）所创，陈白沙提倡“道心合一”，以静坐体认天理为宗旨。湛若水（号甘泉）师从陈献章十余年，成为白沙先生最有成就的学生。弘治十八年（1505）湛若水会试第二，授官翰林院编修，当时王守仁（号阳明）在吏部讲学，湛若水“与相应和”。其后各立宗旨。“守仁以致良知为宗，若水以随处体认天理为宗。”时称“王湛之学”，分执明中叶理学之牛耳。正德年间，湛若水到西樵山筑舍讲学。当时致仕归家的方献夫、霍韬也相继进入西樵山与湛若水切磋砥砺，日研经书，讲学授徒。湛若水建大科书院，方献夫建石泉书院，霍韬建四峰书院，西樵山中三院鼎峙，藏修讲学，四方士子入山求学者甚众。霍韬在此时撰著了《诗经注解》《象山学辨》《程朱训释》等书，后刊行于世。当时方献夫致信王阳明说：“西樵山中近来士类渐集，亦颇知向方……甘泉大有倡率讲明之意。近构学舍数十于山，以延学者，将来必有成就，此亦一盛事也。”王阳明对此嘉许，称“英贤之生，同时共地，良不易得。乘此机会，毋虚岁月，是所望也”。西樵山中的书院，培养出一批像霍与瑕这样的佛山子弟。湛若水在嘉靖初年复回朝，历任礼、吏、兵三部尚书。方献夫、霍韬亦踵其后，于嘉靖年间分别继任吏部、礼部尚书。此时的南海士大夫均以理学相高，如梁焯（曾任兵部职方司员外郎）成进士后，即游学于王阳明处，并录有《阳明先生问答传习录》传世；庞嵩（曾任应天通判）早年亦游学王阳明门下，以后复从湛若水游。湛若水曾说“北有吕泾野，南有庞弼唐，江门之学遂不坠”。何维柏（曾任南京礼部尚书）年轻时负笈于西樵山，与湛若水、霍韬论学“多所默契”，致仕后创立天山书院，“阐发陈白沙绪论，四方从游者甚众”。冼桂奇（曾任南京刑部主事）登第前即“师事湛甘泉”，致仕归家后筑精舍讲学，遂“以一代理学为世儒宗”。南海士大夫在西樵山研讨理学的学术圈子，还吸引了当时当政的两广官员。例如广东巡按御史洪垣，嘉靖十一年（1532）进士，湛若水在京师讲学时，“垣受业其门”，后出按广东，经常到西樵山求学。这样，湛若水、方献夫、霍韬以及南海士大夫群体，以西樵山为平台，传播易理，弘扬白沙心学，并以其理学上的学问和为官实践，深刻地影响了中国的儒家文化。五百年来，西樵山一直作为中华士子见贤思齐的文化名山而存在。正如明代学者方豪所言：“西樵者，天下之西樵，非岭南之西樵也。”

状元文化不属佛山独有，但以佛山最为杰出。佛山自古科甲鼎盛，南汉的状元简文会和南宋的状元张镇孙名节自持，是佛山士子中初露头角者；而明代不断涌现的状元和会元，则令佛山科名雄视岭南。明成化年间石硝乡的梁储考中会元（官至内阁首辅），明弘治年间黎涌乡的伦文叙状元及第，明正德年间石头乡的霍韬亦夺魁会元。其后，伦文叙之子伦以训亦中会元。黎涌、石硝、石头相隔不到五里，人称“五里四会元”。而伦文叙一家父子四人，文叙连捷会元、状元，以训连捷会元、榜眼，以谅为解元、进士，以诜亦为进士，因而又有“父子四元双进士”之誉，人称“海内科名之盛，无出其右，所谓南伦北许也”。还有明万历年间状元黄士俊亦蟾宫折桂，清末时状元梁耀枢也独占鳌头。明清两代，佛山一共出了五个状元、三个会元。清代佛山科名依然头角峥嵘，时人有“广郡科第之盛甲于粤中，南海科第之盛甲于广郡，佛山科第之盛又甲于南海”之说。以科举出仕的有湖南巡抚吴荣光，四川总督骆秉章，咸丰探花李文田（礼部右侍郎），梁僧宝（鸿胪寺少卿兼军机），戴鸿慈（协办大学士、法部尚书，出洋五大臣之一），张荫桓（户部左侍郎、驻美国公使）。还有在三湖书院就读的康有为和在佛山书院就读的梁启超、署理邮传部大臣梁士诒等。这些人才的出现，使佛山成为名副其实的“气标两广的人文之邦”。为什么佛山状元、会元在明代中叶呈群体性涌现？为什么明代佛山籍大吏在嘉靖朝宠命优渥？状元文化留下了何种文化基因？要回答这些问题，就要对科举制度进行探讨，对皇权体制进行分析，对中华传统文化进行整体把握。唯其如此，研究佛山的状元文化，就具有了特殊的价值。

祖庙文化为佛山所独有。在中国城市发展史上，如果说有一座庙宇与一座城市的命运休戚相关，那就是佛山祖庙。明清时期的祖庙，是当时佛山人的信仰高地和心灵归宿。可以这样形容两者之间的关系：祖庙之于佛山镇，事事相关；祖庙之于佛山人，代代相系。明正统十四年（1449）发生的一场长达半年的佛山保卫战，把祖庙和北帝深植在佛山先民心中。当时为了保卫佛山自明初以来积累的劳动成果，佛山先民有二十二老以祖庙为指挥部，罄其财产，分铺防卫，万人一心，众志成城，终于保住佛山不受掠夺。事平之后，明王朝敕赐祖庙为灵应祠，列入官府谕祭。佛山先民遂把佛山全境分为二十四铺，分区管理，从此佛山脱离乡村形态，走上了城市化的发展之路。祖庙也成为珠江三角洲最大的北帝庙，并诞生了出秋色、烧大爆、北帝坐祠堂等民俗庆会和祖庙建筑群。明清时期，祖庙还是佛山士绅议事决事的中心，佛山民间自治组织明代的“嘉会堂”和清代的“大魁堂”均设于此。至今悬挂于祖庙大殿外的“廿七铺奉此为祖，亿万年惟我独尊”的对联，就是对祖庙在佛山地位的精辟写照。千百年来，祖庙以其独特的人文之光滋养着佛山这片土地，也给这片土地留下了享誉千年的人文瑰宝和古建华章。因此，研究祖庙千百年来亦庙亦祠的发展脉络，可以发现岭南人文的精彩篇章。从这个意义上说，解读了祖庙的文化内涵，就可以理解佛山的民间信仰；解读了佛山的民间信仰，就可以理解中华文化之博大。

粤剧文化的诞生和发展与佛山有直接的关系。粤剧行语有云："未有吉庆，先有琼花。""吉庆"是指同治年间设在广州的粤剧吉庆公所，"琼花"是指雍正年间设在佛山的琼花会馆，两个都是粤剧的行会组织。琼花会馆在前，吉庆公所在后，二者有明显的承继关系，然时间相差上百年。粤剧在佛山的诞生，并不是偶然的。戏剧的发展与社会经济发展密切相关。首先，佛山神庙和宗族祠堂众多，需要大量的神功戏酬神；其次，商人和侨寓的大量涌入，使会馆以及单身汉的数量迅速增加，需要演剧酬谢行业神和丰富业余生活；再者，数量庞大的手工业者常常要庆贺师傅诞和满师礼。土著的祭祀需要、侨寓的文化生活需要和工商业者的行业惯例需要三者相结合，为粤剧的诞生提供了"肥沃的土壤"。雍正年间，北京名伶张五，号称"摊手五"，南来佛山，寄居佛山镇大基尾。张五以京戏昆曲授诸红船子弟，变其组织，张其规模，创立琼花会馆。琼花会馆建立于雍正年代的事实，可以在乾隆十七年（1752）陈炎宗修《佛山忠义乡志》之《佛山总图》中标出的"琼花会馆"一建筑得到证实。琼花会馆建立后，规范了粤剧剧种和十行角色，培养了大批粤剧人才，从而使粤剧走向蓬勃发展的阶段。粤剧宛如逾淮之橘、出谷之莺，从而独树一帜，向广州、珠江三角洲乃至广西东南部迅速发展。张五从此被粤剧艺人尊奉为"张师傅"。咸丰四年（1854），因琼花会馆戏班参加红巾军起义，清军平毁了琼花会馆。此后粤剧班子均散向四乡及流集于广州谋生，同治年间遂在广州设立吉庆公所。由此可见，佛山是粤剧诞生的地方，又是粤剧发展的基地。粤剧与佛山社会生活息息相关，互相依存，共同发展，并成为中华传统戏剧的重要剧种。

上述岭南文化的四大内容都在佛山诞生或发展，其成长过程中的“佛山”烙印固然明显，而其对中华文化的影响也是显而易见的。此外佛山收藏的木鱼书、木版年画、扎作工艺品、石湾瓦脊、石湾公仔等文物作品，现存的祠堂和锅耳形建筑，以及北帝巡游、出秋色、行通济等习俗庆会和武术、中药、传统广府菜肴等，都具有典型的岭南特色，其中不少属于非物质文化遗产。所以说佛山既是岭南文化的核心基地，也是中华传统文化的宝库所在。

唯书有华，赠人如锦。“佛山历史文化丛书”将以各位著者多年的研究成果和独特视角，为您展开丰富多彩、颇具价值的佛山历史文化长卷，让海内外朋友捧如甘饴，感受佛山的内涵与精彩；让生于斯长于斯的老佛山人重拾瑰宝，不忘初衷；让来自他乡的新佛山人感受传统，仰之爱之。笔者身非佛山公，却心萦佛山乡，几十年来对佛山历史文化持续关注与爱护，情有独钟，从未释怀。因为笔者深深地知道，从古到今，佛山一直站在文明续谱的桥头堡上。

（作者系历史学博士、中国社会经济史学者、佛山史专家、广州市东方实录研究院院长，著有《明清佛山经济发展与社会变迁》）

“佛山历史文化丛书”编撰凡例

一、国家历史文化名城佛山，明清时期与汉口镇、景德镇、朱仙镇并称全国“四大名镇”，与北京、汉口、苏州并称“天下四聚”，文化积淀深厚。“佛山历史文化丛书”（简称丛书）于2016年启动，每年一辑，每辑10种，是佛山市一项系统性大型文化工程。

二、丛书以习近平新时代中国特色社会主义思想为指导，坚持以人民为中心的创作导向，坚持为人民服务、为社会主义服务的根本方向，坚持百花齐放、百家争鸣的方针，深入反映佛山历史文化的总体风貌，多角度、多层面地发掘佛山多姿多彩的历史文化，全面、系统地解读佛山优秀历史文化的底蕴和创造力。

三、丛书旨在用当代眼光审视佛山历史，开掘源远流长、积淀深厚的佛山历史文化内蕴，揭橥历史上的佛山如何得天时、出地利、尽人和地创造，为佛山经济社会的可持续发展，提供可借鉴的文化资源。

四、丛书的写作，基于丰富深厚的历史文献、历史文物，并配以彩图，图文并茂，力争兼具学术性与通俗性，将佛山优秀历史文化的诸多层面，立体呈现出来，激励兹土兹民以及关注佛山在中国历史文化和现实改革开放版图地位的各界贤良，让他们更深入地理解和认同佛山。

五、丛书所称“佛山”，指今天广东省佛山市行政区划而不限于历史上的佛山镇，包括禅城、南海、顺德、高明、三水五区约3800平方公里范围内与历史文化相关的人、地、物、事。如果课题内容与相邻区域有交叉，撰稿人应根据史实，酌情处理。

六、丛书内容大致可分为：佛山历史环境地理、佛山工商业、岭南文化遗产、佛山历史人物。具体展开为八大方面：（1）红色文化主题：对新中国成立和建设作出较为重要贡献的人物和群体，需要关注；（2）变革与创新主题：在政治、经济和社会创新变革等方面有重大的贡献，推动中国历史进程的历史人物和事件，应该总结；（3）历史地理主题：近海水文化环境格局，以及和广州的双城面貌，对于成陆的佛山和佛山产业布局、产业调整，关系极大，因而佛山水环境、地名、地理、古人类活动等，均需梳理；（4）生态文明主题：佛山先民创造性地利用湿热低洼的地理气候条件，广筑堤围，在地少人稠的佛山，以可持续、立体种养的"基塘"农业，率先实现农桑的商品化生产，一些世家大族、名村名镇应运而生，其成就和遗产对于今天乃至未来，仍不乏启示，理应关注；（5）工商业主题：以工商业著称的佛山，其丰富的工商业史料、商业伦理、工商业品牌、企业、产业、行业、行会等，都在网罗之内；（6）岭南文化主题：作为广府文化重镇，广府文化的代表性符号诸如粤剧、南音、南狮、粤语、粤菜、广锅、石湾瓦、秋色、剪纸、武术等，或者由佛山发轫，或者由佛山光大，正该系统整理；（7）历史名人主题：佛山百业兴旺，名匠作手代不乏人，而且科甲之盛，傲视岭南，名医留下的验方良药、名师传下的武功招式、大家留下的丹青墨迹、名人书写的诗文传说，至今还滋养着这块土地，甚至进入中国文化的谱系，应予整理；（8）对外交流主题：佛山是海上丝绸之路的重要节点之一，更是重要的产品制造输出地，从佛山出发以及归往、过境佛山的客流物流，在一个覆盖南洋群岛、遍及全球的范围内，留下了鲜明印迹，值得挖掘。

七、丛书立传所涉人物，原则上为历史上的佛山籍优秀先贤，包括原籍佛山者、入籍佛山者和寄籍佛山者，他们在经济、政治、文化、社会、科技等领域为本土、为国家作出过重大和杰出贡献。

八、丛书以研究性著述为主，凡引用佛山历史文献和其他历史文献，均须经由作者消化释读，转换为作品论证说明的有机成分。

九、丛书属原创性研究论著，原则上不主张集体作品。著述者必须严格遵守《中华人民共和国著作权法》等相关规定，在引用文献和使用图片时，不得引用版权不明或有争议的作品。

十、除学术委员会指定邀请的相关学者撰述外，丛书绝大多数课题，都面向全社会公开征集作者。作者根据丛书编辑部所悬标的，提出书面申请，完成作者学术履历、团队构成、先期成果和著述大纲等内容的填写，经学术委员会审定通过后，与编辑部签约，进入课题调研和文本写作程序。

十一、丛书所用文字，除引用古籍而又无相应简化汉字的特殊情况外，行文一律使用通用规范汉字，避免异体字和繁体字。例外而非用不可时，须出注说明。

十二、丛书使用的标点符号和数字，须遵照国家相关出版法规的规定。

十三、丛书所用人名、地名、书名、民族名、外文名、机构名、专业术语、专有名词等，全书应统一。外来译名，应注明原文，以便核查、检索。

十四、丛书从第三辑开始，回溯提供已出版书目，供公众参考，提供线索，不断丰富课题、及时调整选目，裨益丛书。

目录

绪论

历史文化

以习近平总书记为核心的党中央于2020年提出，要建设中国特色中国风格中国气派的考古学。2020年9月28日，在十九届中央政治局专门以考古为主题举行集体学习会议上，习近平同志站在更好认识源远流长、博大精深的中华文明，坚定文化自信的战略高度，精辟论述我国考古工作，分别就人类起源、中国文明起源和考古研究问题发表重要讲话。认识到，我国考古工作取得了重大成就，考古工作是展现和构建中华民族历史、中华文明瑰宝的重要工作，是一项具有重大社会政治意义的工作。关心爱护考古工作者，是党的要求，也是人民的嘱托。

考古学是一门十分重要的学科，考古发现展示了中华文明的灿烂成就，展示了中华文明起源和发展的历史脉络，展示了中华文明对世界文明的重大贡献。要做好考古成果的挖掘、整理、阐释工作，加强考古能力建设和学科建设，发扬光大伟大民族精神和优秀传统文化，搞好历史文化遗产保护工作，继续探索未知、揭示本源，向全世界讲好中国历史故事，提升考古和历史文化保护的工作水平，为建设具有中国特色的社会主义国家而努力奋斗。

本书以佛山市先秦考古遗存为主线，概括地介绍佛山市先秦考古的收获以及目前的认知，试图让读者对此有一个基本的认识，这也是展现佛山市先秦历史，展示岭南考古辉煌成果和中华文明的灿烂成就。

第一节　地理概貌

佛山市全境位于珠江口西侧，在东经112º22′~113 º23′，北纬22 º38′~23 º34′之间，大致呈“人”字形。东西长和南北宽均约103公里，在珠江三角洲中

部河网区，河流纵横交错，西江与北江均有干流和主要支流流经境内。

珠江三角洲是广东面积最大的平原，范围大致为：东至东江博罗园洲、增城沙塘，北至流溪河广州、北江三水黄塘、绥江四会黄冈，西至羚羊峡东口及潭江新会司前。三角洲面积约8601平方公里，居中国第二位，仅次于长江三角洲。珠江三角洲原是一个被古兜山、鼎湖山、罗浮山等众多的山地和丘陵三面环绕的古河口湾，由于西江、北江、东江以及潭江、绥江、流溪河、增江等夹带的泥沙在河口湾内沉积堆积以及波浪作用而形成的复合三角洲。可分为西、北江三角洲和东江三角洲两部分。佛山市即属于西、北江三角洲地区。西、北江在三水思贤窖汇合后即进入河网区，这里有崖门、虎跳门和磨刀门由北向南注入珠江口，因此，西、北江三角洲的河网特征远比东江三角洲显著，面积也较之为大。[①]"狭义的珠江三角洲地区"，一般指北自广州（南海里水草场）石门水以下，西北自三水思贤滘以下，西自江门潭江以下，东自东莞石龙以下的地区，包括香港、澳门以及沿海岛屿等。珠江三角洲地区西面和北面以罗平山脉为界限，西面为粤西山地，北面为粤北山地；东侧以罗浮山区为界限，为粤东地区。

珠江三角洲的形成年代，大致在全新世的早期，距今约1万~7千年前[②]。珠江三角洲东、西、北三面都有山地、丘陵围绕，南面向海，构成马蹄形港湾形势。三角洲平原上有百多个岛丘和台地突起。它们是过去浅海湾中的岛屿，海湾被淤积后，岛屿便成为今天平原上的孤丘。平原上的丘陵集中分布在南部，一般高200~400米，有些海拔在500米以上，如黄杨山、五桂山。台地集中在北部的番禺至广州之间，其中兀立在平原之上的

① 《珠江志》编纂委员会：《珠江志》卷一，广州：广东科技出版社，1991年，第134页；李平日等：《珠江三角洲一万年来环境演变》，北京：海洋出版社，1991年，第65页。

② 黄镇国、李平日等：《珠江三角洲形成发育演变》，广州：科普出版社广州分社，1982年，第56—62页；李平日等：《珠江三角洲六千年来的发展模式》，载《泥沙研究》，1982（3），第33—42页。

西樵山为古火山遗迹，是广东四大名山（丹霞山、西樵山、鼎湖山、罗浮山）之一。

珠江三角洲河网十分发育、汊道众多、纵横交织，水上交通便利。西北江三角洲主要水道近100条，总长1600多公里；东江三角洲主要水道5条，总长138公里。珠江入海口共有八个口门。东部的虎门、蕉门、洪奇沥、横门构成伶仃洋河口；南部的磨刀门、鸡啼门构成磨刀门河口；西部的虎跳门、崖门构成崖门河口。三江汇合、八门入海，成为珠江三角洲平原突出的地貌特色。

中全新世时期（距今约7000~2500年前），海水进一步深入，佛山西部的鲤鱼沙FG31孔沉积层含咸水种硅藻、细弱圆筛藻、爱氏辐环藻、放射虫和海绵骨针，热释光年代距今为7230 ± 30年；南海里水洲表JG26孔的中全新统含多束圆筛藻和条纹小环藻，表明这时期海进已深入佛山西部和南海区北部，较之早全新世仅至南海区东部的蔗围又前进了很大距离。至中全新世中期，海进深入到佛山河宕（蚝壳碳十四年代为4875 ± 100年~4765 ± 100年）和南海区石碣。石碣古海岸遗迹在松岗石碣村东，形成一处海岸坚硬的硅质石灰岩被海水侵蚀成陡峭的、高约10米的海蚀崖，西南侧被海水冲击成三个深达2米、高约3米的海蚀洞，洞前方有宽6~15米的海蚀平台，这是海水经常进退侵蚀的部位，台上有几个高1~2米孤立的海蚀柱。海蚀洞里和岩缝中，黏附着不少属咸淡水环境生长的贝类动物壳体（海蚀遗迹的粘附贝壳碳十四年代为4640 ± 280~4215 ± 90年），说明这里曾是古海湾的滨岸地带，由于海水的不断冲积，海水外退，昔日的海岛成为今日珠江三角洲地区的小山丘。这里已高出地面约2米，地理学上称为海蚀平台，这处海蚀遗迹，既是古海岸遗址，又是海陆变迁的见证，也是海平面变化的标志。[①]在三水区白坭河、南海区官窑河等径流较弱的小河，

① 梁桂全主编：《广东历史人文资源调研报告》，北京：社会科学文献出版社，2008年，第255页。

海相微体古生物只能依托涨潮而进入，故中全新世的海进影响是局部的。[①]佛山地区部分为河口湾，尚未成陆，先民们在山丘台地和河岸水滨聚居生活，是这个时期地理环境的有力证明（图绪-1）。

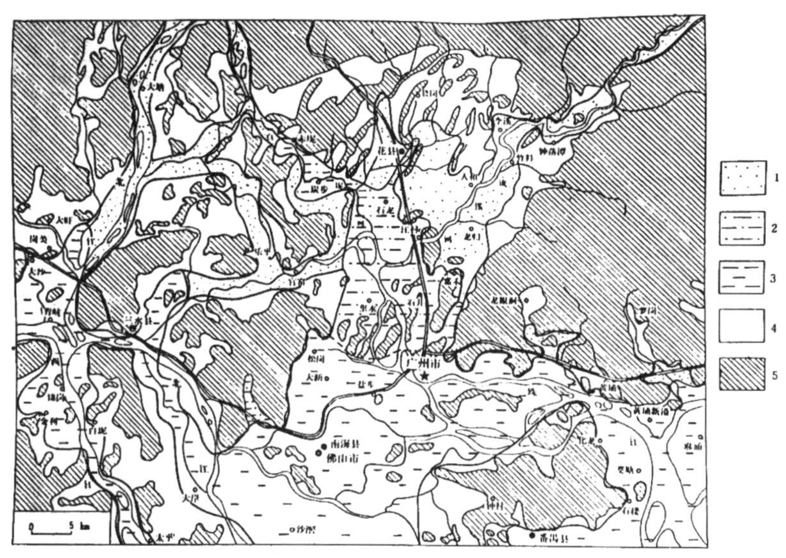

图绪-1 佛山地区全新世中期地理图（依李平日等）

1. 冲积平原；2. 冲积海积平原；3. 海积冲积平原；4. 无沉积区；5. 剥蚀侵蚀丘陵台

考古资料表明，珠江河段自然资源丰富多样，珠江三角洲形成年代较早，过程独特，有利于古人类从采集狩猎经济→渔猎经济→初始农业经济→农业文化发展历程的推进，进而形成特色文化。利用考古资料探索先秦时期的岭南文化，首先就是珠江三角洲的文化。[②]佛山的新石器时代遗址属珠江三角洲河口段型，以河蚬为主，夹杂文蛤、牡蛎这种潮间带的贝类，根据它们的存在而又数量不多，推测当时这个地区的水域易受海潮的

① 李平日、郑建生等：《广州地区第四纪地质》，广州：华南理工大学出版社，1989年。第148—150页。

② 娄欣利：《先秦东江三角洲陶器研究》，北京：科学出版社，2010年，第15页。

影响。佛山禅城区河宕遗址的脊椎动物，说明这一带在4000年前后已成陆地，附近还有沼泽湿地。而牡蛎、文蛤、河蚬等贝类又说明海潮可以深入到河宕一带，故有半咸水生长的贝类。

第二节　佛山先秦考古研究的范围

本书的研究包括两个范围，一个是地域范围，即现在的佛山市，含禅城区、南海区、顺德区、三水区、高明区。先秦时期的佛山，属百越之地，商周至春秋战国时，广东一地至少分属缚娄（傅罗）、阳禺、驩兜、西瓯、骆越等岭南君国，一般来说，缚娄在今博罗一带，即东江流域；阳禺为北江流域；西瓯为西江流域；骆越在粤西南湛江、茂名和广西北海、南宁一带。佛山地属哪里，则未明了。是否为驩兜国之地还是缚娄国的属地，未有定论。可以肯定的是，佛山地属于南越国的前身，问题是，族属是一支还是数支，从考古资料来看，我们倾向于有几个种姓，而底蕴则是壮人。

秦统一岭南后，佛山地属南海郡番禺县。秦末汉初，佛山归南越国辖。汉武帝元鼎六年（公元前111年）灭南越国，设置九郡，佛山重归南海郡番禺县辖。三国吴黄武五年（226年）在交州东部地区设置广州，直至南北朝，佛山地仍属南海郡番禺县。佛山于晋时也称季华乡。隋开皇十年（590年），原南海郡治中心番禺县改名为南海县。仁寿元年（601年）改广州为番州，佛山归番州的南海县所辖。大业三年（607年），罢番州为南海郡，佛山隶属于南海郡的南海县。五代时南汉乾亨元年（917年）析南海为常康、咸宁二县及永丰、重合二场，佛山叫永丰场，今顺德区域隶属于南汉兴王府的咸宁县。北宋开宝四年（971年），潘美平南汉。开宝五年（972年），撤销常康、咸宁二县与永丰、重合二场，恢复南海县，番禺、四会县并入南海县。佛山称堡，归南海县管辖。元至元十五年（1278

年），置广东道，隶属江西行省，佛山堡（今祖庙一带）归广东道的南海县管辖。至元二十年（1283年），重置广州，佛山堡仍归南海县管辖。明洪武元年（1368年），置广东行省，佛山堡归广东行省的南海县管辖。明景泰三年（1452年），明王朝镇压南海县冲鹤堡人黄萧养（顺民天王）领导的农民起义后，敕封佛山为“忠义乡”。在明朝以前，佛山不论称乡、称堡等，都不是政区，为南海县内仅次于县城（广州）的一个城镇。清时，佛山称堡（乡），也称镇。南海县境内建有佛山渡头（大约在今广州市区芳村新基街附近）。清雍正十一年（1733年）添设佛山同知，以弹压十堡（五斗口司辖下之佛山、平洲、岗、溶洲等10个堡），佛山属南海县。

延至民国元年（1912年），撤销广州府，南海县署开始从广州迁到佛山，佛山改镇制，隶属于南海县第四区。民国十年（1921年）广州正式建市，南海县内的广州城西半部及西关划入广州市。民国十四年（1925年），在广州的国民政府确定佛山从南海县分出，成立佛山市，设立佛山市政厅，直属于广东省政府管辖。民国十六年（1927年），国民政府撤销了佛山市建制，重新把佛山划为南海县属的一个镇。民国二十六年（1937年），南海县署再从广州迁至佛山福宁路黄祥华生祠，从此以佛山为县城。民国三十年（1941年）佛山列为南海县署直属的“佛山特别区”。民国三十五年（1946年）9月1日，南海县政府以民治2116号训令，批准佛山3镇（汾文、富福、佛山）合并，重组佛山镇。

1949年10月15日，佛山解放，国民党统治宣告结束。10月29日，广东省军事管制委员会佛山分会成立，佛山设市建制，成立佛山市人民政府，属军管会管辖。1950年1月12日，经中央人民政府政务院批准，佛山升为地级市，由广东省人民政府和珠江专署（1950年3月成立）实行双重领导。同年3月21日，佛山宣告结束军管。1950年7月20日，佛山重新划归南海县管辖，称“南海县佛山镇”，佛山市政府改为佛山镇公所。1951年1月12日，经中央人民政府政务院（1951）政行字第7号文批准，佛山改镇设市，但至1951年6月间，佛山仍在筹备建市阶段，对外仍称“南海县佛山镇”。直至

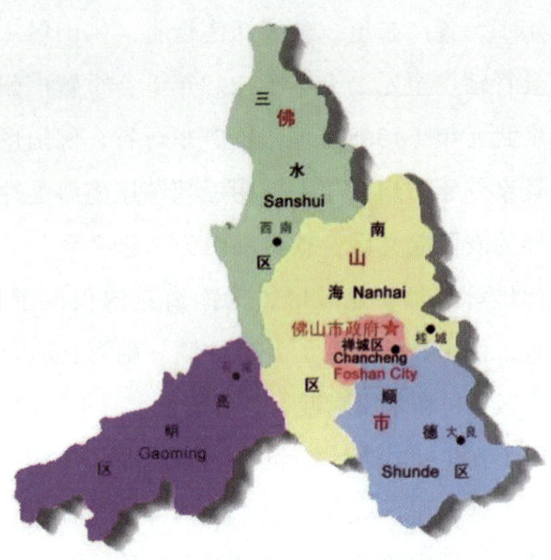

图绪-2 佛山市行政区划分图

1951年6月26日，佛山市各界人民代表大会第二次会议召开，正式公布佛山改镇建市，成立佛山市人民政府。1955年5月27—31日，佛山市第一届人民代表大会第一次会议召开选举产生“佛山市人民委员会”。1966年，佛山升为地级市，由广东省、佛山专区实行双重领导。同年6月，“文化大革命”开始，1967年3月25日，佛山市实行军事管制，成立“佛山市军事管制委员会”，取代了佛山市人民委员会的职能。1968年2月9日，佛山市军事管制委员会成立“佛山市革命委员会筹备组”，3月4日，经广东省革命委员会批准，“佛山市革命委员会”宣布成立。1970年，佛山改为县级市，由佛山地区领导。1980年8月28日，佛山市第七届人民代表大会第一次会议召开，经中共广东省委和省人民政府批准，改“佛山市革命委员会”为“佛山市人民政府”。1984年6月，佛山市辖汾江区（1986年易名为城区）、石湾区、南海、顺德、高明、三水县，代管中山市。1992—1994年，顺德、南海、三水、高明先后撤县设市（县级），由佛山代管。2002年12月国务院批复同意撤销原佛山辖区的城区、石湾区以及县级南海市、顺德市、三水市和高明市，同意设立佛山市禅城区、南海区、顺德区、三水区和高明区五个区。因此，本文所述的地域范围，主要是这五个区（图绪-2），全市总面积为3797.72平方公里。

另一个则是年代范围，本书的“先秦考古”，指秦代以前的考古，即史前考古和商周考古，具体来说，就是新石器时代至秦以前，包括遗址、

墓葬和部分遗迹、遗物。因佛山市范围内的旧石器时代遗址与遗物未能确认，故本文不列入研究。目前能够认定年代最早的是新石器时代西樵山细石器文化遗址，以及定名为西樵山文化、年代为新石器时代中、晚期的西樵山佛子庙、镇头、富贤村、灶岗、鱿鱼岗等遗址，还有位于各区的新石器时代至商时期的遗址，如三水区的银洲遗址、高明区的古椰遗址、禅城区的河宕遗址等。周时期则有马麻岭西周墓葬和零星发现的遗物，为研究这一时期佛山市的历史文化面貌提供了资料。

考古学家莫稚（1931—2004）先生曾写道："西樵山的石器较为普遍地出现打制的和一些磨制的有肩石斧，这一器形与广东中部地区新石器时代晚期的近似甚至没有区别。"①考古学家何纪生（1937—1983）先生也说："西樵山霏细岩石器流传很广，珠江三角洲各县（市）均有，南到珠海、香港海边，北面溯西江而上至德庆、封开。我们检查了几十个出西樵山石器的遗址，少数属新石器时代中期，多数属新石器时代晚期。"②

在叙述佛山地区的各种先秦考古遗存之前，还应该提及的是，考古学的"文化"不同于日常使用的"文化"一词的含义，而是指大体同时、集中在一定区域范围内、有相同特征的遗迹和遗物的共同体。这是由许多族群或民族组成的社会集团，有自己不同于其他文化特征的文化传统，通常是以首次发现的地名来命名。

"岭南"一词，《尚书·禹贡》称："扬州外境五岭，至于海，尽越之南裔。"《史记·货殖列传》称："领南、沙北固往往出盐。"《后汉书·任延传》称赞西汉末年九真太守任延和东汉交趾太守锡光教导当地人民以礼义，说："领南华风，始于二守焉。"《晋书·地理志下》将秦朝设置的桂林、南海、象郡称为"岭南三郡"。西晋张华《博物志》说，"五岭已前，至于南海，负海之邦，交趾之土，谓之南裔。"佛山市所辖

---

① 广东省博物馆：《广东南海西樵山出土的石器》，载《考古学报》1959（4），第1—15页。

② 广东省博物馆：《广东南海西樵山遗址》，载《考古》1983（12），第1085—1091页。

地即在岭南之中。《史记·五帝本纪》称，颛顼“南至于交趾”。唐司马贞《史记索隐·卷一》释“南交”为“交趾”。又云：“放驩兜于崇山，以变南蛮。”驩兜，汉孔安国注“臣名”，袁珂《山海经校注》则以为是尧子丹朱一名的异称，各书所谓驩兜自投南海，即丹朱被舜逐于南裔，子孙遂在此繁衍。另有一说，舜时征三苗，三苗中的一个部落首领驩兜因战败被放逐于崇山。屈大均《广东新语》说：“考书疏，崇山在衡岭之间。”由是，驩兜（又称驩头）部落已迁徙到衡岭之间，进入广东之腹地。

拔牙是海洋民族的一种普遍风俗，中国、东南亚和太平洋地区均有分布。各地区各民族拔牙的齿种（齿组）并不相同。拔牙在中国有悠久的历史，主要发现于中国东部至东南沿海地区，以山东“大汶口文化”和苏北的“马家浜文化”为最早，可上溯至距今六千年前。江苏（如邳县大墩子、常州圩墩、上海崧泽）、福建闽侯昙石山贝丘遗址、台湾恒春垦丁寮和鹅銮鼻遗址、广东增城金兰寺遗址中层也可见到。[①]广东的拔牙风俗，发现于珠江三角洲地区的“西樵山文化”晚期，如南海灶岗遗址、鱿鱼岗遗址以及佛山河宕遗址等，在这些贝丘遗址的墓葬人骨中，发现拔牙个体近30个。其中以河宕遗址数量最多，已发现成年男女个体达19个。经科学鉴定，他们均属于蒙古人种南亚类型。拔除的牙齿主要是上颌两侧门齿。年代在距今4200～3600年之际，属于百越族的先民。在香港马湾东湾仔遗址的墓葬人骨中，鉴定发现有人工拔牙的个体。鉴定者认为，香港东湾仔遗址的拔牙个体与佛山河宕的是相同的。[②]它与珠江三角洲地区上述遗址的文化面貌和年代也相当。

春秋战国时期也有文献记载了岭南地区的君国。《吕氏春秋·恃君览篇》记载：“扬汉之南，百越之际，敝凯诸夫风余靡之地，缚娄、阳禺、

---

① 引自杨式挺、邱立诚等：《广东先秦考古》，广州：广东人民出版社，2015年，第463—468页。

② 韩康信等：《我国拔牙风俗的源流及其意义》，载《考古》1981（1），第64—76页。

驩兜之国，多无君。”“扬汉之南”即扬州汉水以南。高诱注：“皆南越之夷无君者。”这段文字可理解为岭南之地多无君，但也可以理解为缚娄、阳禺、驩兜之国是有君的。故古文献说，夏有万国。中国著名考古学家苏秉琦教授在《中国文明起源新探》一书说：“古文化是指原始文化；古城指城乡最初分化意义上的城和镇，而不必专指特定含义的城市；古国指高于部落以上的、稳定的、独立的政治实体。三者从逻辑的、历史的、发展的关系联系起来理解的新概念是：与社会分工、社会关系分化相应的，区别于一般村落的中心遗址、墓地。”[①]他相信广东有“自己的夏商周”，有“自己的青铜时代”，并预见“广东、广西的东江、西江都有这种古城、古国的大遗址”。具体地说，如秦将王翦灭楚，“竟平荆地为郡县，因南征百越之君”，这个百越君是个虚数，意指越地为百越，其管辖之地当包括佛山在内。又秦军征伐岭南，经过一番惨烈的战争，最终杀死了“西呕（瓯）君译吁宋”。这个西瓯君统治的地方应在今桂东北至粤西北境。

缚娄、阳禺、驩兜三“国”在何处？据现代学者谭其骧主编的《中国历史地图集》所载，战国时，缚娄（符娄）国在粤东博罗县北面，阳禺在粤北连江右侧即今阳山县东南。驩兜在哪里呢？图上并没有标示，驩兜（一作驩头）之族（国）出现较早，情况比较复杂。谭其骧《中国历史地图集》上有一段说明：战国时期，博罗属缚娄国，这个小国管辖今惠州博罗一带，在当时诸侯互相兼并的情况下，没有多久就被消灭了。这个缚娄国的范围大约还包括今天的海丰、龙川、河源、东莞在内。《广州日报》2000年6月6日报道《缚娄古国世人惊艳》，其中说“欢兜国在今广州境内”，不知根据在哪里。驩兜（驩头）又作欢兜，乃三苗的一个部落首领，舜征三苗，驩兜被逐至崇山；《山海经》郭璞注：驩兜，尧臣子丹朱

---

① 苏秉琦：《中国文明起源新探》，香港：香港商务印书馆，1997年，第108—109页。

的异称，被舜逐于南海，或说驩兜自投于南海。这个南海，当然是岭南区域今广州以南的一部分，亦即番禺、南海、顺德乃至中山、珠海（包括澳门），总而言之，也有佛山的部分地区。《山海经·海外南经》载："驩头国，其为人人面，有翼，鸟喙，方捕鱼。……或曰驩朱国"，"羽民国""不死民"等。西晋张华《博物志》说，"驩兜国，其民尽似仙人"。不死是指不食，不食者，不生火熟食也。尤似今日之食生鱼片，佛山顺德、南海至今尚存。"无米粥"的存在，可能就是稻米很少的时候，以吃鱼和贝类动物为主的孑遗。

第一章

西樵山遗址——珠江文明的灯塔

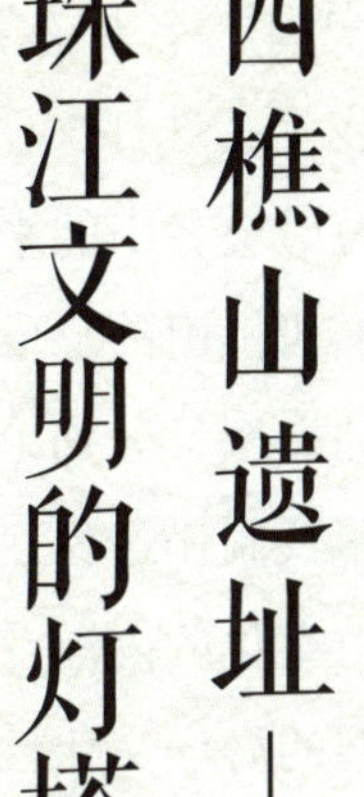

历史文化

1995年，中山大学人类学系曾骐（1938—）教授以“珠江文明的灯塔”为名，著述了《珠江文明的灯塔——南海西樵山古遗址》一书[①]，介绍了西樵山作为历史名山的来历和它的历史变迁，介述了西樵山的考古发现，进而分析了西樵山的形成与珠江三角洲的演变；接着，将西樵山的考古发现分为两种类型，分别论述了西樵山的细石器和细石器文化、西樵山文化的双肩石器及制作过程；再综合其情形，归纳了西樵山石器的三次开发高潮、西樵山文化的内涵及双肩石器的起源和传播，反映了西樵山双肩石器属于外向型的海洋文化性质。结论认为：一、西樵山石器制造场的各种生产品，可以反映出由细石器到双肩石器的转化过程；可以反映出双肩石器的发生、发展、变化和它的工艺演变过程。二、中国历史时期南方百越民族文化中的青铜斧、钺、锛的祖型都可以在西樵山双肩石器中找到。西樵山文化是珠江流域文明的前奏。三、分布于中国台湾及远至南洋、东南亚与印度以东地区一带的双肩石器，其孕育和产生的故乡是以西樵山为标志的珠江三角洲。西樵山文化又是中国原始文化中面向海洋，并产生深远影响的一支重要文化。正因为如此，西樵山的历史科学价值远大于它的风景游览价值。我们赞美西樵山，赞美“西樵山文化”，称颂它是珠江流域从野蛮到文明航程中的灯塔。

珠江文明的灯塔正是由此而成名，并为人们所认识，也为进一步深入了解和深化西樵山文化考古遗存的科学价值提供了一把钥匙。

西樵山考古遗存最早发现于1958年，在沿西樵山麓修挖的10多公里环山排洪渠时，许多石器、半成品石器及经过人工打制的石片被挖出，但却

---

① 曾骐：《珠江文明的灯塔——南海西樵山古遗址》，广州：中山大学出版社，1995年，第1—163页。

未被人们所认识。6月，时为南海县文化科干部的陈明定在参加修挖西樵山东南坡排洪渠时的泥土中，拾获了不少石斧、石锛等遗物，但未引起重视。10月初，中山大学的地质系教师黄玉昆带领该系二年级学生到西樵山进行地质实习，在西樵山东麓、西麓沟渠旁采集到的石块中，发现了一些显然经过人类加工的霏细岩石片，其中有的可以辨别出斧或锛的外形，意识到这是超越地质考察的重要发现（图1–1）。实习结束后，这批标本随即送到时为中山大学历史系的梁钊韬副教授手中。

图1–1　西樵山双肩石器（依曾骐）

梁钊韬（1916—1987）教授经过与广州东郊龙眼洞、飞鹅岭一带出土的双肩石器对比，断定是属于新石器时代的遗物，许多标本则是石片的各种形态，这在当时是没有见过的“新发现”。他认为是具有“突破性的发现”，于是，在学校领导的重视和支持下，同年10月21日，由历史系和地质系共同派出梁钊韬、方瑞濂、李见贤3人在内的19人组成的调查组前往西

樵山进行调查。同一时间，广东省博物馆也闻讯派出了考古调查组。[①]

中山大学的调查组在西樵山西北麓西樵中学北侧的马鞍岗发现了第一个地点，采集了一批霏细岩石器标本。此后的三天，他们沿西樵山麓共发现了9个地点，采集标本191件，尤以镇东头的岗边村东边（第7地点）最为丰富。自1958年以来至1977年以前，考古工作者在西樵山共发现石器地点16处，其中包括有虎头岩（又称藏书岩）、锦岩（又叫铁泉岩）这类采石的霏细岩洞穴。

1977年，由曾骐教授带领的一支考古调查队，在西樵山东麓的旋风岗发现了细石器遗存，这处遗址被编为第17地点。[②]西樵山细石器遗址的发现，使西樵山的考古遗存增加了新的类型，丰富了研究的范围和资料，但同时也为“西樵山文化”内涵的讨论增添了分歧和困惑。

迄今，西樵山的考古遗址已发现有23处（图1–2）。在西樵山的周边也发现和发掘了南海灶岗贝丘遗址、鱿鱼岗贝丘遗址、高明古椰贝丘遗址、佛山河宕贝丘遗址等。[③]考古资料表明，据不完全统计，与西樵山考古遗址直接有关的考古调查发掘资料有13篇，考古专论30篇，相关的论述文献40篇。[④]1959年，中山大学调查小组首先发表了《广东南海县西樵山石器的

① 曾骐：《珠江文明的灯塔——南海西樵山古遗址》，广州：中山大学出版社，1995年，第14—15页。

② 曾骐：《珠江文明的灯塔——南海西樵山古遗址》，广州：中山大学出版社，1995年，第14—15页。

③ 广东省博物馆：《广东南海县灶岗贝丘遗址发掘简报》，载《考古》1984（3），第203—212页；广东省文物考古研究所等：《广东南海市鱿鱼岗贝丘遗址的发掘》，载《考古》1997（6），第65—76页；崔勇；《广东高明古椰贝丘遗址发掘取得重要成果》，载《中国文物报》2007–1–12，第1版；广东省博物馆等：《佛山河宕遗址》，广州：广东人民出版社，2006年，第1—198页。

④ 参阅易西兵：《西樵山遗址考古研究》，“目录”，桂林：广西师范大学出版社，2015年，第1—4页。

初步调查》[①]。紧接着，广东省博物馆的莫稚（1931—2004）发表了《广东南海西樵山出土的石器》[②]。1981年，曾骐教授发表了《西樵山东麓的细石器》[③]，提出“西樵山发现的细石器文化，可能早于双肩石器为代表的‘西樵山文化’或为其前驱，其部分工艺传统为后者所承继”的重要论断。1993年，中山大学张镇洪（1939—2014）教授发表了《1986—1987年西樵山发掘简报》[④]，文中报道了西樵山东麓南蛇岗的考古发现，并指出南蛇岗与太监岗同样，都是主要制作细石器的地点。1983年，广东省博物馆何纪生（1937—1983）执笔发表了《广东南海县西樵山遗址》[⑤]，在文中的结论指出：“霏细岩石器目前见于新石器时代中期后段的遗址，是其年代上限，新石器时代晚期兴盛，可能延续到青铜时代早期（珠江三角洲地区是西周前后），再后的遗址就见不到西樵山出产的石器了。”1984年，广东省博物馆（何纪生执笔）发表了《广东南海县灶岗贝丘遗址发掘简报》[⑥]，认为“遗址的年代应在夏、

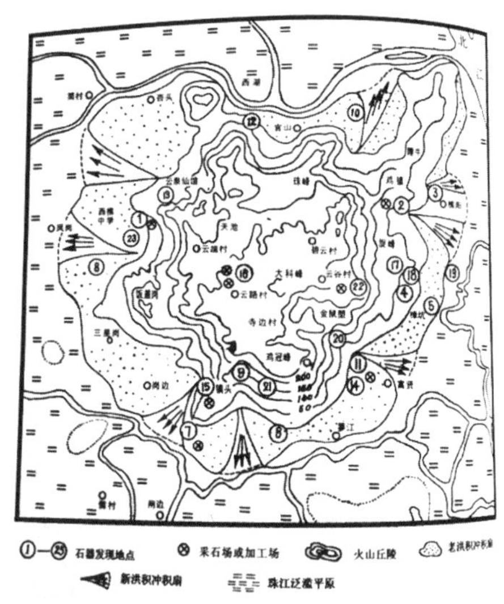

图1-2　西樵山石器地点分布图（依曾骐）

① 中山大学调查小组：《广东南海县西樵山石器的初步调查》，载《中山大学学报》（自然科学版）1959（1），第44—53页。

② 广东省博物馆：《广东南海西樵山出土的石器》，载《考古学报》1959（4），第1—16页。

③ 曾骐：《西樵山东麓的细石器》，载《考古与文物》1981（4），第1—12页。

④ 中山大学人类学系张镇洪：《1986—1987年西樵山发掘简报》，载《文物》1993（9），第32—44页。

⑤ 广东省博物馆：《广东南海县西樵山遗址》，载《考古》1983（12），第1085—1091页。

⑥ 广东省博物馆：《广东南海县灶岗贝丘遗址发掘简报》，载《考古》1984（3），第203—212页。

商至西周前期之间”。1997年，广东省文物考古研究所等（李子文、李岩执笔）发表了《广东南海市鱿鱼岗贝丘遗址的发掘》[①]，将遗址分为两期，指出“遗址的年代约在石峡文化晚期（笔者注：即新石器时代晚期）至夏商之际”。1999年，广东省文物考古研究所等（冯孟钦、卢筱洪执笔）发表了《广东南海市西樵山佛子庙遗址的发掘》[②]，也将遗址分为两期，并“估计其年代上限应在新石器时代晚期偏早阶段，而下限则约相当于中原商周时期”。这些遗址的发掘与研究，为探讨西樵山考古遗存的文化内涵提供了珍贵资料和意见，也为进一步分析西樵山遗址双肩石器的年代指明了方向。鉴于西樵山遗址的重要性，1978年西樵山遗址被列为广东省文物保护单位（图1-3）。

图1-3　南海西樵山遗址保护标志

第一节　西樵山的细石器

西樵山原是珠江三角洲冲积平原上一座孤立的古火山，形成时代为白垩纪，位于今佛山市南海区西南部西樵镇官山上。整个山体除东面分出一支小脉外，其余部分大体上呈圆形，周边长约13公里，直径约4公里，面积

① 广东省文物考古研究所等：《广东南海市鱿鱼岗贝丘遗址的发掘》，载《考古》1997（6），第65—76页；《南海市鱿鱼岗贝丘遗址发掘报告》，载《广东省文物考古研究所建所十周年文集》，广州：岭南美术出版社，2001年，第282—328页。

② 广东省文物考古研究所等：《广东南海市西樵山佛子庙遗址的发掘》，载《考古》1999（7），第28—37页。

约112平方公里。山峰高度一般为100～200米，最高峰大科峰为300余米。山体主要由粗面岩、粗面集块岩、凝灰岩、火山碎屑岩和石英岩构成，代表了一个古老的剥蚀面。粗面岩由于富有节理，常造成陡急的山坡。在西樵山东北部的火石迳等有燧石、玛瑙出露；在西部的马鞍山及山顶的铁泉岩等洞穴有霏细岩岩脉。西樵山山麓周围分布着新老两套洪积冲积扇，山下连接开阔的珠江三角洲冲积平原。坡积和山麓的扇形堆积十分普遍，环山都有，其形成及表现的流泻状特色，显然与粗面集块岩和凝灰岩的岩性分不开。

西樵山的山势虽然不是很高，但由于四周被广阔的冲积平原所围绕，显得格外秀挺峻险。从远处相望，犹如汪洋中的一座岛屿。事实上在珠江三角洲冲积平原形成以前，西樵山的周边就是海。据西樵山北面的官山水闸钻采记录，这里的平原海拔高度约为10米，实际上为5米，也就是说，西樵山四周的地势曾经一度是沉没于海底的，发生沉没的时代约开始于中更新世，其后地壳逐渐上升，形成珠江三角洲冲积平原。①

西樵镇也是全国重点镇、全国文明镇、国家“AAAAA”级风景名胜区、国家森林公园、中国面料名镇、中国纺织之乡、中国民间文化艺术之乡，是广东省中心城镇之一。

西樵山文化遗存可以分为两类：一类为细石器文化遗存，另一类为双肩石器文化遗存。西樵山细石器文化遗存有五个地点，包括旋风岗（17地点）、张坑村东北（第4地点）与南蛇岗（又称蚺蛇岗，第4地点顶部山脊）、太监岗（18地点）、樟坑村背后山坡（20地点）、西樵山东北角鸡镇南山岗（第2地点，即火石岗）。主要在西樵山东麓，属于细石器的制造场，其中以曾骐教授的发现最为丰富。

曾骐教授毕业于西北大学历史系考古专业，其后留校任教，后调中山

① 中山大学调查小组：《广东南海县西樵山石器的初步调查》，载《中山大学学报》（自然科学版）1959（1），第44—53页。

大学人类学系，历任考古教研室主任、人类学系副主任。1977年带领学生在西樵山东麓的旋风岗、太监岗调查发现及发掘细石器遗址。现任广东省文史研究馆馆员。

细石器文化是指以使用形状细小的打制石器为标志的人类物质文化发展阶段。用软锤打击法及压制法打出的细石核、细石叶及其加工品，出现于旧石器时代晚期，盛行于中石器时代。但西樵山的细石器晚期至新石器时代中期早一阶段，距今约7000~6300年。这种石器长度一般在2~3厘米，常见器形有石叶、石镞、小石刀、石片等，可作石钻或刮削器，也可镶嵌在骨梗、木柄上作复合工具使用。迄今为止，在西樵山共采集和发掘出细石器和石制品约5万件以上，包括有细石核、细石片（石叶）、石片石器和石核石器。石核石器是利用部分石核进行第二次加工修理而成的石器，很有特点，但数量不多。细石核以楔状石核为最主要类型，还有柱状石核、锥状石核、多台面石核、带把石核、扇形石核等（图1–4）。其中楔状石核在华北地区也是主要的类型，而扇形石核则是东亚和北美两大洲文化传统的典型标志物。贾兰坡曾经说过，“这种石器的形态奇特，存在时间短，分布的范围只限亚洲和美洲，特别重要的是发现地点之间已经可以连成分布路线，确实可以作为亚—美两大洲文化联系的可能证据”[①]。总体上看，西樵山的细石核存在由小变大的发展趋势（图1–5），而且，在南蛇岗也发现了霏细岩石核，说明这正是细石器向双肩石器发展的源头。

从各类细石核上经压制打击剥落的细长石片（石叶），是细石器工艺的主要产品。这些石片薄而锋利，除少数边缘作进一步加工外，多数可直接与骨、角或木的凹槽嵌入组成复合工具，其数量数以万件。此外，还有修理石核时打下的石片。在细石器中，有一批使用石片加工制成的石器，也即石片石器，种类以刮削器、尖状器为主。还有少数雕刻器、石钻、琢

① 引自曾骐：《珠江文明的灯塔——南海西樵山古遗址》，广州；中山大学出版社，1995年，第55页。

背小刀、石镞等。再者，西樵山的细石核也有石核状刮削器、雕刻器和尖状器，这被称为石核石器（图1–6）。但整体而言，西樵山的细石器缺乏典型的雕刻器、箭头，也少见石砧。在总体上与华北地区的细石器属同一工艺传统，是北方细石器工艺南渐并为西樵山土著居民接受的结果。虽然其石材是来自西樵山本地的，但制造技术显然吸收了来自北方细石器工艺。当然，岭南地区此前已存在的石片石器工业也为细石器的入传打下了基础。不过，我们更乐意相信这批细石器是由来自北方掌握细石器制造技术的移民来到西樵山后所生产。

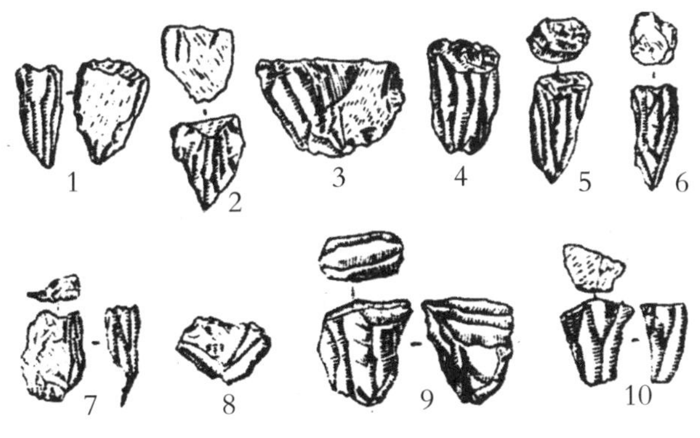

图1–4　西樵山的细石核（依曾骐）
1～3. 楔状石核；4. 柱状石核；5、6. 锥状石核；7. 把状石核；8. 两侧剥片石核；9. 多台面石核；10. 半柱状石核

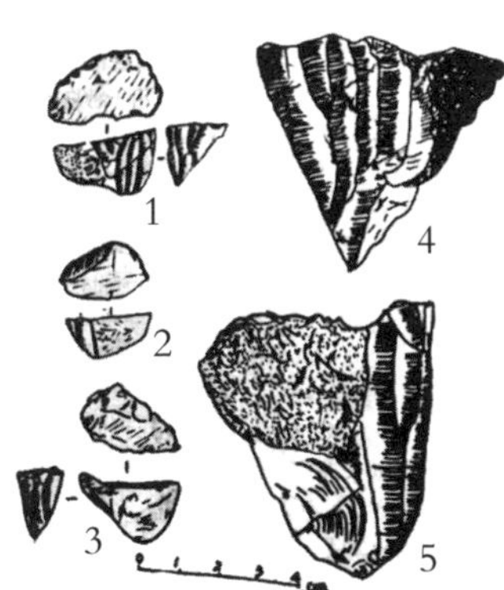

图1–5　西樵山的小石核与大石核（依曾骐）

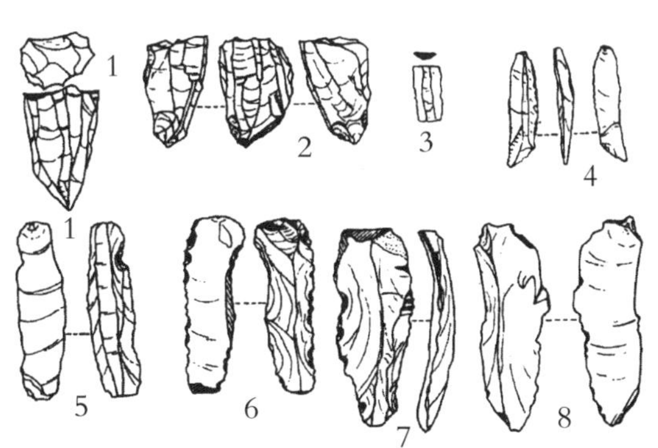

图1–6　西樵山的细石核石器和细石叶（依张镇洪）
1、2. 细石核；3. 雕刻器；4. 琢背小刀；5～8. 细石叶（1、2、5、7. 南蛇岗；3、4、6. 牛过坑；8，锦岩）

一、细石核与细石核石器

西樵山细石器的组合有石核、细长石片、石核石器、石片石器等，原料以燧石、玛瑙为主，也有少量霏细岩石料。细石核是生产细石片和细石叶的母体（图1-7）。

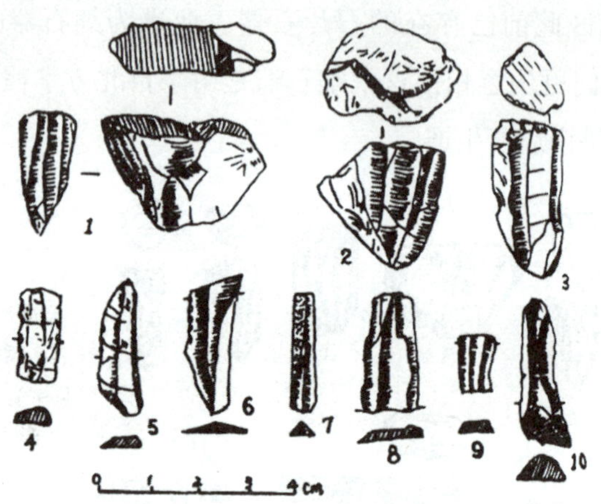

图1-7　西樵山的细石核和细石片（依曾骐）
1～3. 细石核；4～10. 细长石片（细石叶）

（一）细石核

西樵山石核种类很多，有楔状石核、柱状石核、锥状石核、带把石核、多台面石核等。[①]有剥片整齐的石核，也有未开始剥片的石核坯体。

1. 楔状石核

楔状石核是西樵山细石器石核中的主要类型，特征呈楔状，由台面的一端或相对的两端剥片，核体作扁平状。除在台面剥片外，利用倾斜台面翘起的一端进行剥片也很普遍。这类石核的台面多数不需进行修理即可以剥片。石核的楔状缘多为窄体，少量宽体，宽体者又称为船底形石核或“舟状石核”。楔状石核也是我国华北细石器传统中的主要类型。

---

① 曾骐：《西樵山东麓的细石器》，载《考古与文物》1981（4），第1—12页。

西樵山楔状石核可分三个型式。其中I式、III式和华北地区细石器的石核十分类似，II式楔状石核核体和台面均呈三角形，是这里很有特点的石核类型。

I式　核体长宽度与剥片一侧（正面）高度相比，显得高窄。标本77201，形体高瘦，单台面，从顶端垂直剥片，使核体呈楔状，高2.9厘米，长1.1厘米，宽0.7厘米，重4克（图1–8：1）；标本77296，台面呈三角形，正面相连的一端成薄刃形，有进一步的加工痕迹，高2.9厘米，宽1.1厘米，重8克（图1–8：3）。

II式　三角形，是西樵山石核中的大类，台面为三角形，剥片集中于台面的一个尖端，形成四个相连接的三角形。标本7918001，高3.4厘米，长2.7厘米，宽2.1厘米，重19克（图1–8：4）；标本794004，高3.2厘米，长2厘米，宽1.6厘米，重13.5克（图1–8：2）；标本7918046，高2.5厘米，长2厘米，宽1.8厘米，重9.5克（图1–8：6）。

III式　宽身，即华北地区常见的船底形石核，核体呈扁平三角形，台面多作柳叶形，锐底成船底状，剥片的正面仅限于核身较厚的一侧，形体多硕大。标本7918023，高2.8厘米，长4厘米，宽1.2厘米，重31.5克（图1–8：7）；标本7918093，是一件尚未剥片的石核荒坯，形体较大，高3.2厘米，长5.8厘米，宽2.5厘米，重65克（图1–8：5）。

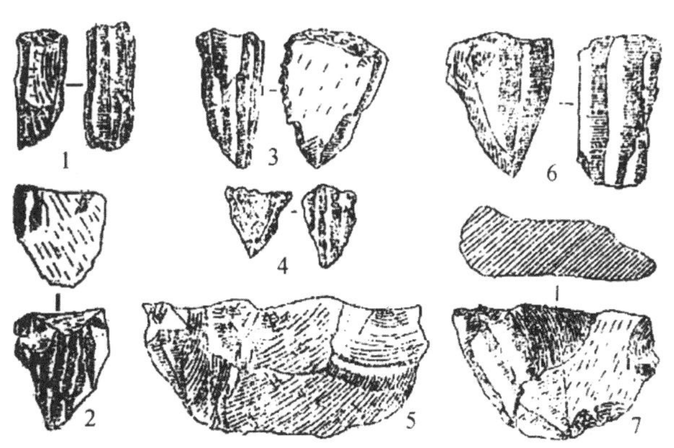

图1–8　西樵山东麓的细石核（楔状石核）（依曾骐）
1、3. I式（77201、77296）；2、4、6. II式（794004、7918001、7918046）；
5、7. III式（7918093、7918023）

2. 柱状石核

柱状石核数量仅次于楔状石核，多不典型，台面圆形或近圆形，由相对两端垂直剥片，核体周身成棱柱状，精致的柱状石核发现很少，和华北细石器传统的同类石核比较，西樵山的标本显得粗糙、原始，缺少华北地区常见的铅笔状石核。分二式：

I式　全柱状，台面圆形或近圆形，剥落石片的另一端基本平整。标本77290，台面圆形，较平整，器身剥片成圆柱状，底部平面倾斜，剥离石片条痕多，两端宽度相等。高2.9厘米，径2厘米，重16克（图1–9：1）。

II式　扁体状，似为全柱状的一半，可能是在荒坯阶段即受石料的限制，并非是由全柱状劈裂开。扁体状平面（正面相背的一面）有两种情况，一是天然平面，二是在平面上有明显的打击点、裂纹、锥疤等人工打击痕迹。标本77210，台面为半圆形，平面为平直的自然层面，剥片在平面翘起的弧缘上进行，高2.8厘米，台面长1.2厘米，宽2.3厘米，重7克（图1–9：2）；标本77353，台面较小，平面为破裂面，保留清晰的打击痕迹，正面呈弧形，其下端因有其他杂质胶结，故剥片至中部即折断，高4.4厘米，台面长2.2厘米，宽0.9厘米，重8.5克（图1–9：3）。

3. 锥状石核

锥状石核的台面平整或倾斜，在核体周身使用一个台面剥片，使顶端成尖锥状，此类石核在新石器时代的细石器中是主体的一类。和华北细石器相比较，西樵山的锥状石核与华北细石器所见十分相似。分二式：

I式　尖锥状，占锥状石核的三分之二，台面平圆，一般不作修理，有周缘剥片至顶端汇聚成锥状，剥落的石片痕多呈长边三角，是产生尖端细石器（石叶）的核体。这类石核数量较多，有不少是荒坯锥体，不见华北地区细石器系统中常见的铅笔尖石核。标本77202，台面平圆，高2.9厘米，径2厘米，重14.5克（图1–9：4）；标本77289，台面椭圆略作倾斜，高3.2厘米，台面长1厘米，宽1.9厘米，重8克（图1–9：5）。

II式　半尖锥状，数量少，多为平整台面，台面仅尖锥状石核台面之半，倾斜台面约占三分之一，扁体平面多为天然平面。标本794019，台面作半圆形，有人工修理的台面脊，台面短径1厘米，高2.4厘米，重3.5克（图1–9：6）。

4. 带把石核

带把石核是西樵山最有特点的石核，形体粗大不规则，核体的正面部位选在陡直的侧缘，按锥状或楔状石核方式剥片，而相对的一侧保持原状，用作把握（图1–9：7），合理地处理了石核剥片与把握的关系，这类石核只见于南蛇岗。标本77621，扁平圆盘状，正面有四条剥片痕迹，面积占核体的五分之一，高5.2厘米，长4.4厘米，宽1.8厘米，重47克（图1–9：7）；标本7918028，带把部分成把手状（图1–10：1）；有的带把部分为粗面岩或火山碎屑岩的胶结体（图1–10：3）。后两件标本，剥片痕迹不明显，实际上是石核的荒坯，可看作石核的初期产品。很有可能部分楔状石核和锥状石核的形成都经过这个阶段。

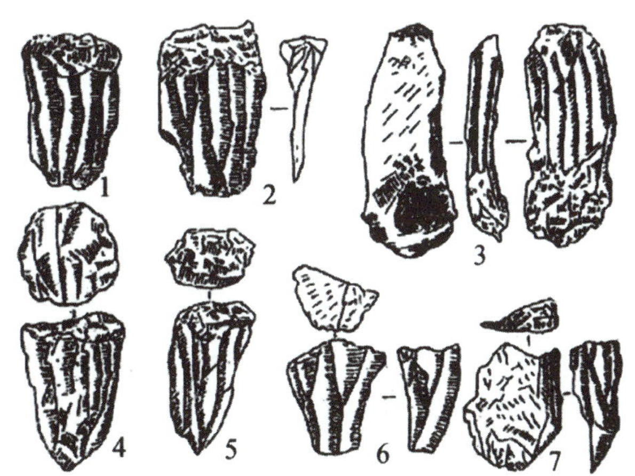

图1–9　西樵山东麓的细石核（依曾骐）

1～3. 柱状石核（77290、77210、77353）；4～6. 锥状石核（77202、77289、794019）；7. 带把石核（77621）

5. 多台面石核

多台面石核又称多面体石核，在两个或两个以上的相邻台面上进行剥片，核体除少量呈三角形外，多作不规则形，方向无一定规律，使用的台面有相对台面，也有相邻台面，也有用剥片后形成的工作面作新台面，由此而形成旋转式的台面而进行剥片。这类石核数量不多，反映了西樵山人对石核剥片的充分利用以及熟练的打片技术。标本77345，在相邻的两个面作台面进行剥片，高2.3厘米，长1.9厘米，宽1.1厘米，重12克（图1–10：2）；标本7918204，为双台面双楔状石核，在相邻的两个台面上按楔状石核的剥片法进行剥片，整体为长条不规则形，从不同的台面上看则成三角形楔状石核的结合体。长3.4厘米，高2厘米，宽1.8厘米，重17.5克（图1–10：6）。

6. 两侧剥片石核

两侧剥片石核作扁体状或不规则状。从一个台面相对的两个侧缘进行剥片，形成两个正面。标本77224，台面作长条形，两个相对的侧缘向尖端剥片，使核体成漏斗状。高2厘米，长6厘米，宽2.6厘米，重49克（图1–10：5）。

此外，还有半锥状石核、半柱状石核，可以分别归入锥状石核、柱状石核类型中。有几件漏斗状石核，形状有些像被横截断去尖顶的锥状石核。它很可能是锥状石核与柱状石核之间的中间形态。

（二）细石核石器

一般地说，石核剥离石片后即抛弃不用，但是在西樵山发现有部分石核被加工成为可以使用的生产工具，这类石核石器主要种类有扇状石核石器、石核刮削器、石核雕刻器、尖状器等。

1. 扇状石核石器

扇状石核石器是华北细石器传统中的典型器物，呈扇形，选择宽身的楔状石核，利用楔状石核与剥片正面连接的下端，进行第二步加工，修成可供刮削的弧形刃缘。标本77260，为高瘦的船底形石核，在船底边缘上，由凸面向较平的一面连续打击，留下清晰的石片疤。高3.4厘米，长3.6厘米，宽1.5厘米，重23克（图1–10：8）；标本7918033，船底形石核作扁体

状，在边缘上，由破裂面向背面加工修成刮刃。高3.2厘米，长1.8厘米，宽1.2厘米，重9克（图1-10：7）。这种石器在西樵山发现不多，但它扩大了向南分布的空间（图1-11）。

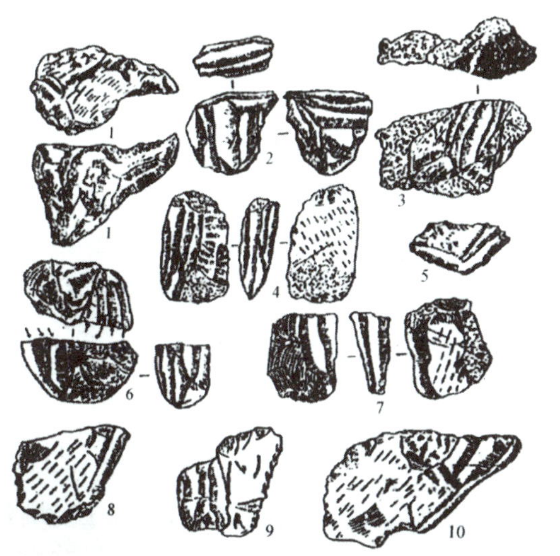

图1-10　西樵山东麓的细石核与细石核石器（依曾骐）
1、3. 带把石核（7918028、77495）；2、6. 多台面石核（77345、7918204）；5. 两侧剥片石核（77224）；4、9. 石核边刃刮削器（77354、794003）；7、8. 扇状石核石器（7918033、77260）；10. 石核台面刮削器（77237）

图1-11　西樵山的扇状石核（依曾骐）

2. 石核刮削器

石核边刃刮削器　多利用扁体石核或带把石核较直的边缘修理成长边刮刃。标本77354，扁体石核，破裂面、半锥体、裂纹、波纹清晰，在其较薄的一个侧缘上，有破裂面向背面连续细击修成刃面。高3.5厘米，长2厘米，宽0.8厘米，重6.2克（图1-10：4）；标本794003，为带把石核，石核部分为玛瑙，带把部分为燧石、玛瑙角砾，在带把部分的边缘用单向加工方法修成刮刃，边刃长3.6厘米，石核呈柱状，长2.2厘米，重17.5克（图1-10：9）。

有几件边刃刮削器是利用带把石核的把握部分加工成利刃，这种石器

在华北细石器传统中尚未见到。

石核台面刮削器　加工刃面在台面剥片起点的锐棱边缘上。标本77237，为扁体带把石核，在剥片的边缘起点处略加修理成圆钝的刮刃。高3.5厘米，长5厘米，宽1.2厘米，重25.5克（图1–10：10）。

石核圆头端刮器　多为扁体石核，由台面向背面两侧各打去一石片，保留中间的石皮，修理顶端成圆头刮刃，状似铲形，也是铲形石核。标本77222，宽扁石核，台面与破裂面平整，台面角近90º，中间保留弧刃三角形石皮。高4厘米，长0.7厘米，宽2.5厘米，重13克（图1–12：5）；标本77221，仅存台面脊，由尖锥顶向背面两侧打片，修理其对端弧刃，高5厘米，长2厘米，宽2.6厘米，重27克（图1–12：3）。

3. 尖状器

标本77315，利用扁体石核修理尖端，成鸟喙状凿口，类似雕刻器打法。高3.3厘米，长1.3厘米，宽2.2厘米，重10克（图1–12：4）。尖状器在西樵山发现较少（图1–13）。

4. 雕刻器

标本77298，扁体石核，在与正面相对的一侧，有采用交互打击方法修成的直刃。在台面脊上向右侧斜击，去掉一块三角形石片，成宽凿口。高4.2厘

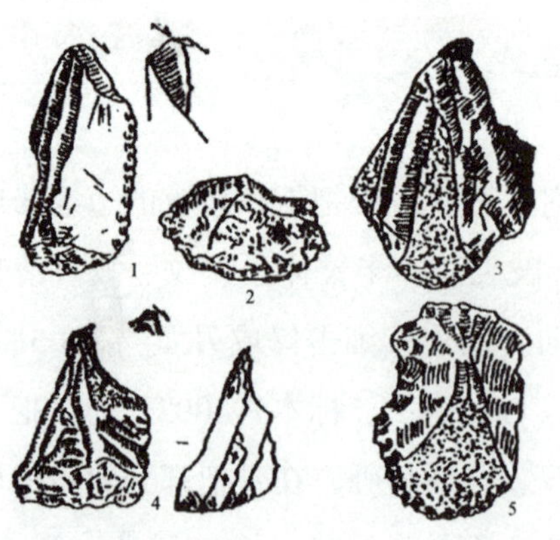

图1–12　西樵山东麓的细石核石器
1. 雕刻器（77298）；2. 盘状器（77362）；3、5. 石核圆头端刮器（77221、77222）；4. 尖状器（77315）

图1–13　西樵山细石核石器（霏细岩尖状器）（依曾骐）

米，宽1.8厘米，凿口宽0.6厘米，重11克（图1–12：1）。

5. 盘状器

圆盘状或龟背状，形体较大，剥落石片不规则，多作鳞片状，加工多在边缘。这类石器用于锤击、敲砸，周缘由于琢打形成麻面。标本77362，近椭圆形，高2.5厘米，径4.8–5.8厘米，重84.5克（图1–12：2）。

二、细长石片（石叶）与细石片石器

（一）细长石片（石叶）

从各类石核上剥落的细长石片（石叶），是细石器工艺的主要产品，这些石片薄而锋利，除少数经过第二次加工外，多数可以直接嵌入骨刀柄的凹槽上，做成锯刀、匕首、投枪之类的复合工具。这类嵌带有小石片的骨石复合工具在内蒙古、黑龙江、甘肃、宁夏、青海等地均有出土①。西樵山发现的细长石片数以万计，除少数石片背面纵脊不规则外，多数较为规整，主要有双脊石片、人字脊石片和单脊石片等。

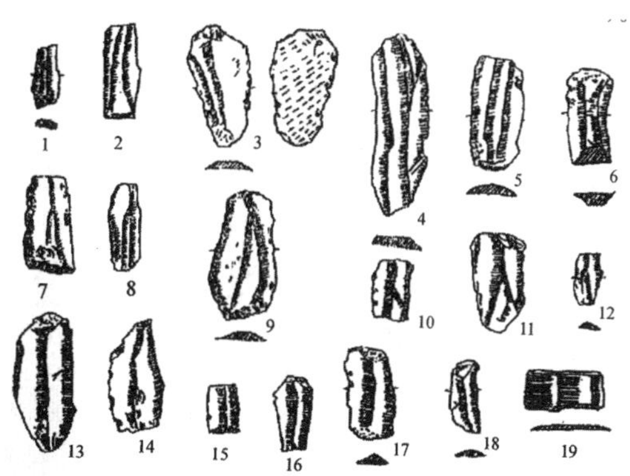

图1–14　西樵山东麓的细石片（细石叶）

1. 77382；2. 77381；3. 77383；4. 77379；5. 77380；6. 7918058；7.77468；8. 77471；9. 77474；10. 77472；11. 77469；12. 7918055；13. 77422；14. 774624；15. 77426；16. 77425；17. 77420；18. 7918056；19. 7918051

① 笔者注：内蒙古河沟门、黑龙江昂昂溪、甘肃鸳鸯池、宁夏杏河、青海朱家寨等石器时代遗址中，均曾出土小石片与骨刀柄的复合工具。

双脊石片　此类石片数量最多，石片细长，背面有二道平行或基本平行的纵脊，石片切面呈梯形（图1–14：1～6）。

人字脊石片　石片背面纵脊不平行，交汇成人字形（图1–14：7～12）。

单脊石片　石片背面只有一条纵脊，切面成三菱形（图1–14：13～18）。

有的小石片两端或一端经折断，可以作为刀刃直接嵌入骨木器的沟槽上作为复合工具使用。华北及西北均有实例。标本7918051，是两端经截断加工的小石片，两头较平整。长0.7厘米，宽1.8厘米，厚0.2厘米。厚与宽之比为1∶9。这是采集品中最宽的双脊石片（图1–14：19）。

华北典型的细长石片（石叶）宽长比为1∶10，厚长比为1∶20。西樵山的细长石片，宽长比、厚长比的数据均偏大。[①]西樵山小石叶扁薄而修长，两侧平行或基本平行的特点，显示出和华北细石器相同的一致性（图1–15）。

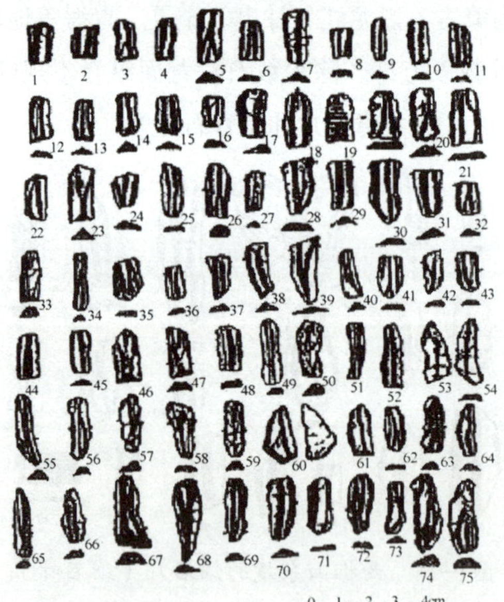

图1–15　西樵山的细石器长石叶（依曾骐）

① 贾兰坡：《中国细石器的特征和它的传统、起源与分布》，载《古脊椎动物与古人类》1978（16）2，第137—143页。

（二）细石片石器

西樵山细石器材料中的细石片石器以刮削器、尖状器为主，种类还有雕刻器、琢背小刀、石钻、石镞等。刮削器的种类、数量都较多，有圆头刮削器、端刃刮削器、船底形刮削器、直刃单边刮削器、弧刃刮削器、双边刃刮削器、复刃刮削器和圆盘状刮削器等。刮削器是西樵山细石器石片石器中最多的一类，这类具有刮刀功能的工具又有多种型式。如弧形刃的刮削器，又被称为圆头刮削器。两边刃刮削器，分别称为双边刃、复刃刮削器。两边刃刮削器形似小刀，是西樵山细石器中比较定型的石片石器。

1. 雕刻器

石片制作的雕刻器，不仅数量较少，而且不典型，标本7918060，用厚石片打制而成，矩形，尖端沿左侧进行加工，最后在右侧打去一小石片成屋脊形，尖状凿口宽0.4厘米，长径3.5厘米，幅径2.7厘米（图1-16：6）。

2. 刮削器

石片石器中以刮削器数量最多，类型也较多。

圆头刮削器　加工在石片的顶端成圆弧状刃，刃缘宽薄，似拇指盖，有短身、长身两种，多为单向加工。标本78413，长身圆头，刮刀由背后向破裂面加工，长径3.7厘米，幅径2.6厘米（图1-16：7）；标本77305，短头圆身，交错加工，刃缘呈拇指盖状，破裂面上有双锥体。长径2.9厘米，幅径1.9厘米（图1-16：1）。

端刃刮削器　台面相对的顶端修成直刃或斜直刃。标本77623，顶端斜直，由背面向破裂面单向加工。长径2.8厘米，幅径2厘米（图1-16：2）；标本77522，宽大于长的三角形石片，台面相对的顶端为宽直刃，采用两面加工修成刃面。长径2.1厘米，幅径2.9厘米（图1-16：4）。

直刃单边刮削器　用长条形石片或三角形石片加工其台面的一个侧缘。标本77513，长条形石片，在左侧缘由背面向破裂面加工，边刃上有清晰的石片疤。长径4厘米，幅径2.1厘米（图1-16：9）；标本794011，长三角形石片，在右侧缘由破裂面向背面加工，其他边缘保留石皮。长径2.6厘

米，幅径1.7厘米（图1–16：5）；标本77160，长三角形石片，背面保留两条长石片痕，右侧缘由破裂面向背面加工。长径3.8厘米，幅径1.9厘米（图1–16：3）。

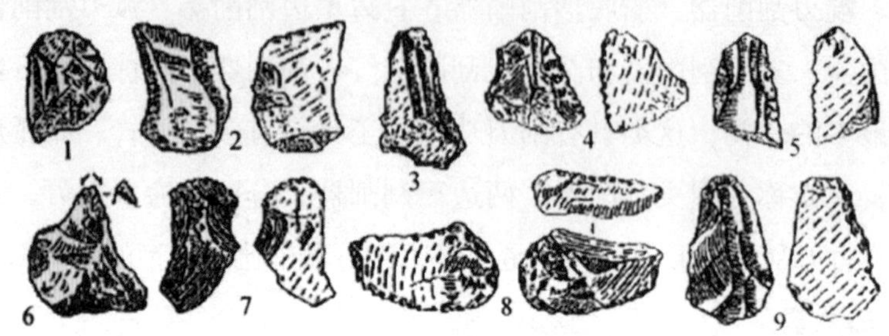

图1–16 西樵山东麓的细石片石器（依曾骐）
1、7. 圆头刮削器（77305、78413）；2、4. 端刃刮削器（77623、77522）；3、5、9. 直刃单边刮削器（77160、794011、77513）；6. 雕刻器（7918060）；8. 船底形刮削器（7918062）；

船底形刮削器 形似船底形石核，但较扁薄，无剥片痕迹，在船底边缘细敲成弧刮刃。标本7916062，长三角形台面，采用交互打击法修理弧刃。高2厘米，弧长3.3厘米，厚1.1厘米（图1–16：8）。

弧刃单边刮削器 多为长石片，将台面一侧加工成弧刃。标本77301，尖状长石片，沿左缘弧边由破裂面向背面加工直至尖端。长径4.2厘米，幅径1.5厘米（图1–17：1）；标本794220，类似上述标本，唯尖端有明显加工，切面成三棱状可称为尖状弧刃刮器。长径3.4厘米，幅径1.5厘米（图1–17：2）；标本77618，短石片，宽大于长，在石片右缘由背面向破裂面加工成弧刃。长径2.3厘米，幅径2.6厘米（图1–17：3）。

两边刃刮削器 多数采用由破裂面向背面单向加工。分两类：一类为长条形双侧刃刀形刮削器；另一类为不规则形石片制成，加工打击台面的两侧缘，有直刃也有凹刃。标本77366，长三角形石片，尖端略钝，背面上有两条石片脊，破裂面平整，在原来锐利的两侧单向加工。长径4.9厘米，幅径2.4厘米（图1–17：4）；标本77364，形状似上述标本，但较小，左

侧缘修成凹刃，右侧缘修成弧刃。长径3.3厘米，幅径1.6厘米（图1–17：5）；标本77510，利用从较大的石核上剥落的宽长石片，由破裂面向背面加工修成两直刃，背面两侧缘尾端仍保留石皮。长径4.8厘米，幅径3.2厘米（图1–17：6）；标本77367，长径4.5厘米，幅径2.4厘米（图1–17：7）；标本794013，不规则形石片，在台面的两侧，由破裂面向背面加工成对称的凹刃。长径2.9厘米，幅径1.9厘米（图1–17：10）。

复刃刮削器　形状不规则，基本上除台面边缘外，其他三个边缘加工成直刃或弧刃。标本794217，长形宽石片，背面有两条平行的纵石片脊，由背面向破裂面加工两侧缘及顶端。长径3.4厘米，幅径1.9厘米（图1–17：8）。

圆盘状刮削器　选用圆盘状小石片加工其周缘或部分周缘。标本77302，除台面外，其他周缘均由破裂面向背面加工。长径2.2厘米，幅径2.4厘米（图1–17：9）。

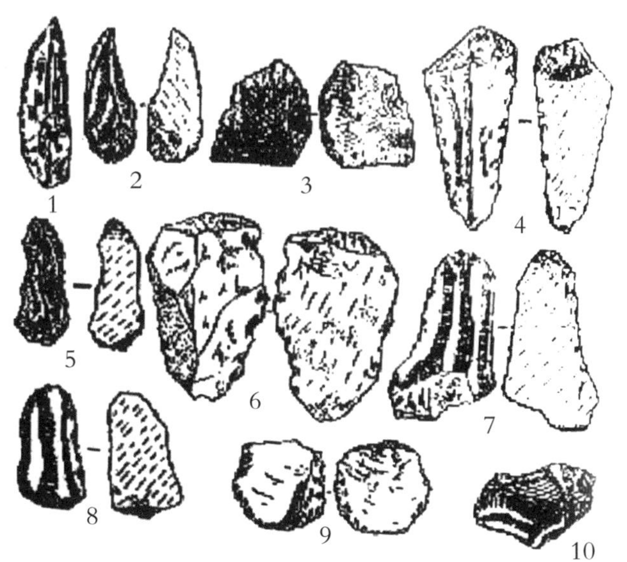

图1–17　西樵山东麓的细石片石器（依曾骐）

1～3. 弧刃单边刮削器（77301、794220、77618）；4～7、10. 两边刃刮削器（77366、77364、77510、77367、794013）；8. 复刃刮削器（794217）；9. 圆盘状刮削器（77302）

弧背长刮削器　长三角形，较厚的一边呈弧背，未经加工，相对的另一边缘加工成薄刃，与华北细石器传统的同类石器相似。这类细石器较早出现在华北的萨拉乌苏河、小南海、灵井等遗址[①]，不同点是上述几个地点的细石器，其弧背较长，均保留砾石面，而西樵山遗址的细石器材料中不见砾石制品。标本77316，长径4.6厘米，幅径2.6厘米（图1-18：1）。

3. 尖状器

尖状器可分成6个类型。

多棱尖状器　标本77318，形体较小，破裂面平整，背面隆起呈龟背形，尖端经剥片成五棱状。长径2.6厘米，幅径1.3厘米（图1-18：2）。

薄尖状器　标本794009，制作精细，选用宽薄石片，错向加工直至顶端修成钝尖，左侧缘由破裂面向背面进行冲征，右侧缘由背面向破裂面单向加工。长径3.4厘米，幅径2.6厘米（图1-18：3）。

三角形尖状器　其中有的形体较大。标本794202，红色霏细岩厚石片，由破裂面两侧边缘向背面单向加工形成夹尖。长径4厘米，幅径2.8厘米（图1-18：5）；标本77617，白色玛瑙石片，形体较小，破裂面不平整，由破裂面两侧边缘向背面单向加工，在尖端左缘打去一块小石片，近似单斜雕刻器的打法。长径3.2厘米，幅径2.2厘米（图1-18：6）。

鸟喙形尖状器　采用薄长石片，从台面向尾端加工，在尖端修成鸟喙形，并向一边歪斜。标本77311，形体瘦长，长径4.3厘米，幅径1.5厘米（图1-18：7）；标本77312，鸟喙形尖端以下呈带肩状，单向加工，长径3.5厘米，幅径1.9厘米（图1-18：8）。

矩形尖状器　石片基本上呈矩形，利用相交两个侧缘进行单向加工，使夹尖突起于矩形之外。标本78412，长径3.6厘米，幅径2.8厘米（图1-18：9）。

---

① 贾兰坡：《中国细石器的特征和它的传统、起源与分布》，载《古脊椎动物与古人类》1978（16）2，第137—143页。

歪尾尖状器　利用歪尾石片，加工两侧至尾端，所成尖端向左或向右歪斜。标本791802，长径3.3厘米，幅径1.8厘米（图1–18：10）。

图1–18　西樵山东麓的细石片石器（依曾骐）

1. 弧背长刮削器（77316）；2、3、5～10. 尖状器（77318、794009、794202、77617、77311、77312、78412、791802）；4、11. 琢背小刀（794222、794221）；12、13. 石镞（77499、794223）

4. 琢背小刀

琢背小刀形态不多，是在细长石片从石核上剥落后，为适应嵌入的需要，加工修琢石片较宽的一侧，即在刃缘相对的背上。这种石器与华北下川遗址的细石器标本相比较，西樵山的琢背小刀不仅背上有加工琢打痕迹，而且边缘也有加工，后者显然较为进步，这是其他地方的同类工具所少见的（图1–20：1～5）。分两型：

三角形琢背小刀　标本794221，用细长三角形人字脊石片，由破裂面的右缘向背面纵脊所夹的一面进行修整，成为圆钝的刀背，同时对左侧边缘也进行精细修整，使之成为弧刃。长径2.8厘米，幅径1.1厘米（图1–18：11）。

长条形琢背小刀　利用细长石片，截去一头或两头，背部修琢成钝

边，便于嵌入复合工具时能牢固，刃缘也精细修琢。标本794222，长径2.2厘米，幅径0.7厘米，厚0.3厘米（图1–18：4）。

5. *石镞*

西樵山细石器中发现的小石镞不多，形态上保留着明显的尖状器式样，但仍可分为平底镞（图1–19：11）、圆底镞（图1–20：6）和凹底镞（图1–20：7）。严格地说，这些小石镞应为镞形器，均圆底三角形，除修理尖端及两侧刃外，还修出圆薄的底边，便于安装。标本77499，边缘较厚，加工尖端精细，底边经加工呈圆薄状。长径2.4厘米，幅径1.5厘米（图1–18：12）；标本794223，形扁薄似桂叶，两面均有一道明显的纵脊，采用交互打击法加工边缘，尖端较钝，底圆薄，横剖面成四棱形（图1–18：13）。

西樵山发现的细石器材料，同我国华北发现的细石器材料有许多本质性的相同点，规整、规范，且成批生产，与我国北方细石器如出一辙。但也有独特的地方特点，如带把石核、三角形楔状石核的存在，细长石片一般长宽比数偏大，缺少圆头刮削器、雕刻器、石钻等。①

经现场模拟实验，证明细石器主要是采用直接打击法（石锤打击石材）制成。它们是一种复合工具，多复合使用，如刮削器、尖状器、雕刻器、石钻、小石镞之类（图1–19），要镶嵌或捆绑在骨质、角质或木竹制的柄、杆上才能使用。这些工具是与早期渔猎经济相适应的。

关于西樵山细石器文化遗存的年代，可以肯定早于西樵山双肩石器文化，有学者曾推定其年代上限为距今七八千年。②根据对太监岗（18地点）同一地层、同样材料（贝壳）、相同的半衰期（5730）测定的三个数据：一为距今6120±130（华南师范大学实验室，代号n–18）；二为距今6765±90（北京大学实验室，代号BK87040）；三为距今5955±135（中山

① 曾骐：《西樵山东麓的细石器》，载《考古与文物》1981（4），第1—12页。

② 杨式挺：《试论西樵山文化》，载《考古学报》1985（1），第9—32页。

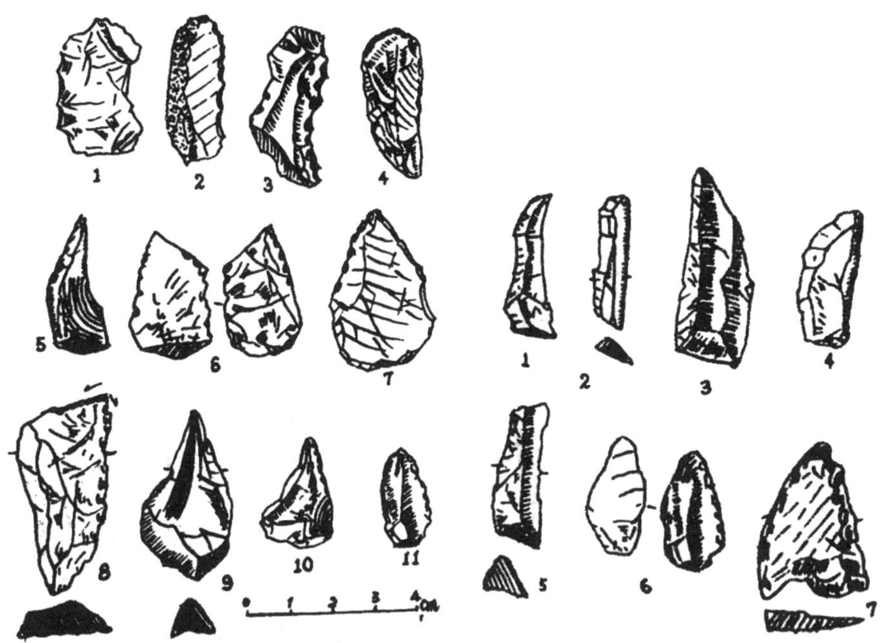

图1–19　西樵山的细石片石器（依曾骐）
1～4. 刮削器；5～7. 尖状器；8. 雕刻器；9、10. 石钻；11. 平底石镞

图1–20　西樵山的细石器（依曾骐）
1~5. 琢背小刀；6. 圆底石镞；7. 凹底石镞

大学实验室，代号GSU88–7）①。其参考年龄为距今6480 ~ 6225年，平均年龄为距今6300年左右。故西樵山细石器文化遗存的年代不会早于7000年前。这里推测为距今7000 ~ 6000年。

华北地区已建立细石器传统系列，其特点是：楔状石核、柱状石核、锥状石核与船底形石核共存；细长石片（石叶）和石片石器。可见西樵山细石器的特点与华北细石器传统是相同的，西樵山细石器的主要品种并没有超出华北地区细石器传统的范围。但西樵山细石核的种类较复杂，器形

① 曾骐：《珠江文明的灯塔——南海西樵山古遗址》，广州；中山大学出版社，1995年，第69—70页；中山大学人类学系张镇洪：《1986—1987年西樵山发掘简报》，载《文物》1993（9），第32—44页。

较大，有一种三角形楔状石核和带把石核是华北细石器少见的，其利用倾斜台面和台面脊剥片的技术也不完全同于华北地区。或许可以认为，西樵山细石器文化属于华北细石器传统，但又有自己的特点，有更多的土著性（本土性）成分。河南的许昌灵井遗址是目前已知华北细石器文化分布最南的地点，而从灵井到西樵山有1500公里长的空间，尚未发现可以把两者连接起来的细石器遗址。

西樵山发现的细石器，说明在华南地区的史前文化中确实存在使用细石器工具的阶段。华南地区中曾发现较之西樵山细石器年代要早的用燧石制作的细小石器，如广西柳州的白莲洞遗址和鲤鱼嘴遗址，但不见细石器传统中常见的各种细石核。由此推测，西樵山细石器很可能是在华南地区的细小石器基础上，吸收了华北细石器工艺的成熟经验制作而成。当然，西樵山居民也包括来自北方掌握细石器制造技术的移民来到了西樵山。

把西樵山细石器材料与中国北部、中部地区的细石器遗址，如河北的阳原虎头梁、山西的沁水下川和朔县峙峪、河南的许昌灵井、内蒙古的海拉尔松山、陕西的大荔沙苑等地点的遗物相比较，尽管这些遗址年代有早晚差异，但却能找到彼此间相近之处，这是中国细石器工艺传统稳定性的表现。如西樵山的扇状石核与峙峪、灵井的相同，楔状石核可见于虎头梁、下川、松山、沙苑，石核的倾斜台面剥片技术与虎头梁的相同，琢背小刀相同于下川，石片石器与松山、沙苑的相同，等等。[①]总之，西樵山细石器较多的特点接近于松山、沙苑遗址，但生态地理环境却大不相同。松山、沙苑的细石器分布在沙丘地点，而西樵山细石器分布于珠江三角洲平原区中的低山丘陵。松山、沙苑的细石器文化在沙漠草原地带延续时间很长，而西樵山细石器短时间内很快就被西樵山霏细岩制作的双肩石器所取代。

旧石器时代晚期，古人类制造石器的工艺已朝着细化的趋向发展，

---

① 贾兰坡：《中国细石器的特征和它的传统、起源与分布》，载《古脊椎动物与古人类》1978（16）2，第137—143页。

为了适应渔猎经济的新高潮，华北地区出现了细石器传统工艺，南方地区则多见小型化的砾石石器（包括砾石石片制作的石器）。但细石器的发展并不平衡，部分细石器在新石器时代继续得到充分的发展，如黑龙江的齐齐哈尔昂昂溪遗址，主要是细石器文化。还有黄河流域农业文化的仰韶文化、龙山文化、许家窑文化、齐家文化等，在这些文化中还保留了细石器的某些成分，这种工艺成为农业文化的附属，逐渐消失。

西樵山依山傍水，周边有平原和沼泽，在距今约六七千年的新石器时代，这里有良好的渔猎捕捞条件，又能提供制造细石器的丰富材料，在这里的原始农业兴起之前，细石器工艺制造业也就发展起来。西樵山的细石器材料中，细石核的数量很多，并有部分是细石核的荒坯。在细石片材料中，有部分材料是更新工作台面或进行台面调整时剥落下来的石片（图1–21）。在数以万计的细石片中，废屑与残废品占很大比例。这表明西樵山是制造细石器的工艺制作场，各个地点均为产地。西樵山细石器遗址有工艺制造者的活动面，而南山岗（第2地点，即火石岗）的表面出露有燧石和玛瑙岩，露天开采十分容易。因此，这个地点很可能是细石器石料的供应点。

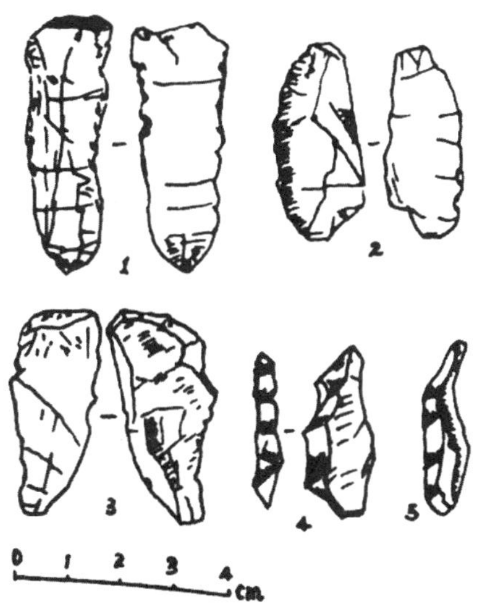

图1−21　西樵山更新工作面、调整台面时打下的石片（依曾骐）
1～3. 更新工作面石片；4、5. 调整台面石片

西樵山的细石核中，倾斜式台面十分普遍，同时存在少数台面脊石核，这类石核并不需要专门修理台面，仅靠台面脊就可剥片。从石核上剥落的细石片（石叶），以长条形双脊石片为主，其中部分包括已经截断一端或两端的宽薄小石片，边缘多数未经第二步加工，其宽长、厚长的比数均偏大。西樵山的细石器中还缺乏典型的圆头刮削器、雕刻器和石镞，也少见北方细石器系统常见的石钻。

西樵山太监岗（18地点）的探方底部发现有与细石器材料共存的贝壳堆积，厚11厘米。贝壳种类有厚壳蚌、圜棱螺、河蚬和少量的钉螺，均为淡水现生种。这些堆积物是制造和使用细石器的西樵山人生活遗留的残余，与此后"西樵山文化"时期的人类遗留的贝壳堆积物没有多大的差别，可见西樵山人的渔捞经济持续了很长的时间。

西樵山细石器主要是使用细长石片，一般长2～3厘米，宽0.6～0.8厘米。体小量轻，其用途应是为了适应渔猎经济的需要，如刮削兽皮、鱼鳞，切割动物筋肉等。可把细石器的用途分为两种：一是把细石器嵌入箭杆、标枪柄部，做成箭镞、投枪等工具进行渔猎；二是用作复合工具，嵌入骨、木或角质的槽内，制成刀、锯、匕首之类的工具，主要也用于渔猎或畜牧业有关的生产劳动。

考古学与民族学资料也表明，细石器与植物也有密切关系，如南美、非洲、东南亚的丛林地区有一种搓磨板，上面镶嵌有许多细石片，平置，主要用于加工根茎、果实和坚果，把它们搓磨成粗粉或糊状物。

华南地区的百越民族还有断发纹身的习俗，因此，位于百越族群中的西樵山人，其使用的细石器还有一种功能，就是雕刻器用来进行纹身。在民族志资料中，从东南亚迁徙新西兰的毛利人至今仍有纹身的习惯，他们使用的实物中就有用于纹身的小石刀刃片，那是作为刻刀。美国华盛顿州太平洋沿岸的一个史前遗址，距今约3000年，出土器物中有一件复合工具，长约15厘米，端部嵌有一片石英岩细石刃片，这件刻刀与毛利族中所见到的刻刀是同样镶嵌的。

其实，使用细石器的复合工具在世界各地都有，北非的一处遗址，距今约8000年，出土了一件细石器短刀，通长21厘米，镶嵌段为9厘米，有5片几何形的细石片，其中3片只保留根部，应是使用所致。在伊拉克的达沙尼尔遗址，出土一些长20～40厘米的细石器复合工具，适合镶嵌5～30片细石片。中国境内最早发现细石器复合工具的有两个地点，都属于含细石器的新石器时代墓葬，第一个地点是1923年瑞典考古学家安特生在青海西宁朱家寨墓葬中发现一件细石器石刃骨柄刀，器身长25.4厘米，镶嵌段凹槽长17.4厘米，出土时槽内嵌有3片细石片，另有几片已脱落。第二个地点是1930年中国考古学家梁思永在黑龙江齐齐哈尔昂昂溪遗址一座墓葬中出土一件残缺的细石器石刃骨柄刀，长条形，两侧都有凹槽，应是镶嵌石片的工具，可惜石片全部脱落。这两个重要发现，因材料零星，未能引起考古学家的注视。

新中国成立以后，在考古发掘中出土这类细石器复合工具的地点更多了，各种带有骨槽镶嵌细石器石刃的数量大增，地点有黑龙江的新开流遗址，辽宁的石棚山遗址，内蒙古的富河沟遗址、阿善遗址，宁夏的铁垛山梁遗址，甘肃的大地湾遗址、林家遗址、张家台遗址、鸳鸯池遗址，青海的柳湾遗址、尕马台遗址，西藏的卡若遗址等，总数超过30件。石棚山遗址是红山文化晚期墓地，其中几座墓出土了13件镶嵌细石片的骨刀。①这些地点多属新石器时代，可见这时期的居民使用细石器复合工具是较普遍的。在这些地点中，复合工具一般都有凹槽，刀类多是单凹槽，匕首类则是双凹槽。有的复合工具还保留有完整的石片刃，有的石片刃缺失不完整，也有的石片刃已脱落。

西樵山细石器资料经整理，细长石片可分为三类：一类是石片经两端截断加工，约占21.7%；一类是石片一端经截断加工，约占46.8%；还有一类是未经截断加工的原型石片，约占31.5%。前两类是人类有意识截断加工

---

① 曾骐：《珠江文明的灯塔——南海西樵山古遗址》，广州；中山大学出版社，1995年，第72—74页。

的，属于嵌入复合工具的材料。可见西樵山细石器文化中是存在镶嵌复合工艺的。西樵山细石器文化遗存中虽然未发现带凹槽的骨、木质遗物，但可以认为，西樵山细石器文化只生产细长石片，而带凹槽的骨、木质工具是由另外的场所制作，不属于西樵山细石器制作场的任务。

西樵山细石器文化是珠江三角洲地区史前居民的发明创造，使我们得以了解细石器文化的分布以及细石器工具的使用情况。距今六七千年的西樵山古代居民，对西樵山进行开发和利用，已使珠江三角洲放射出智慧的光芒。

第二节　西樵山文化

在中国南方的广东、广西、海南、云南等省区，有一种造型别致的石器，可分为柄部、肩部和刃部三个部分，在柄部与刃部相接处的两侧形成对称的肩部，酷似人首下的双肩，故称为“双肩石器”。这是中国南方新石器时代最富有特色的遗物之一。在西樵山，这类双肩石器成为生产工具的规范标准，包括有锛、斧、凿、铲等。从20世纪50年代开始，西樵山发现的石器就以打制、磨制双肩石器和大批有人工打击痕迹的石片而引人注目。出土此类石器和石片多在西樵山的南麓和西南麓。随着调查工作的深入，在西樵山的云路村一带发现了开采石料的地点，滴水岩、虎头岩（又叫藏书岩）和锦岩（又叫铁泉岩，16地点）因开采石料而形成洞穴。表明西樵山遗址包括了霏细岩石料开采场和石器制造场。西樵山的远古居民使用了一些细石器技术如软锤来生产各类双肩石器，这说明西樵山石器制作场的多样性，由此而命名为“西樵山双肩石器”，并进而称之为“西樵山文化”。南海县地方志编纂委员会办公室编辑的《西樵山志》[①]也用专章专

---

① 关祥主编：《西樵山志》第三章，广州：广东人民出版社，1992年，第49—66页。

节来加以介绍西樵山各石器地点的发现及有关观点。

“西樵山文化”这一术语首先是由中国科学院古脊椎动物与古人类研究所的院士贾兰坡教授于1960年考察西樵山的双肩石器后提出的[①]，此后，香港中文大学的郑德坤（1907—2001）教授、美国哈佛大学的张光直（1931—2001）教授和中国社会科学院的夏鼐（1910—1985）教授等，都提出或使用了这一术语[②]，由此引起了国内外考古学界的关注和重视。

1978年初，贾兰坡教授再次从北京专程到西樵山考察，这次他见到了西樵山的细石器，并再一次指出西樵山是石器制造场。在《中国大陆上的远古居民》[③]一书中，贾兰坡教授描述了两度到西樵山的情景。1987年3月，笔者陪同贾兰坡教授又一次到西樵山考察[④]，其时贾兰坡教授已年届78岁，贾兰坡教授兴致勃勃地观察了西樵山的细石器与双肩石器，再次肯定了两类石器的相关点与不同点，为西樵山文化的研究指明了方向。

贾兰坡（1908—2001），字郁生，出生于河北，是旧石器考古学家、中国科学院资深院士。一位攀登上科学殿堂顶端的传奇式人物，其代表作有《中国古人类大发现》。1978年，贾兰坡对细石器研究作了系统总结，发表了《中国细石器的特征和它的传统、起源与分布》一文，把中国的细石器研究向前推进了一大步，受到全世界考古学者的支持，有些学者认为它对北美考古是指导性的。而他对西樵山细石器文化的指导也是具有前瞻性的。

---

① 贾兰坡：《广东地区古人类及考古学研究的未来希望》，载《理论与实践》1960（3），第37—42页；转引自曾骐：《珠江文明的灯塔——南海西樵山古遗址》，广州：中山大学出版社，1995年，第21页。

② 转引自杨式挺：《试论西樵山文化》，载《考古学报》1985（1），第9—32页。

③ 贾兰坡：《中国大陆上的远古居民》，天津：天津人民出版社，1978年，第102、137—138页。

④ 邱立诚：《珠江文明的八代灯塔——论西樵山文化遗存的早期文明》，载《南海西樵论坛论文集1》，广州：广东旅游出版社，2017年，第34—49页。

杨式挺（1932—）先生在《试论西樵山文化》中，曾列举了关于西樵山文化年代的几种说法，一是开始于一万年前的旧石器末期；二是对第二地点（火石迳）或其他细石器地点，有的文章把它和“沙苑文化”作对比，认为可能属于中石器时代；也有的认为属新石器早期或更早，推测第二地点可以是一种陶器以前的新石器文化；三是对西樵山遗址总的看法，认为包涵了旧石器晚期和新石器不同时期的遗存，有的认为其年代可能早于以印纹陶为代表的遗存，有的认为细石器与磨光石器应是“同时异相”，早于增城金兰寺，年代为距今五六千年前，等等。由此，有学者把西樵山细石器文化划为西樵山文化的早期，实际上，它们与西樵山的双肩石器文化遗存差别太大，看不出有多少共同特征，也不宜作为同一个考古学文化。笔者同意北京大学严文明（1932—）教授的观点①，即把西樵山细石器文化从西樵山文化中划出，不再作为西樵山文化的组成部分。

西樵山的双肩石器文化遗存包括有采石场与石器制造场，地点有近20处之多，主要以霏细岩和少量的燧石为原料，其中锦岩（铁泉岩）和虎头岩（藏书岩）因开采霏细岩石料而成为洞穴，其余为制作石器的场所。出土资料最丰富的是西樵山南麓镇头南坡（第7地点）佛子庙和西樵山东北麓鸡冠峰下的富贤村后（11地点）。②江边村的佛子庙是一处规模很大的石器制作场，调查时发现许多用小块燧石制成的球形石锤，直径3～4厘米，重量120～200克左右，表面有经反复锤击后留下的浅疤。粗糙的疤痕也常见于西樵山霏细岩双肩石器的肩部或表面，说明是由于石球所打击形成。燧石石球的硬度要大于霏细岩，毫无疑问，西樵山古人类就是用此类工具来

① 苏秉琦主编：《中国通史》第二卷《远古时代・西樵山文化》，上海：上海人民出版社，1999年，第483—491页。

② 广东省文物考古研究所等：《广东南海市西樵山佛子庙遗址的发掘》，载《考古》1999（7），第28—37页；曾骐：《珠江文明的灯塔——南海西樵山古遗址》，广州：中山大学出版社，1995年，第81—86页。

加工锤琢双肩石器的，修理石器的双肩是制作石器的重要一步。在佛子庙曾出土精美的双肩石器和尖状器，其他有残断石器、半成品、石片等，比比皆是。

兹将发现西樵山文化的地点介绍如下。

第1地点，在马鞍山，位于西樵山的西北角，高约100米，坡度35º ~ 40 º，坡长约150米。为粗面岩，山顶一部分节理为霏细岩所填充，造成岩脉，一般厚0.5 ~ 2厘米，有些达40厘米，质坚硬，很像燧石。堆积在马鞍山的西坡，高度约30米，东西长50米，南北宽50米。该地点发现西樵山文化的石器，均为霏细岩所制成。

第2地点为火石岗，主要遗物是细石器，在此不述。

第3地点，西距第2地点（火石岗）约400米，其东为樵阳村，高约10米，发现有西樵山文化的石器，也发现细石器材料。

第4地点，在旋风岗东南，南距张坑村约500米，即张坑村的东北，坡度1º ~ 2º，台地高8米，东西长40米，南北宽70米，发现西樵山文化的石器，也发现细石器材料。

第5地点，在张坑村东南侧，属第4地点的范围，台地高8米，东西长30米，南北宽50米。石器的发现情况与第4地点相同。

第6地点，在鸡冠镇南面山麓，为粗面集块岩，台地高6米，东西长100米，南北宽10米。西樵山文化的石器发现于坡积与山麓冲积扇的交界处。

第7地点，即镇头，台地高6米，东西长150米，南北宽10米。为双肩石器发现十分丰富的地点，整个山麓均有堆积，坡积厚2 ~ 3米，采集西樵山文化的石器非常多。

第8地点，在饭盖岗西北。山岗高度10米，发现西樵山文化的石器很少。

第9地点，位于鸡冠镇西南坡，为粗面集块岩。相对高度约100米，山岗高度30米，东西长10米，南北宽10米。

第10地点，在珠峰的东北山脚台地上，高度5米，东西长300米，南北宽100米。地面遗物非常丰富，较之第6、7地点的遗物还多。探沟两条，有

少量西樵山文化的石器和陶片。

第11地点，在西樵山的东南角，南为富贤村，山岗高约15米，东西长250米，宽150米。遗物丰富，较之第6、7地点还多。探沟两条，文化性质与第10地点相同，也发现细石器材料。

第12地点，在珠峰东北山岗，高15米，东西长50米，南北宽20米，采集西樵山文化的石器。

第13地点，在云泉仙馆西的台地上，高5米，东西长100米，南北宽20米，采集西樵山文化的石器。

第14地点，在鸡冠镇东的山坡上，山岗高50米，东西长60米，南北宽30米，地面有少量遗物。

第15地点，在镇头象岗山西坡，可以看到有坡积着很厚的贝壳堆积层，密集的螺壳、蚌壳中夹杂大量的石器半成品、残废品、石片等。

第16地点，虎头岩和滴水岩，取石料的洞穴。

第17地点，旋风岗，主要遗物是细石器，不属于西樵山文化，在此不述。

第18地点，太监岗，主要遗物是细石器，不属于西樵山文化，在此不述。

新开的环山公路把云路村北面的锦岩（铁泉岩）和虎头岩（藏书岩）隔开两侧，在洞壁上可以看到呈水平节理的开凿霏细岩痕迹。洞外的坡积物有较大的霏细岩石料和石片。调查时采集到石球、石锤、已成形的双肩石器以及一些已具坯形的石料、半成品（图1–22）。锦岩坐东北向西南，洞口高约1.5米，宽7米多，全长约50米，分前洞、西洞、东洞三部分。前洞长10余米，宽5～8米，堆积面距洞顶1.5～1.8米；西洞呈隧道状，长约20米，宽3～5米，高2米，洞内地表多有石块；东洞入口处有一堵纵向石墙将其分开，左边为长廊状通道，右边为宽敞的大厅，后者长20余米，宽约13米，呈不规则形，高1.3～1.6米，再向里有三个小支洞，东边的长达18米，宽约3米，其余两个因石块塌落而堵塞。

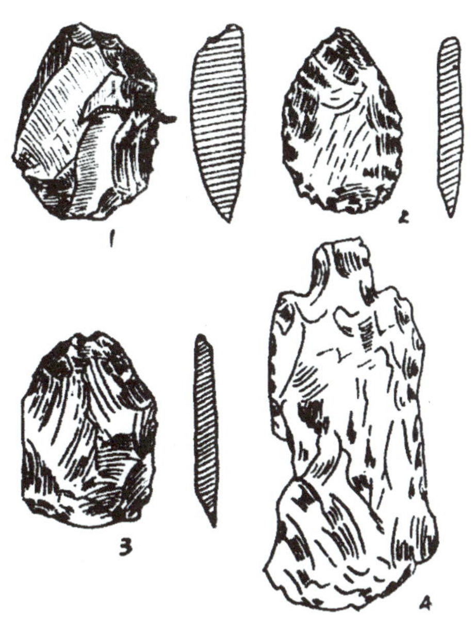

图1-22　西樵山铁泉岩、藏书岩的石坯（依曾骐）
1～3. 双肩石器毛坯；4. 双肩石铲坯体

中山大学人类学系曾在1986年冬至1987年春发掘两个月，据发掘，锦岩的前洞T3东壁含大量霏细岩角砾、石制品、灰烬和炭屑，厚10～30厘米；在西洞洞口靠西壁的T4，出土较多石制品；位于东洞的T5、T6，堆积情况与上述基本相同，出土大量人工打击的石片和一批石锤，也有烧过的炭块（图1-23）。虎头岩西侧石壁下有经人工打击的石片和石料，文化层中还发现木炭和灰烬，出土两件打制的双肩石器毛坯（图1-24）。这些洞穴随着石料的开采而扩大，不断地向纵深处扩展。

初步统计，锦岩出土石制品1300件，包括石核246件、石片720件、砍砸器43件、刮削器88件、石锤27件、尖状器5件、钻具2件、雕刻器1件、琢锤3件以及双肩石器残品、毛坯165件。

此外，在洞穴下面的多石岗出土石制品1149件，其中石核97件、石片771件、砍砸器13件、刮削器104件、石锤21件、琢锤14件和双肩石器的残

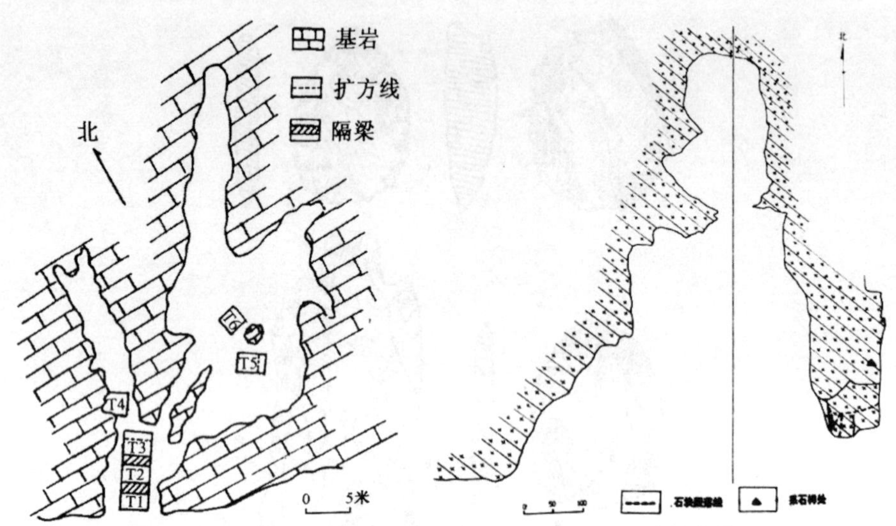

图1-23 锦岩洞穴平面图（依张镇洪） 图1-24 虎头岩洞穴平面图（依吕烈丹）

品、成品或毛坯129件。

在西樵山南麓的富贤村牛过坑，两个探方出土石制品493件，其中石片343件、砍砸器8件、刮削器91件、石核2件，双肩石器的成品、残品、毛坯49件。

这些石制品的原料多为霏细岩，少量为燧石，多数较小型。①

考古学家吕烈丹（1959—2016）选了虎头岩洞的西北壁和洞底两处进行开采模拟实验，另在锦岩采了少量石样做对比。②吕烈丹毕业于中山大学人类学系考古专业，曾在香港中文大学人类学系担任教授。在报告书中她写道："西樵山的锦岩、虎头岩两洞均为新石器时代先民开采石料所形成。但据县志记载，两洞在明清时期经过开采，故两洞不一定是新石器时

① 中山大学人类学系张镇洪：《1986—1987年西樵山发掘简报》，载《文物》1993（9），第32—44页。

② 吕烈丹：《西樵山石器原料霏细岩开采方法的实验研究——兼谈锦岩、虎头岩洞穴的形成》，载《考古学研究》（二），北京：北京大学出版社，1994年，第267—280页。

代开凿而成。”因此，她的模拟实验是用现生松树树干和树枝烧烤岩石，结果是：

（1）霏细岩有受热膨胀破裂的机理，当温度达到360°以上时，能破裂开大小不等的石块。

（2）霏细岩受高温后并不出现大的破裂，泼水之后也不能促使裂缝出现。

（3）因高温而脱落的石块绝大部分是小石屑或薄石片，缺少大、中型可做石器的石料。而且更由于高温的作用，使岩性发生了变化，这种石片用于打制石器时，容易断裂成为废品。

（4）受到高温脱落的石块多数为浅灰色，少量夹杂红色或黄色。若烧后泼水，则埋在炭堆中的石块受到渗炭而变成黑色，没有接触炭堆的石块颜色不变。经观察，霏细岩中含有的磁铁矿风化后成褐铁矿，分布在岩石的层理、节理面上。有的霏细岩表面还会有黑色的锰污染。因此，不能把这些自然现象和经火烧灼后留下的炭迹相混淆。

（5）受高温后脱落的石块形状多样，以方形、长方形、三角形或不规则棱柱形为多，极少有鳞片状。脱落后的石块若在室内放置一段时间之后，石块本身又会破裂成两块或多块。

吕烈丹对西樵山的霏细岩进行了岩性检测分析，对霏细岩的构造与层理、矿物成分与结构、硬度与容重等方面进行观察，还发现受高温后脱落的石块，被放在室内一段时间之后，石块本身又自然破裂为多块。这种破裂目前看来没有一定规律，其原因是受高温后，内部结构受到破坏，但没有立即显示出来，而是隔一段时间才表现为石块破裂。通过检测，认识到：

（1）霏细岩是一种层理较发育的流纹岩，这种层理在制作工具过程中有些不良的作用。

（2）霏细岩中大部分矿物硬度较高，可达6.5度左右。这种结构使它在制作工具时容易成形，便于制作，因而受到西樵山先民的青睐。

（3）霏细岩在高温下容易产生破裂，受高温时使岩性变脆，容易断裂、破碎，不宜作为制作石器的原料。

（4）霏细岩的磁铁矿风化后形成褐铁矿（Fe_2O_3），分布在岩石的层理、节理面上，还有黑色的锰污染，应把它们和经火烧留下的碳迹相区别。

由此，提出了几点讨论意见：

（1）霏细岩在高温下确有膨胀、破裂、脱落石块的特性。在高温下，霏细岩并为出现大裂隙，而是以小块的形式迅速脱落，不能也不必使用木棍来撬石块。泼水对岩石的脱落与否及形状、大小、数量均没有作用。

（2）霏细岩受热后脱落的石块，以小块为多，大块的较少。所得的大石块，长宽均没有超过15厘米的，厚度没有超过8厘米的。换言之，无法制作锦岩中大型的石器，如直径在11厘米以上的石球。

（3）用“火烧法”采石，脱落的石块多为废料，进一步加工时，可利用的石坯很少，经常出现破碎，使石料的利用率很低。

实验证明，西樵山霏细岩的开采，对过去学者们的假设方法予以否定，既不是“火烧泼水法”开采，也不是“火烧法”开采。采用木棍之类的器械沿裂隙撬动，完全可以取得大石块。采用直接打击法，以大石块在露头上摔打，也能得到石料。西樵山文化中，双肩石器的种类有双肩石斧、锛、凿、铲等，一些扁薄的切割器、刮削器也有双肩的特征。有一些双肩石斧与双肩石锛，在形态上难以分辨，可能属于斧锛功能尚未分解的阶段。此外，在制作石器的遗址中，可见许多用小块燧石制成的球块形石锤，表面多有反复锤击后留下的浅疤。还有大量的石片、半成品双肩石器、残断石器，或留有许多疤痕的磨制石器，通体磨光的石器很少，也有一些修琢出双肩的石器和精美的双肩石器（图1-25）。可以说，西樵山的这些石器文化遗存，存在大量的双肩石器毛坯或坯料，称之为双肩石器的生产基地绝不为过。说明磨制、抛光的工序多是运离西樵山而在其他地点完成。因此，在打制石器胚体的遗存中，出土陶器很少，主要有釜、罐，

饰绳纹、篮纹、划纹、曲折纹、叶脉纹、方格纹等。

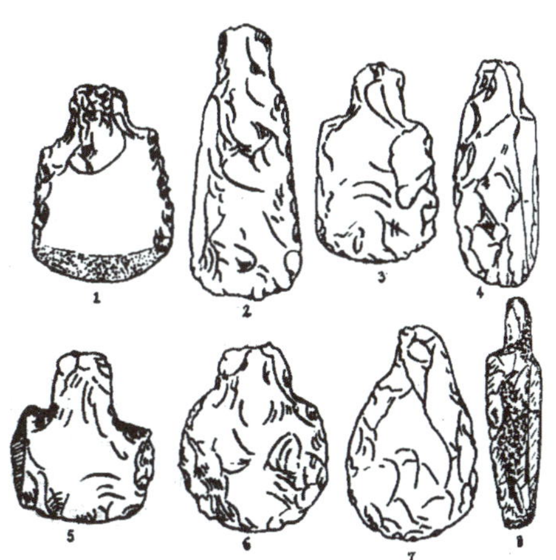

图1-25　西樵山的双肩石器（依曾骐）

西樵山双肩石器制造工艺有以下的特点：

（1）存在极多的人工打击痕迹石片，石片细长而薄，台面细小，背面多有单脊、双脊，有浅平的石片疤。破裂面半锥体明显，其中有相当多的石片是制造石器过程中剥落的石片或废料。其工艺显然继承了细石器的传统。

（2）打制、磨制双肩石器是这一类型石器的主体，具有砍、割、挖等多种不同用途和功能。例如双肩斧、锛适于砍伐，双肩切割器（刮削器）边缘锐薄，适于切割，双肩石铲可做起土工具。

（3）在双肩石器材料中，包括有毛坯、半成品、成品。属于成品的双肩石器占很小的比例。以镇头象岗山西坡（15地点）的发掘为例，在21平方米发掘范围内，出土双肩石器83件，其中磨制的双肩石器3件，完全成形的双肩石器10件，其他为制作过程中被淘汰的次品或废品。[①]

① 广东省博物馆：《广东南海县西樵山遗址》，载《考古》1983（12），第1085—1091页。

此外，在西樵山双肩石器标本中发现许多残断的产品，多从石料的节理面处发生斜断或横断。据观察，这些残断的标本并非是使用过程的折损，而是在频频的减薄剥片或琢打加工时，节理面受崩振而损坏的。西樵山双肩石器的成品率低，残损比数大是石器制造场合格产品被运出的结果，这也是石器制造场存在的有力证据。

（4）除了双肩切割器来源于石片外，其他双肩石器多是利用反复打片后的厚石片加工而成，这种厚石片实际上就是石核，因而西樵山的双肩石器多为石核石器。利用打下的石片加工成石器的情况极少见。作为生产工具的霏细岩双肩石器是西樵山石器制造场的典型器物，其间型式有所变化，但作为基本形态的双肩则没有多大的改变。总体上双肩石器是从溜肩、粗糙、不大规整向平肩、精细、规整者过渡和发展；刃部也从圆刃向弧刃、平刃演进。因此，可以将以西樵山双肩石器为代表的文化遗存命名为“西樵山文化”。

关于其年代，可将原划为西樵山文化中期的遗存改称为西樵山文化前期，前期大约在距今5500～4500年间，不会早于6000年前，延续时间很长；有肩有段的石器只是在西樵山文化的后期出现，似乎是受到石峡文化的影响，年代可能在距今4500～3500年间。在西樵山镇头山坡（15地点）测定贝壳标本的年代数据，三层为距今5470±100年；二层为距今5050±100年，可作为前后两期的参考数据。[①]作为采石场的锦岩（铁泉岩），也有四个炭屑标本测年数据可作参考：T3-5B，距今4427±108年；T5-2B，距今4559±106年；T5-3，距今4676±107年；T6-3，距今4622±127年[②]。这几个数据，都在西樵山文化的前后期之间，应是较为可

① 中国社科院考古研究所实验室：《放射性碳素测定年代报告》（七），标本ZK543—1，ZK544—14，载《考古》1980（4），第372—377页；广东省博物馆：《广东南海县西樵山遗址》，载《考古》1983（12），第1085—1091页。

② 中山大学人类学系张镇洪：《1986—1987年西樵山发掘简报》，载《文物》1993（9），第32—44页。

信的。属于西樵山文化的双肩石器有数千件以上，形式多样，可以分为下列几种型式（图1–26）：

A型　短身肩以下作圆盘状。

B型　斜边弧刃，呈扇状，包括二式：

B1式　短斜边弧刃；

B2式　长身斜边弧刃。

C型　直边弧刃，包括二式：

C1式　短身直边弧刃；

C2式　长身直边弧刀。

D型　宽柄溜肩长身弧刃。

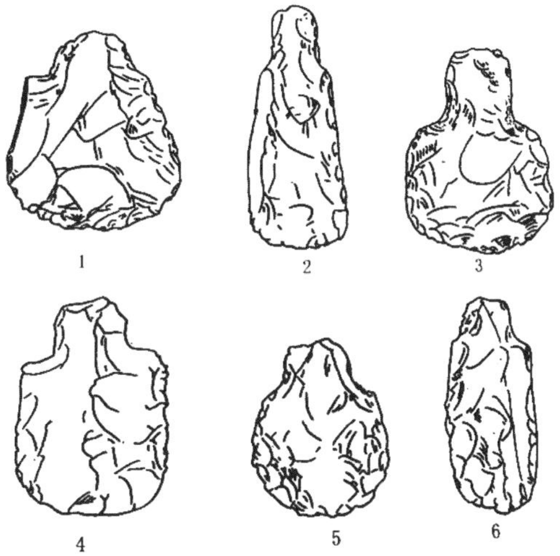

图1–26　西樵山双肩石器的主要类型（依曾骐）
1. B1式；2. B2式；3. C1式；4. C2式；5. A型；6. D型

其中A型代表了双肩石器的原始形态。这类石器造型规整，双肩宽平匀称，斜边弧刃呈扇状开展，可以称为“西樵山标准型双肩石器”。

西樵山文化中有不少圆盘状切割器，其中有的标本已接近A型双肩石器，应是一种过渡型的器物，可以说明西樵山式的双肩石器源于这类盘状切割器。在镇头象岗山西坡（15地点）的石器标本中还发现有许多扇形、三角形、长盘形、椭圆形的切割器→形体扁薄、周边均有剥片和第二步加工修理的痕迹，这些标本在B—C型的双肩石器中，能够找到相似者，也就是制造这些双肩石器的中间形态。由此可见西樵山各型双肩石器成形过程中已有一定的规范。在进入打坯阶段，对坯体已有形状的要求（如扇形、三角形、圆形等等）。可以清楚地看出，从打坯到成型阶段所进行的是大量减薄加工，而锤琢加工则是进入磨光前的最后工序（图1–27）。

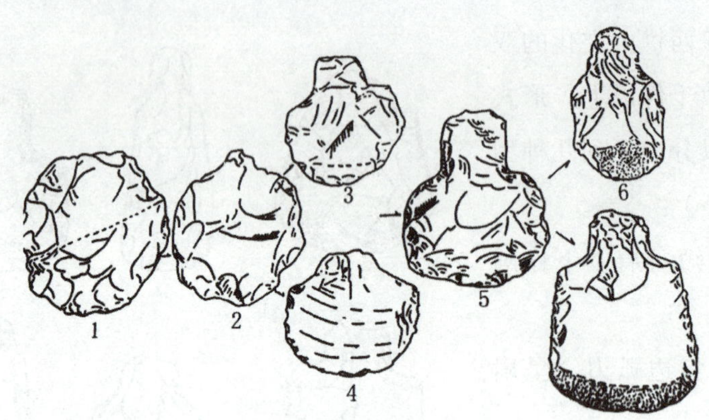

图1-27　西樵山双肩石器的演变（依曾骐）

虽然我们把西樵山细石器文化从西樵山文化中划出，不再作为西樵山文化的组成部分，但并不是说两者绝无关系。考古学家已找到了西樵山双肩石器的祖型，就是起源于圆盘形切割器，其演变程序是：圆盘形切割器→微肩切割器→不规则双肩石器→标准型双肩石器。[①]工艺的更替，渔猎文化中农业成分的加大，生态环境的改变，最终使这类切割器和有肩石器取代了圆头刮削器与尖状器等细石器，这就是西樵山文化产生的背景。西樵山文化以西樵山双肩石器制作场为纽带，并以西樵山双肩石器为主要标志，上限为新石器时代中期，下限晚至商时期。以西樵山双肩石器为代表所组成的文化圈，其分布范围也主要在珠江三角洲地区，并以珠江口的西部和北部为多，在粤北和粤东也有少量的发现。应与同时期各地经济形态有一定差别有关。到青铜时代，其分布范围更为广泛。

综合西樵山各型双肩石器的特点，大致可以看出它们的变化主要在刃缘、两侧缘和肩首上，其演化的趋势是：刃缘加宽加大，满足使用功能的要求；两侧缘由圆弧线变直边再为斜边，适应刃缘的加宽；肩首渐趋明显，便于安柄。

---

① 曾骐：《珠江文明的灯塔——南海西樵山古遗址》，广州：中山大学出版社，1995年，第102页。

根据考古发现，西樵山制作双肩石器的全过程，可以复原为（图1–28）：

（1）开采石料，用石球等锤状物，辅于火烧，使岩石崩裂。

（2）由石料粗打成毛坯，出现龟背状石核，进一步锤打成双肩石器雏形，剥离大批细长的薄石片。

（3）使用小石锤进行细部锤琢加工，使双肩明显形成。

（4）在砺石上砥磨加工。

（5）在兽皮或烧木上进一步磨光（抛光），使石器更锋利，并具有光泽。

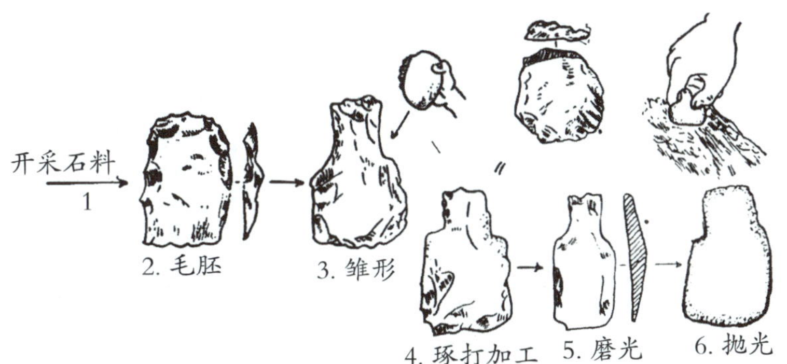

图1–28　西樵山双肩石器制作程序（依曾骐）

西樵山文化的双肩石器在北面与石峡文化接触，向西发展到封开、郁南一线；向东大致只到东莞地区，在南面则与港澳相交，但其影响至为广泛。而广西的西津遗址也是双肩石器出现较早的地点，据称其年代甚至早至距今8000年①，早于西樵山的双肩石器，这个年代尚存疑问。

西樵山的双肩石器也分为石核石器和石片石器。

1. *石核石器*

数量较少，采用燧石、砂岩、石英岩和霏细岩制作，形体较大且厚

① 彭书琳等：《试论广西的有肩石器》，载《纪念黄岩洞遗址发现三十周年论文集》，广州：广东旅游出版社，1991年，第181—197页。

重。主要是打制的斧（锛）类，也有敲砸器和石球。

斧（锛）器形可分短身、长身和有肩等。短身斧（锛）采用双面二次加工，有的保留石皮。标本临11，短身锛毛坯，长6.3厘米，宽5.3厘米，厚1.6厘米（图1–29：1）。[①]长身斧（锛）器身较长，也为双面二次加工。有肩斧（锛）为双肩，较长，制作较为精细。实际上，短身斧（锛）或长身斧（锛）是双肩斧（锛）的雏形。

敲砸器　呈长形秋状，用河砾石打制而成，其上有敲砸使用痕迹。

石球　呈圆形球状，在周围打琢而成。

图1–29　西樵山遗址出土的双肩石器

1. 毛坯（临11）；2. 石铲（SD西713–2）；3. 石锛（SD西713–2临2）

2. *石片石器*

石片石器是最常见而又最典型的遗物，材料与石核相同，斧（锛）器形也可分短身、长身和有肩等。短身斧（锛）有长方形和平面为梯形的，均为二次加工。斧为两面制作刃面，锛为单面打击加工。多数为凸刃，少

① 广东省文物考古研究所：《广东省文物考古研究所藏品精粹》，北京：科学出版社，2020年，第20页。

数为平刃。双肩斧肩部均角较直并短于身，有的双肩较明显。

铲　标本SD西713-2，长身，打制双肩，两缘较直，弧刃凸出。长8.3厘米，宽4.8厘米，厚1.1厘米（图1-29：2）。

矛　分长身与有铤两种。长身矛为扁平长条形，尾端厚于尖端，全器均双面二次加工，有的可见使用痕迹。有铤矛亦为扁平长条形，两缘呈弧形尖出，尾端收分成铤，有的略作椭圆形。

镞　分三角形、长条形和有铤三种。三角形镞中有棱脊，单面二次加工。长条形镞中部无棱，长身。有铤镞加工明显，器形多数较小，有的阴面有少许磨制痕迹。

3. 磨制石器

磨制石器是最为典型的产物，代表了较为进步的石器加工技术。原料与前者相同。制法主要是敲砸成一定形状后，再在其主要部位如肩、刃或全器进行磨制。出土有石斧（锛）、石刀和砺石等。

石斧（锛）　亦分短身、长身和有肩等。短身斧（锛）器形宽而短，刃部对称锋利，平刃、凸刃均有。长身斧（锛）器身扁平而长，刃部平，对称锋利。有肩斧（锛）多数肩短于身，个别器体肩长于身，厚薄不一，多在肩部或刃部加磨，少量全身磨制。斧与锛的区别是，斧是双面平刃，锛是单面平刃或凸刃。但主要产品是双肩石斧，只有少量为双肩石锛和石凿。标本SD西713-2临2，长身锛，略经磨制，双肩，柄较宽，两个侧缘近直，向下稍相向内斜，单面偏锋，刃缘略弧微凸。器身尚见打击疤痕。长6.2厘米，宽3.2厘米，厚1厘米（图1-29：3）。

石刀　扁平半月形者刃微凸，刃部加磨。三角形刀者，器体背厚，平刃，刃部加磨精细。有柄刀，在背面加磨。

砺石　有的背面磨平，有的上有十字形磨槽，是用作研磨石器的石砧。

西樵山遗址中，与双肩石器共存的陶器数量均不多，均为残片。主要为夹砂陶，有少量泥质软陶。夹砂陶有细砂粒和石末为羼和料。陶土未经

淘洗，火候很低，手制，表面抹平，饰绳纹，有的附以篮纹和点纹。泥质软陶有少量的细砂和石末为羼和料。饰曲折纹、方格纹等几何印纹。

西樵山双肩石斧的打击疤痕表明，他们在制作石器时有一套工作程序，打制技术也很高明，产品有统一的规格。首先是开采石块；其次是在石块清理出一片比较平整的石面，剥去双肩石斧上的石片；第三步是选择台面，重力打击出石器的粗坯，这一步很重要，它决定粗坯能否入选再进行加工，因为遗址中有许多这种石片，就是不合格的废品；第四步，对于合格的粗坯，制作者还要加工细琢，打出柄、双肩、两侧、刃口并修理两面。这个过程随时会产生次品或废品，遗址中许多这样的石器坯胎正是这个过程中的产物。打制技术采用间接打片，琢制粗坯动作要小，以粗坯的中脊为基线，向两面交互打击剥剔小石片，这种片疤短浅，石器显得整齐美观，刃口锋利。打制双肩石斧刃口一般居中，侧向一边应是石锛一类。此外，西樵山石器不仅采用打制和磨制方法，还可见钻口、切割和抛光等技术。比较而言，打制和琢制石片的技术更具有特色。

打制及磨制双肩石斧与石锛，是西樵山文化中最普遍的石器，不仅占各类石器的多数，样式也最为丰富。器身上的片疤浅而平远，大概是用骨、角或木质等有弹性的锤子打击而成，边缘上的疤痕短深，边缘平齐，说明器物可能被置于石砧上用石锤修整。

西樵山双肩石器类型向南影响了越南、老挝及东南亚诸岛，如菲律宾、马来西亚、印度尼西亚等，向西可见于印度东部、老挝、泰缅一线，并向西南到了云贵高原，向东可达台湾的圆山等遗址。虽然有的年代已晚至3000～2000年前，但仍然可视为属于同一个考古学文化圈。它们之间存在着传承关系是毋庸置疑的。

西樵山文化所反映的早期文明形态可以从以下几个方面来探讨：

其一是双肩石器的产生和使用大大促进了生活形态的改变。首先是农业的发展，双肩石铲使耕土更为容易，农业也更易于为人们所接受，由此而使珠三角地区逐步成为较为富裕的地区。这从珠三角地区分布的遗址数

量情况可见一斑，南海区就有贝丘遗址50多处，而据1981年的统计，发现西樵山石器的地点就有100多处。[①]前述的遗存情况多少使我们看到珠三角地区先民们劳作的身影。其次，双肩石斧、石锛的使用，也使住房的修建变得更为简单，虽然木构建筑的寿命还不可能很长，但其稳定性却是不容置疑。这说明西樵山文化的居民营建房屋的能力有了很大的进步，居住形态也有了更多的变化。如果说，西樵山文化以前的居民仍是张华《博物志》所记载的“南越巢居”（即一种干栏式房子），那么，西樵山文化时期的居民则已是徐怀远在《南越志》中所载的南越“栅居”，这是一种结栅为墙的房屋，在南海鱿鱼岗遗址、东莞村头遗址[②]等地见到的木骨泥墙，应就是此类“栅居”，是岭南地区房屋建造进步的标志。以西樵山双肩石器为代表的石器工业，影响了印度以东的整个南亚和东南亚地区，成为南岛语族的标形器之一。

这是具有世界历史意义的考古学与民族学材料。西樵山双肩石器与大石铲文化的产生应有密切关系，以广西隆安大龙潭遗址为中心的大石铲文化[③]颇具特色，带有大平肩或扉棱、舌形圆刃的大石铲，其分布向东到达广东西部的封开、德庆、郁南以及雷州一带，而在海南则有所变异，器体小，窄长。但这种大石铲也没有到达东南亚地区。一般认为大石铲与祭祀、祈祷谷物丰年的祭器有关。

其次，西樵山文化的居民所生产的陶器已有长足的进步，不仅种类

---

① 广东省博物馆（何纪生）：《广东南海县灶岗贝丘遗址发掘简报》表2，载《考古》1984（3），第203—212页；杨式挺：《试论西樵山文化》附表，载《考古学报》1985（1），第9—32页。

② 广东省文物考古研究所等：《南海市鱿鱼岗贝丘遗址发掘报告》，载《广东省文物考古研究所建所十周年文集》，广州：岭南美术出版社，2001年，第282—328页；广东省文物考古研究所等：《东莞村头遗址第二次发掘简报》，载《文物》2000（9），第25—34页。

③ 广西壮族自治区文物工作队：《广西隆安大龙潭新石器时代遗址发掘简报》，载《考古》1982（1），第9—17页。

多，花纹装饰也更为多样。尤其是后期所出现的云雷与曲折纹组合、云雷与梯格纹组合，应是受中原青铜文化影响的产物。圈足盘、豆、鼎一类陶器，既有盛器的一面，也有祭器的功能，同样也是早期文明形态的表现。

半个世纪以来，西樵山石器发现之初，由于缺少科学的发掘资料，人们对石器材料的形态和石器的性质等，缺乏准确的分析和判断，致使大批带有打制痕迹的中间形态物、半成品看作是最后的产品，从而作出了西樵山双肩石器年代较早的不准确推测。经过了一段认识的过程，学者们终于对西樵山双肩石器取得比较一致的共识。

西樵山文化最为显著的特征，就是双肩石器的制造与流行，它是新石器时代珠江三角洲及其周边地区人类的创造性发明，反映了当时人类的经济生活和生产技术以及艺术审美意识，它的分布与传播则显露出外向型的海洋性文化特征。它与东南亚和环太平洋地区的史前文化有着密切的文化关系，其交流与融合的情形使其在珠江流域文明进程中有着突出的历史地位，也由此而更显示其作为珠江三角洲文明灯塔的作用。在历史的长河中，西樵山文化给予了我们永远不能忘却的记忆。

西樵山文化的双肩石器，可以反映双肩石器的发生、发展和变化。包括西樵山在内的广东中部、南部、海南岛等地区，在距今5000～4000年间形成一个以使用双肩石器为特征的文化分布区。它向北影响了石峡文化（图1-30）和大溪—屈家岭文化；向西演变为广布于桂南地区的“大石铲文化”；向南和东南，传播到中国台湾、菲律宾。它和闽、赣、浙一带的有段石锛关系千丝万缕，一起构成了这个地区旗帜鲜明的“百越文化”特征。西樵山双肩石器发展的不同阶段，包括了从夹砂绳纹陶到几何形印纹陶的历程，它正是华南地区百越文化形成的关键时期。百越文化中的青铜斧、锛、钺都可以在西樵山文化的石器材料中找到它们的初型。西樵山有蕴藏丰富的石料和双肩石器，石器制造场经历时间长，双肩石器类型较多，不仅有双肩石器的原始形态，也有产生双肩石器的母型。可以认为从新石器时代中期开始到青铜时代，分布远及中国台湾、南洋、东南亚一带的双肩石器孕育和产生的故乡在中国南部的珠江三角洲。在这个意义上，西樵山文化是珠江流域文明的前奏和延续，是珠江流域从野蛮通向文明的灯塔。西樵山文化是中国原始文化中面向海洋，并产生深远影响的一支重要文化。随着华南地区青铜文化的兴起，西樵山双肩石器逐渐淹没在青铜斧、锛、钺的浪潮中，慢慢地衰落下去。

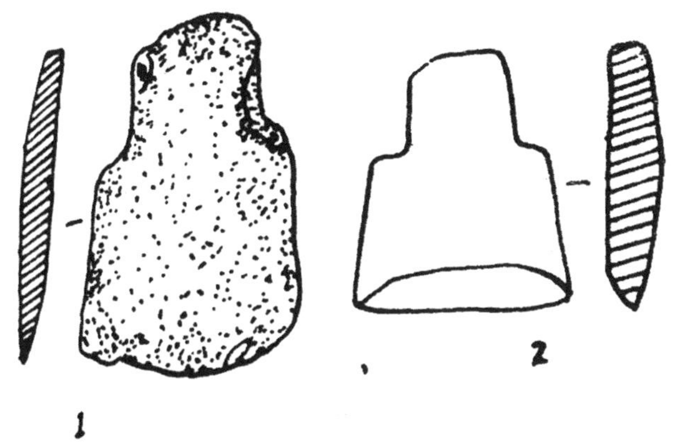

图1–30　西樵山与石峡文化的双肩石器（依曾骐）
1. 南海西樵山；2. 曲江石峡

西樵山石器制造场由细石器工艺向双肩石器工艺的转变，其中后者也有继承前者的因素，并逐步形成具有独特风格的西樵山文化，这绝非朝夕之事，也非出于偶然。它大约经历了千年之久，本身也延续了数千年，顺应了历史潮流的发展。

在珠江口外两侧，包括深圳、香港、珠海、澳门及其岛屿，许多沙丘遗址都发现双肩石器（图1–31），说明曾受到西樵山文化的影响，其中就有西樵山霏细岩质料的双肩石器。西江地区在开发过程中，曾接受西樵山文化和石峡文化的影响，并通过西江水系，把双肩石器扩散到云贵高原（图1–32）。双肩石器与先秦时期的百越人向西南迁徙、流动有密切关系，因此，这些地方都发现有双肩石器。

在广东南部，西樵山双肩石器经过雷州半岛，跨海传入海南岛的许多

地方（图1–33）。西樵山文化向东的一支，渡海把双肩石器传播至台湾岛的西海岸，距今约4500年开始的台湾圆山文化，圆山期就有不少双肩石器，有可能是受西樵山文化的影响。台湾的新竹、基隆、台中、高雄及台东也发现了双肩石器（图1–34）。

图1–31　珠江口外两侧的双肩石器（依曾骐）

1. 珠海草堂湾；2、3. 珠海拱北；4. 珠海南沙湾；5、6. 珠海东澳湾；7. 香港深湾；8. 香港春坎湾；9. 香港万角咀；10. 香港元洲仔；11. 香港长沙栏；12. 香港大浪湾；13、14. 香港东湾

20世纪以来，在太平洋诸岛屿、东南亚与印度东部地区，发现了大量双肩石器，一般认为，这些遗物与民族迁徙有关，尤其与古代南亚语系的民族有密切关系。在旧石器时代以后，亚洲南部盛行不断的民族迁徙，携带双肩石器进行迁徙的就是近海的华南族群。中南半岛诸国、马来西亚、印度东部及孟加拉等地（图1–35～37），大体上是双肩石器的分布范围，而百越族群擅长舟楫，很早就具有漂浮渡海的经验。西樵山文化的居民，从一开始便是一种面向海洋、面向东南亚和南亚的外向型文化，双肩石器就是西樵山文化的标志物。

双肩石器是环太平洋南部的遗物，西樵山的双肩石器反映了华南地区古代文化与东南亚和南亚地区及太平洋古文化的密切关系，西樵山文化的外向型特征和它所处的地理位置，已超越了今天的国界，成为环太平洋文化的一员（图1–38）。

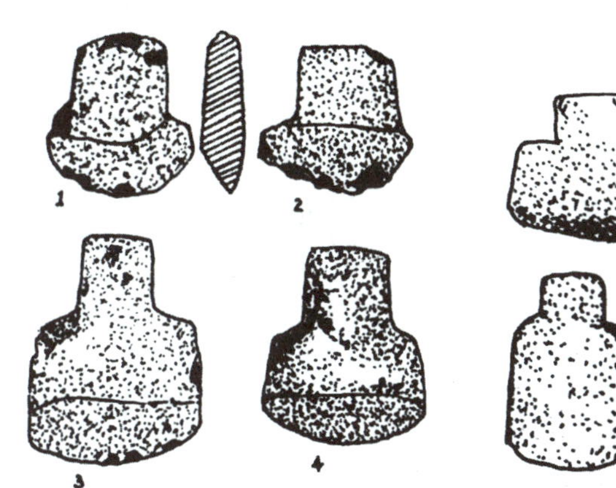

图1-32　云南的双肩石器（依曾骐）
1～4. 麻栗坡小河洞

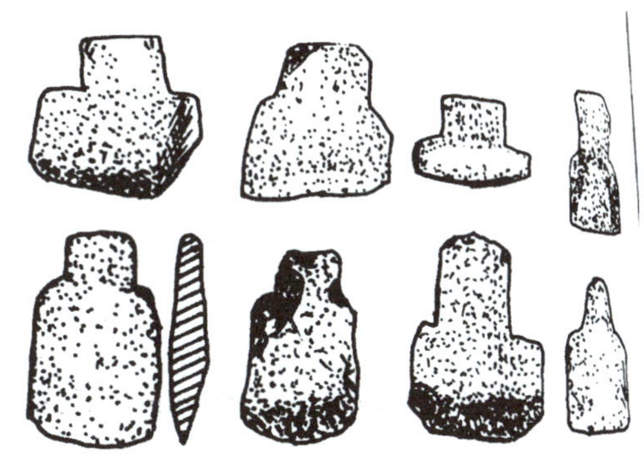

图1-33　海南省的双肩石器（依曾骐）

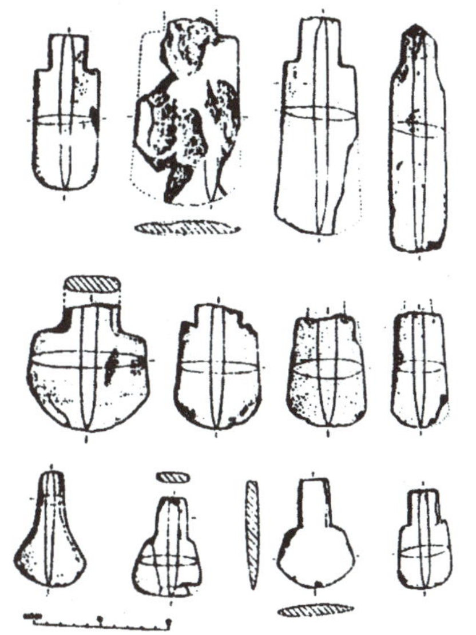

图1-34　台湾圆山遗址的双肩石器（依曾骐）

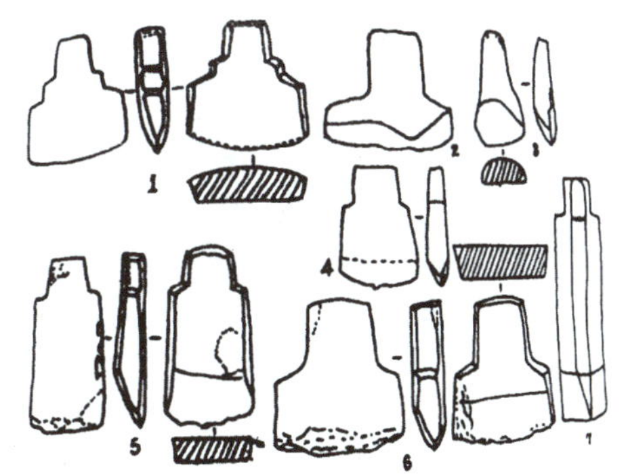

图1-35　老挝、泰国、缅甸的双肩石器（依曾骐）
1、2、5. 老挝；3、4、7. 缅甸；6. 泰国

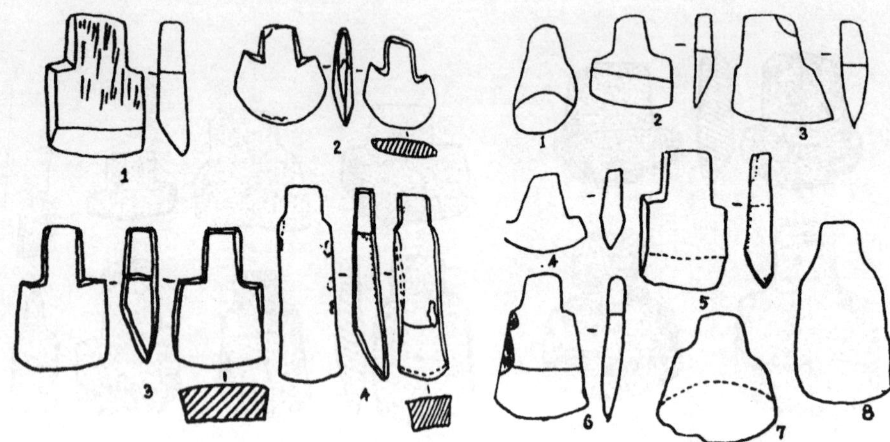

图1−36　越南的双肩石器（依曾骐）

图1−37　印度东部地区的双肩石器（依曾骐）

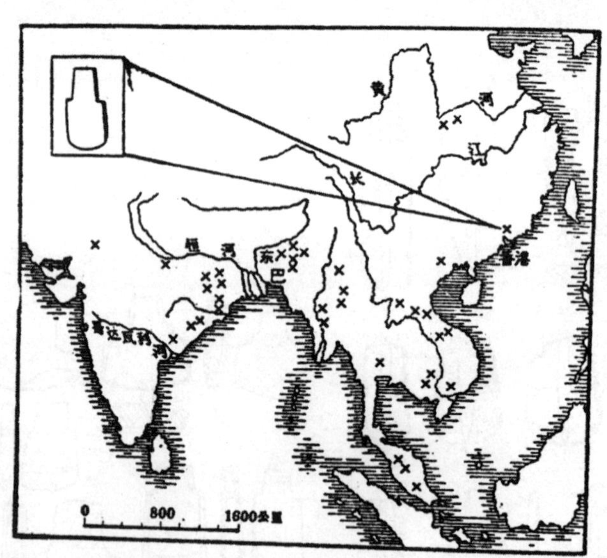

图1−38　双肩石器的传播（依曾骐）X双肩石器分布地点

第三节　小　结

游人云：西樵胜迹三天遊，考古文化乐悠悠；
如数家珍细石器，双肩石斧到商周。

我们对西樵山细石器文化和西樵山文化的探索与认识，从20世纪50年代始，迄今已有半个多世纪，这是两三代人艰辛的努力，对西樵山石器的认知也经历了一个由肤浅到深化的过程，至今这种认识还远未完结，还需要对它进行深入的科学研究。总的来说，我们对西樵山石器已有了清晰的认识，对其产生的渊源关系及其去向也有了明确的认知，即西樵山细石器文化的年代在新石器时代的早期晚一阶段，距今约7000年前，它们与散布于广东各地的细石器或细小石器有密切关系；西樵山文化的年代在新石器时代的中期和晚期，其中西樵山文化的早期大致为新石器时代的中期，距今约7000～5000年，西樵山文化的晚期大致为新石器时代的晚期，距今约5000～3000年。西樵山细石器的采石场及其加工打制的方法，对于西樵山文化双肩石器的采石与制作有着承传的关系，虽然石料不尽相同，但前者对后者所产生的影响是巨大的，无可估量的。西樵山文化的发展，就是后来岭南地区的青铜文化。

“考古学不只是发掘和利用人类学和经典著作来讲述人类过往的似是而非的故事。为了尽可能全面地了解古人的生活方式，有必要从实质上研究与人类发生互动的所有事物：植物、动物、岩石和矿物，以及地貌景观（包括水体）等等。”[①]这对于了解西樵山遗址或制作场居民及佛山地区古代人类生活面貌尤为必要。

---

① [美]George（Rip）Rapp、Christopher L.Hill，杨石霞等译：《地质考古学——地球科学方法在考古学中的应用》，北京：科学出版社，2020年，第259页。

古人云："古人不见今时月，今月曾经照古人。"作为岭南文化的一部分，探寻西樵山的考古意义，可以认识到西樵山的历史科学价值远大于它的风景名胜游览价值。正因为如此，我们称西樵山石器文化遗存是珠江文明的灯塔，它指引着我们认知西樵山石器文化对珠江地区乃至岭南地区的先秦文化所产生的巨大影响。

西樵山采石、制作石器是佛山地区乃至岭南地区史前人类开发西樵山的物证。新石器时代以来，人们对西樵山进行了多次卓有成效的开发使用，使这里的采石场和制造场的规模越来越大，产品类型和产量愈来愈多，在使用时间上跨越了新石器时代。在连绵不断的开发中，西樵山至少经历了阶段性比较明显的三次开发高潮[①]，走完了从兴起到繁盛，再步向衰落的历程，衔接这个历程的就是土著南越族的诞生和兴起。

第一次开发高潮开始于距今7000~6000年间，当时在珠江三角洲地区的先越部落为了适应渔猎经济的需要，在西樵山采集燧石、玛瑙等石料，吸取了华北细石器工艺的经验和技术，以细石器的石片石器为模式，发展了细石器工业。史前人类在西樵山东麓发现了可以制造细石器的石料，便在此地发展了这种工艺。虽然规模还很小，限于东麓的旋风岗、南蛇岗、太监岗、火石岗和张坑背等几个相连的地点，细石器产品的供应范围也不多，仅在西樵山附近的螺岗、藤冲岗、灶岗、柏山村等遗址发现过零星的细石核、细石器材料。在太监岗地点，发现与细石器共存有贝壳堆积，说明西樵山附近居住着使用细石器的先越人，并采食贝类动物。

第二次开发高潮是距今5500 ~ 5000年，生活在珠江三角洲地区的先越人，在先进的浙北先越部落（河姆渡—马家浜文化）影响下，逐步调整生产方式，更换原来的细石器，转向生产磨制的双肩石器。为此，寻找新的石料成为热潮。西樵山锦岩一带的霏细岩石料的发现，使西樵山南麓与西

---

① 曾骐：《西樵山的开发和西樵山文化的外向型特征》，载《纪念黄岩洞遗址发现三十周年论文集》，广州：广东旅游出版社，1991年，第222—231页。

南麓出现了几处生产双肩石器的制造场。在这次开发的高潮中，双肩石器基本上淘汰了细石器（仅剩孑遗），但在工艺上却有继承和发展，打片技术有所发扬，增加了琢打、砥磨的新工艺，从而使双肩石器制造工艺获得较大的发展。这些来自珠江三角洲地区的石器制作者，使用绳纹或其他纹饰的夹砂陶器，渔猎成分还很普遍。他们处于新石器时代中期，开发规模在西樵山已有十多个地点，但未发现聚落遗址，说明在第二次开发高潮中，西樵山采石场与制作场仍是临时性或季节性的场所，还未形成固定的、专门化的场地。

第三次开发高潮是在距今4000～3000年前后，岭南部分地区已出现青铜文化。珠江三角洲地区的先越部落处于转化和瓦解时期，渔猎采集经济也掺杂了新的经济方式，园圃农业已有影响。他们使用了较为进步的几何印纹陶器，但石器仍使用双肩石器，对西樵山双肩石器的需求量激增，故要求西樵山有稳定的、持久性的石料开采和双肩石器生产。随着珠江三角洲地区的稳定和河口向南海海面的推进，河流泛滥威胁已日益减少，西樵山附近沼泽地逐渐减缩，西樵山周围已经出现许多聚落遗址。位于禅城区的南庄藤冲岗遗址与西樵山隔水（顺德水）相望就是明证。西樵山文化的规模迅速扩大，也使西樵山附近的禅城区河宕遗址，南海区灶岗遗址、鱿鱼岗遗址等聚落群的出现成为可能。

三次开发高潮使西樵山的石器文化从无到有，西樵山文化的繁荣和兴盛应在距今6000～4000年左右。在两周时期，岭南地区的青铜文化已基本跟上全国的步伐，石器逐步淘汰而让位于青铜器，岭南地区的青铜文化由此而登上历史舞台。鉴于珠江三角洲地区一些青铜文化遗存仍有部分西樵山式的双肩石器，我们把西樵山文化的下限延至青铜时代。以西樵山双肩石器为特征的西樵山文化毕竟衰落了，但珠江三角洲地区兴起的南越文化与其有不可分割的血肉关系。由此我们看到，在构建珠江文明过程中，西樵山文化和百越文化血脉相连，起着非常重要的作用。

2011年，西樵山遗址被列入广东省首批8处大遗址之一。同年，召开了

“中华文明视野下的西樵文化”国际学术研讨会，会后，由广州市文物考古研究院院长易西兵主编了《西樵山遗址考古研究》[①]，收入自1958年以来50余年的考古调查、发掘材料和研究成果。第一部分是西樵山遗址历年的考古调查和发掘报告、简报共13篇；第二部分是对西樵山遗址进行专题研究的学术论文共30篇；第三部分是有关著作或论文涉及西樵山遗址研究的论述摘录共40篇。编者在编后记直言：“中山大学岭南文化研究院主持编纂《西樵山历史文化文献》丛书，多达两三百种，《西樵山遗址考古研究》即是丛书的一种。”

毋庸讳言，西樵山遗址至今仍然是岭南以至华南地区最为重要的史前考古遗址之一。自1958年发现以来，即受到广泛关注，著名的考古学家如贾兰坡、夏鼐、苏秉琦、郑德坤、张光直、安志敏等，都曾到西樵山遗址考察或发表论文进行探讨，其重要性可见一斑。广东本土的学者前辈，如梁钊韬、杨式挺、莫稚、曾骐、张镇洪等，对西樵山遗址的研究持续至今60余年，以西樵山遗址命名的“西樵山文化”成为华南以至东南亚地区的著名考古学文化。

目前，比较一致的认识是，西樵山遗址是一处大型的石器制造场，其年代距今7000～3500年，石器类型包括细石器与双肩石器，尤其是西樵山双肩石器，其传播与影响范围相当广泛，已知北达长江流域，南抵东南亚和西太平洋一些岛屿，延续时间很长，直至岭南地区青铜时代才逐步消失。可以说，西樵山双肩石器见证了史前时代中国华南地区与长江流域以及西太平洋沿岸及岛屿地区的人文交流。而且，西樵山遗址也不再仅仅是考古学家关注的史前考古遗址，而是作为重要的历史文化遗产，与西樵山优美的自然风光相得益彰，成为海内外闻名的自然与人文景观，深受社会大众的欢迎。

---

① 易西兵主编：《西樵山遗址考古研究》，桂林：广西师范大学出版社，2015年，第1—4、767—769页。

曾骐教授长期致力于西樵山遗址的考古调查、发掘和研究，在2011年举行的“中华文明视野下的西樵文化”国际学术研讨会上，所作的主题发言《西樵山文化的可持续性发展》[①]，全面论述了西樵山遗址的考古发现、遗址年代、性质和文化特点，以及西樵山文化的发展历程，提出的依据是：

（1）社会生产力转型的需求、革新产品的需求。

（2）提供转型的技术和经验。

（3）找岩脉，开凿霏细岩。对石制品材料的认识，西樵山存在生产转型石制品的石料。

（4）双肩石器与后来青铜工具斧、锛、钺在类型上的继承。

曾骐认为，生产工具是社会生产力的标志物，推动着文明的进程。西樵山古文化的发现唤醒人们对文明进程的记忆和认识的深化。西樵山石器生产持续数千年之久，更换了两大石器类型而不衰，这在国内其他石器制造场是仅见的。文章最后说，总结西樵山史前文化的历史经验：人类社会要持续发展，必须适应形势不断发明、创新，充分把握产品的更换、调整的可持续性发展。这就是西樵山文化最宝贵的遗产。

西樵山文化多种类型的双肩石器，可以反映双肩石器的发生、发展、变化过程，这里有双肩石器的原始形态，有产生双肩石器的母型——圆盘状切割器，因此，广东深圳、惠州、河源以西地区，包括粤中、粤西、雷州半岛、广西及海南地区的双肩石器主要分布区，以及粤东、粤北、贵州、云南、湖南、湖北、江苏、江西和浙江部分地区的分布范围，还有远至中国台湾、东南亚、印度等地的双肩石器，其孕育和产生的故乡可能就

① 曾骐：《西樵山文化的可持续性发展》（代前言），载《西樵山遗址考古研究》，桂林：广西师范大学出版社，2015年，第1—9页。

是我国华南珠江三角洲地区的西樵山[①]。它们和有段石器以及陶器一起，共同构筑了旗炽鲜明的“百越文化”的组成部分。

① 曾骐：《西樵山石器和“西樵山文化”》，载《中国考古学年会第三次年会论文集》，北京：文物出版社，1981年。引自《西樵山遗址考古研究》，桂林：广西师范大学出版社，2015年，第309—310页。

第二章

南海西樵山佛子庙遗址

历史文化

佛子庙遗址发现于1958年，当时编为西樵山第7地点，位于西樵山南麓镇头的坡下，在江边村的东南面，是西樵山制作双肩石器的地点之一（图2-1）。遗址面积为4000余平方米，地层堆积较好。1994年为配合南海区西樵旅游度假区西樵山环山公路的建设，由中山大学人类学系进行复查勘探，同年由广东省文物考古研究所与南海市博物馆进行发掘，面积为200平方米，对地层有了进一步的了解，并出土了一批西樵山文化时期的石器和陶片。[①]佛子庙遗址属台地型，是广东省文物保护单位——西樵山遗址的一处地点，已做了保护范围和建设控制地带。

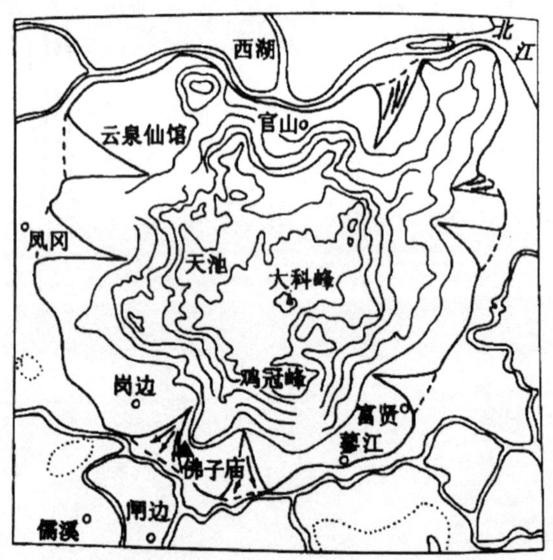

图2-1　佛子庙遗址位置示意图（依冯孟钦）

① 广东省文物考古研究所等：《广东南海市西樵山佛子庙遗址的发掘》，载《考古》1999（7），第28—37页。

第一节　文化层

佛子庙遗址的文化层可以分为七层，其中第一层至第五层深40~55厘米，第一层为表土，第二、三层为汉以后至明清时期的文化层，第四、五层是汉代文化层，值得注意的是在Ⅱ区的第五层出土一块陶片，上饰夔纹，下饰方格纹，这是西周至战国早期的陶器残片，可以肯定不属于西樵山文化。第六层和第七层出土西樵山文化的石器和陶片，本文着重于这个时期的介绍和研究。

佛子庙遗址第六层最厚18厘米，出土石片和石器的残次品或毛坯（半成品）以及少量陶片，器形种类有石器锛、斧，陶器罐、釜等，陶器纹饰较复杂一些；第七层最厚25厘米，出土遗物与第六层接近，但数量要丰富，器形种类则较为简单，陶片纹样也少，显示其年代有所差别。应该说明的是，在佛子庙遗址的发掘中没有发现遗迹，这也许是遗址的属性是石器制作场所限。第七层以下为生土。

图2-2　南海佛子庙遗址

第二节　出土文物观察

佛子庙遗址的地层主要是第六与第七层。第七层出土遗物有石制品和陶器。石制品有石片、毛坯、残次品（半成品）、制作工具等。第六层与第七层相比，形态上无明显区别，但数量较少，也有石制品和陶器。石制品有石片、毛坯、残次品（半成品）、制作工具等；陶器的种类很少，但有鼎，意味着年代较晚。下面分别予以介绍。

一、佛子庙遗址的第七层出土遗物

（一）石制品

1. 石片

44182件，其中96%是霏细岩，其余的有燧石、沉积岩、黑曜石和花岗岩等。这些石片多带有自然面，有的明显可见台面，有单劈裂面和复劈裂面两种，形状多呈不规则形。这些石片应都是为了打制双肩石器而打下的。

2. 毛坯

30件，多数为霏细岩，可分为三型：

A型　10件。基本形状为椭圆形。T1401⑦：20，一面为自然面，另一面及周边进行打制。长8.9厘米，宽7厘米，厚1.9厘米（图2-3：2）。

B型　2件。基本形状为长方形。T1401⑦：130，平顶，直边，仅加工一面，另一面保留自然面。长8.5厘米，宽3.6厘米，厚2.4厘米（图2-3：3）。

C型　18件。基本形状为梯形。T1101⑦：47，弧顶，斜边，打制，保留有自然面。长6.8厘米，上宽3.1厘米，下宽5厘米，厚2.3厘米（图2-3：1）。T1201⑦：15，长7.5厘米，底宽6.2厘米，最厚1.6厘米（图2-3：4）。

3. 残次品（半成品）

西樵山制作的石器，成品多在当时已带离西樵山，遗留在当地的多为

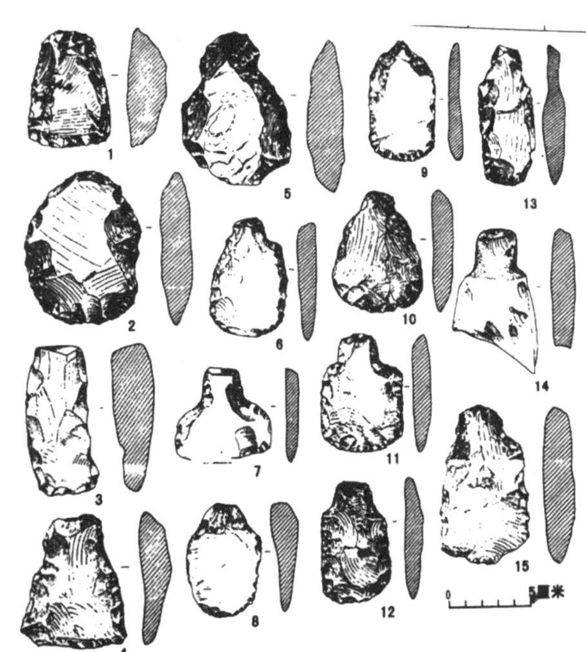

图2-3　佛子庙遗址第七层出土石器（依冯孟钦）
1、4. C型毛坯（T1101⑦：47、T1201⑦：15）；2. A型毛坯（T1401⑦：20）；3. B型毛坯（T1401⑦：130）；5. Aa型斧（T1301⑦：62）；6、8. Ab型斧（T1301⑦：84、T1201⑦：9）；7、11. Ba型斧（T1301⑦：74、T1401⑦：17）；9、12、13、14. Bb型斧（T1201⑦：38、T1401⑦：48、T1301⑦：75、T105⑦：13）；10. Ca型斧（T1201⑦：39）；15. Cb型斧（T1301⑦：60）

残次品或半成品。据观察，推测佛子庙石器制作工艺流程为：

（1）打出台面。

（2）打片，制作毛坯。

（3）造型，打出各种石器类别的基本形态。

（4）加工刃部。

（5）加工肩部。

因为刃部和肩部两侧是在最后的程序中加工完成，故选择器身的刃口和两边形态作为分型标准。这些石器多已成形，且多数是霏细岩，器形大致为双肩，可分为斧、锛、矛。

斧　这是一种砍伐工具，因是残次品（半成品），故有些形制不很明显。双面加工，正锋，共165件。分三型：

A型　31件，弧刃，刃缘与两边分界不明显，多数为溜肩，少数为平肩。又分为两个亚型。

Aa型　9件。宽体，长与宽大致相当。T1301⑦：62，沉积岩，节理清晰。弧顶，双肩加工为溜肩，刃部残。长8.8厘米，刃宽6.4厘米，厚2.2厘米（图2–3：5）。

Ab型　22件。窄体，长大于宽。T1301⑦：84，斜平顶，窄柄，平肩，弧刃，器身一面保留自然面。长6.9厘米，刃宽4.4厘米，厚1.2厘米（图2–3：6）。T1201⑦：9，平顶，梯形宽柄，溜肩，弧刃，刃小于宽，柄厚刃薄，器身一面保留自然面。长6.4厘米，刃宽3厘米，最厚1.6厘米（图2–3：8）。

B型　110件。直边。分两个亚型。

Ba型　64件。宽体，长与宽较为接近或相同。T1401⑦：17，器身初步磨制，平顶，宽短柄，双肩不对称，弧刃。长6.9厘米，宽4.9厘米，厚1.1厘米（图2–3：11）。T1301⑦：74，斜顶，宽柄，溜肩，短身，弧刃。器体两面磨光。长5.5厘米，宽5.6厘米，厚0.7厘米（图2–3：7）。

Bb型　46件。窄体，长明显大于宽。T1401⑦：48，平顶，宽短柄，窄溜肩，弧刃。器身打制，未加磨。长6.9厘米，宽4厘米，厚1厘米（图2–3：12）。T1301⑦：75，斜顶，细宽柄，溜肩，弧刃。长8.5厘米，宽3.4厘米，最厚1.4厘米（图2–3：13）。T105⑦：13，斜顶，柄略宽，窄肩，下部残。器肩经琢打，通体磨光。残长8.7厘米，宽5.3厘米，最厚1.5厘米（图2–3：14）。T1201⑦：38，石片加工而成。小短柄已残，溜肩，弧刃。形较规整。长7.2厘米，宽4.1厘米，最厚0.9厘米（图2–3：9）。

C型　24件。斜边。分两亚型。

Ca型　21件。宽体。T1201⑦：39，小短柄，肩经初步打制，未完成。长7.3厘米，刃宽5.6厘米，厚1.3厘米（图2–3：10）。

Cb型　3件。窄体。T1301⑦：60，弧顶，短柄，刃残。器身一面保留自然面。长9.2厘米，刃宽5.4厘米，厚1.9厘米（图2–3：15）。

锛　这是一种做房子或其他用途的木作工具，数量很少，仅9件。偏锋，分两型。

A型　4件。宽体，弧边，刃与边分界不明显。T105⑦：14，尖顶，肩一侧略作加工，另一侧残，刃略残。器一面为自然面。长8.1厘米，宽4厘米，最厚1.9厘米（图2–4：4）。

B型　5件。直边。分两个亚型。

Ba型　3件。宽体。T1201⑦：8，弧顶略残，宽柄，溜肩，平弧刃。器身及刃部经磨制。长6.1厘米，宽4厘米，最厚0.9厘米（图2–4：2）。

Bb型　2件。窄体。T1201⑦：28，顶微残，宽短柄，溜肩，平刃。器身经琢磨。长6.1厘米，宽3.1厘米，厚0.9厘米（图2–4：5）。

矛形器　仅1件（T1201⑦：21）。弧顶，柄部窄短，溜肩，直边，“V”形刃缘。长7.2厘米，最宽5.3厘米（图2–4：3）。

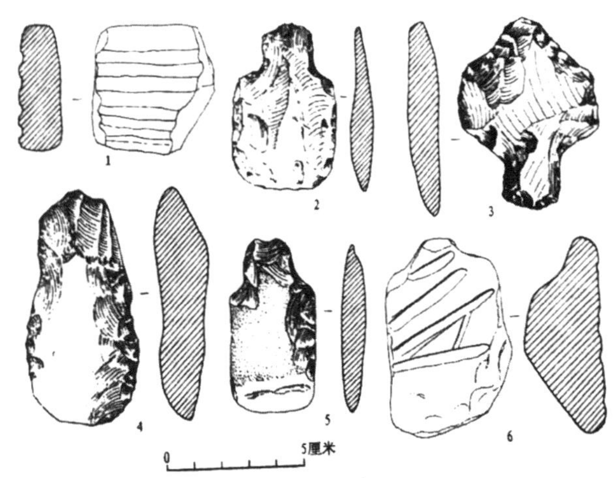

图2–4　佛子庙遗址第七层出土石器（依冯孟钦）

1、6. 砺石（T1101⑦：21、T1201⑦：44）；2. Ba型锛（T1201⑦：8）；3. 矛形器（T1201⑦：21）；4. A型锛（T105⑦：14）；5. Bb型锛（T1201⑦：28）

4. 制作工具

种类包括锤、砧、砺石等。

锤　253件。数量很多，说明这类器物使用很多，也恰好说明这类遗址是属于石器制造场。圆形或椭圆形，多以燧石石核制作，器身布满撞击疤痕，这类疤痕也见于其他石器，其间应有一定的联系。直径4～7厘米。

砧　12件。器扁平较缓，器身多有经砸击使用而留下的浅窝，大小不一，大者长40厘米，宽36厘米，厚28厘米；小者长15厘米，宽10厘米，厚8厘米。

砺石　4件。砂岩。T1101⑦：21，梯形，大的一端已残。器身两面及两侧经磨砺使用，其中一面有四道平行磨槽，槽底弧形，宽约5毫米；另一面微凹。残长4.5厘米，宽4～4.5厘米，厚1.5厘米（图2–4：1）。T1201⑦：44，平面较粗糙，经磨平，上布5道磨槽，槽底弧形，宽约4毫米；隆背，背面保留自然面。长7厘米，宽4.5厘米，最厚2.8厘米（图2–4：6）。

（二）陶器

共出陶片244件，以夹砂陶为多，火候较低，石英砂粒裸露表面；少量泥质陶。器类又分釜（罐）、圈足罐（盘）、纺轮等。器表纹饰十分简单，主要为绳纹和交错绳纹，次为细绳纹、凸棱纹和连弧纹（图2–5），按其百分比，绳纹（含交错绳纹）为65.16%，细绳纹为14.34%，凸棱纹为1.64%，连弧纹为0.41%。也有一些陶器的表面是素面的，占18.44%。

釜（罐）类　均为夹砂陶，能看到口沿的5件。分两种。

A型　1件。T1101⑦：14，直口微侈，圆唇内凹，颈外一周凸棱，器表素面。口径15.2厘米，残高4厘米。

B型　4件。侈口。T1301⑦：95，斜直沿，尖圆唇。口径21厘米，残高2.8厘米。T1401⑦：113，卷沿，沿面略鼓。沿内一周凸棱。口径22厘米，残高3.8厘米。T1301⑦：94，圆唇，沿外卷较甚，颈外一周凸棱。口径18.6厘米，残高4厘米。

圈足罐　泥质陶，仅见圈足。T1201⑦：13–2，矮圈足外撇较甚。

圈足盘　泥质陶，T1201⑦：13–1，尖圆唇，斜壁略弧，浅盘，下腹收入。

纺轮　夹砂陶。T1301⑦：92，器表有斑状锈块并杂黑点，略作梯形，器身弧收，底平。直径5.5厘米，孔径1.2厘米。

二、佛子庙遗址的第六层出土遗物

（一）石制品

1. 石片

数量少于第七层所见，共出12356件。以霏细岩为主，有11557片，占总数的93.53%，其余的有燧石、沉积岩、黑曜石和花岗岩等。

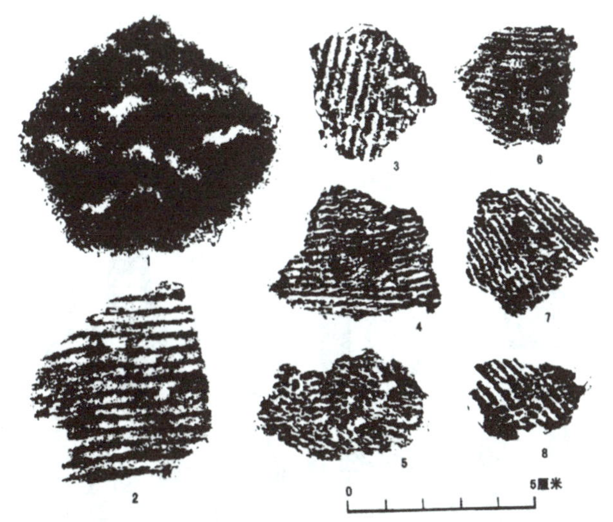

图2-5　佛子庙遗址第七层出土陶片纹饰拓片（依冯孟钦）

1. 连弧纹（T1301⑦：96）；2～4. 绳纹（T1401⑦：131、T1201⑦：52、T1401⑦：132）；5、7、8. 交错绳纹（T1201⑦：54、T1401⑦：135、T1401⑦：134）；6. 细绳纹（T1201⑦：49）

2. 毛坯

39件，分为三型：

A型　11件。基本形状为椭圆形。T106⑥：130，霏细岩，长8.7厘米，宽5.6厘米，厚1.6厘米（图2-6：2）。

B型　7件。基本形状为长方形。T1301⑥：92，霏细岩，上下两端较平。长6.5厘米，宽3.5厘米，厚1.6厘米（图2-6：4）。

C型　21件。基本形状为梯形。T1101⑥：30，霏细岩，已残。长6.5厘米，刃宽5.4厘米，厚1.7厘米（图2-6：7）。

3. 残次品（半成品）

种类有斧、锛、铲。

斧　111件。双面打制，部分已加磨。正锋。分三型。

A型　26件，弧边。以宽体和窄体分两个亚型：

Aa型　15件，宽体，肩部琢打成斜肩，弧刃。T1301⑥：34，霏细岩，弧顶，刃部残。长7厘米，刃残宽5.4厘米，厚2.1厘米（图2–6：3）。T206⑥：54，黑曜石，宽柄，器较规整。长6.3厘米，刃宽3.8厘米，厚2.3厘米（图2–6：6）。

Ab型　11件，窄体。T1301⑥：39，霏细岩，尖顶，窄短柄，平肩。器

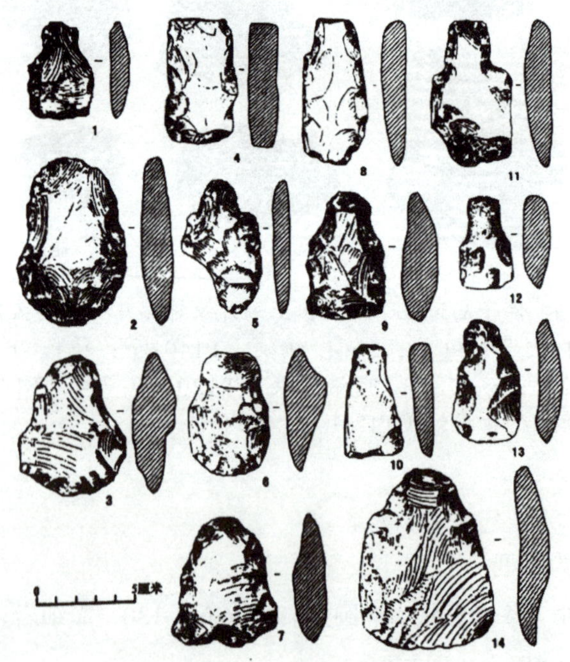

图2–6　佛子庙遗址第六层出土石器（依冯孟钦）

1. Ba型斧（T105⑥：6）；2. A型毛坯（T106⑥：130）；3、6. Aa型斧（T1301⑥：34、T206⑥：54）；4. B型毛坯（T1301⑥：92）；5. Ab型斧（T1301⑥：39）；7. C型毛坯（T1101⑥：30）；8. Bb型斧（T106⑥：32）；9. A型锛（T1301⑥：47）；10. Cb型斧（T1301⑥：50）；11. Bb型锛（T106⑥：67）；12. Ba型锛（T106⑥：2）；13. C型锛（T106⑥：120）；14. Ca型斧（T106⑥：18）

身下部缺一角。长7厘米，宽4.2厘米，厚0.8厘米（图2-6：5）。

B型　60件。直边。分两个亚型。

Ba型　44件，宽体。T105⑥：6，霏细岩，顶残，溜肩，平刃。器身一面为自然面。长5厘米，宽3.4厘米，厚1厘米（图2-6：1）。

Bb型　16件，窄体。T106⑥：32，平顶，已打制一肩，基本完成；但另一边未完成，且刃残损。长7.7厘米，宽3.4厘米，厚1.3厘米（图2-6：8）。

C型　25件，斜边。分两个亚型。

Ca型　19件，宽体。T106⑥：18，霏细岩，体薄，弧顶，宽短柄，肩已初步加工，刃部已形成。长9.1厘米，刃宽7.1厘米，厚1.5厘米（图2-6：14）。

Cb型　6件，窄体。T1301⑥：50，霏细岩，平弧顶，肩部略经加工，刃较厚。长5.9厘米，刃宽3.1厘米，厚1.2厘米（图2-6：10）。

锛　11件，单面加工，偏锋。分三型。

A型　4件。弧边，窄体。与第七层的Ab型锛相似。T1301⑥：47，沉积岩，节理清晰。弧顶，双肩经初步加工，弧刃。长6.7厘米，宽4.4厘米，厚2厘米（图2-6：9）。

B型　5件，直边。分两个亚型。

Ba型　2件，宽体。T106⑥：2，黑曜石，平弧顶，宽柄，溜肩，弧刃。通体磨光，柄与肩部琢打。长4.9厘米，刃宽2.8厘米，厚1.5厘米（图2-6：12）。

Bb型　3件，窄体。T106⑥：67，沉积岩，纹理清晰。平顶，宽短柄，平肩略斜，刃残。器身一面为自然面。长7.9厘米，宽4.4厘米，厚1.5厘米（图2-6：11）。

C型　2件。斜边，窄体。与第七层的Cb型锛相似。T106⑥：120，霏细岩，斜顶，歪柄，溜肩，弧刃。长6.5厘米，刃宽3.6厘米，厚1.2厘米（图2-6：13）。

铲　26件，体大而扁薄，分两型（图2-7）。

A型　6件，弧边，双面加工，正锋。T106⑥：23，霏细岩，长身，

斜顶，短柄，平肩，弧刃。长16.8厘米，宽9.8厘米，厚2.2厘米（图2-7：4）。T106⑥：3，霏细岩，弧顶向背面倾斜，溜肩，左肩初步加工，右肩残，弧刃。长14.2厘米，宽8.4厘米，厚2.3厘米（图2-7：3）。

B型　20件，斜边近直。T106⑥：65，霏细岩，制作较精细，弧顶近平，宽短柄，溜肩经初步加工，弧刃。长11.6厘米，宽7厘米，最厚2.4厘米（图2-7：2）。T106⑥：76，霏细岩，平顶近斜，宽短柄，双肩经初步加工，平刃。长14.2厘米，宽9.4厘米，厚3厘米（图2-7：1）。

4. 制作工具

仅见石球286件，燧石质，直径4～7厘米。

5. 细石器

这是早期遗物在晚期地层的表现。有1件锥状石核和2件楔状石核，还有5件细长石片。

（二）陶器

此层出土陶片较之第七层的要少，仅85片，以夹砂陶为主，少量泥质陶，纹饰以绳纹、交错绳纹为多，另有少量菱格纹、网格纹、方格纹、方格斜线纹等。部分施红色陶衣（图2-8）。陶器类别有釜（罐）、鼎。

釜（罐）3件。器形与T1401⑦：113相似，T1301⑥：93，侈口，卷沿，沿面边缘一周凸棱。饰绳纹。口径14.8厘米。

鼎　2件。T106⑥：68，鼎足，施红陶衣。扁锥体，截面为椭圆形，足端外撇。长约8.4厘米。

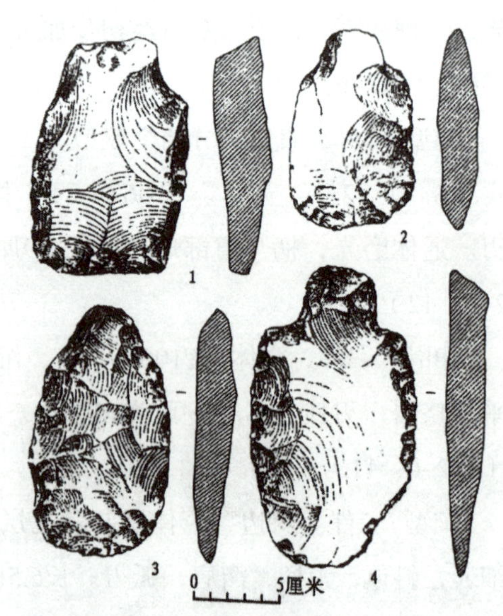

图2-7　佛子庙遗址第六层出土石铲（依冯孟钦）

1、2. B型（T106⑥：76、65）；3、4. A型（T106⑥：3、23）

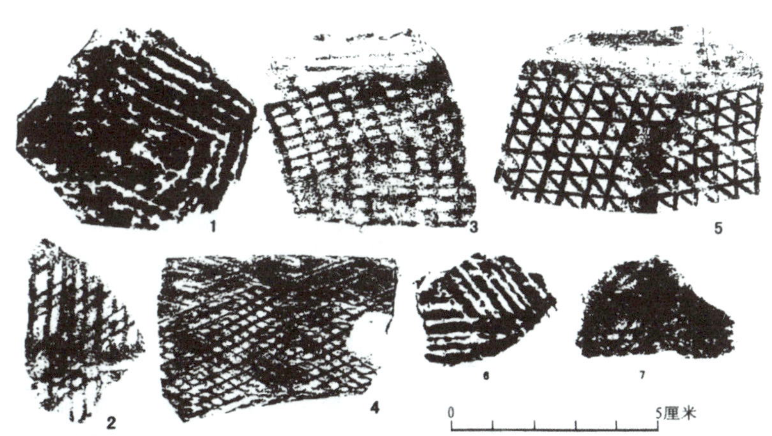

图2-8　佛子庙遗址第六层出土陶片纹饰拓片（依冯孟钦）

1、6. 交错绳纹（T201⑥：159、T206⑥：72）；2. 复线菱格纹（T1301⑥：100）；3. 方格纹（T208⑥：70）；4、7. 菱格纹（T208⑥：72、T1301⑥：99）；5. 方格斜线纹（T206⑥：71）

第三节　年代考察

发掘者将佛子庙遗址分为两期，以第七层为第一期，其特点是遗物种类简单，石器有斧、锛、矛形器和锤、砧、砺石，形制较为多样。陶器以夹砂陶为主，火候较低，石英砂粒多裸露器表，器形有釜（罐）、圈足盘，纹饰以绳纹为主，年代明显早于南海灶岗遗址①，上限约相当于新石器时代晚期偏早阶段至新石器时代中期；第六层为第二期，较第一期增加了石铲，石器形制简单化，缺少第七层所见的Aa型、Ca型石锛；陶器仍以夹砂陶为多，但器类增加了鼎；出现了几何印纹硬陶，如方格纹、菱格纹等，也有复线菱格纹，主要年代为新石器时代晚期偏晚阶段，下限约在商时期。

---

① 广东省博物馆：《广东南海县灶岗遗址发掘简报》，载《考古》1984（3），第203—212页。

依笔者看，佛子庙遗址属于制作双肩石器的场所，成品已运离佛子庙遗址，仅凭所剩的石器残次品和陶器残片，要准确判断遗址年代是困难的。第一期估计年代在5500～4500年前后；第二期估计年代在4500～3000年前后，下限可在青铜时期，延续时间似乎较长。

第四节　小　结

骚客云：佛子庙旁制造场，遍地石片来夸张；
镇头石场采材料，原来工头是场长。

佛子庙遗址是西樵山文化遗存的重要依据，是广东省文物保护单位——西樵山遗址的保护地点之一。其遗址性质为西樵山双肩石器文化的制作地，石料主要来源于铁泉岩和藏书岩的霏细岩（凝灰岩），具有十分重要的价值，是申报国家重点文物保护单位的重要地点。据研究，佛子庙遗址第一期曾向先民们提供了约76800件石器[①]，其制作工艺程序主要是去粗、成型及加工、完成，完成的形态绝大部分是磨光或磨制，但完成的步骤并不一定全部在西樵山遗址中。

发掘者曾对佛子庙遗址的第七层（即第一期）石片进行详细的收集（大于小拇指指甲）和统计，以探求石片数量与成品数量之间的关系。按T1401探方收集的石片为20236片，石坯为768件来计算，平均制造一件石器最多打下26块石片（当然，成品未计算在内）。再计算成品，如按50%计算成品率，平均打片数是13，那T1401探方仅发掘了20平方米，成品数估计为768件，按遗址面积2000平方米计算，总量就是76800件。诚然，这是取

---

① 冯孟钦、卢筱洪：《从佛子庙的发掘谈西樵山双肩石器的若干问题》，载《广东省博物馆集刊》，广州：广东人民出版社，1996年，第26—33页。

10%～90%中间值的数字，是保守一点的估计。

佛子庙遗址作为双肩石器的制作场，石锤的发现是很重要的一环。佛子庙遗址发现许多石锤，圆形或椭圆形，直径4～7厘米。表面有反复砸击而留下的密集浅疤，与西樵山双肩石器器身上常见的疤痕相同。需要注意的是，在西樵山发现的双肩石器，实际上都是废弃品或失落的成品，而失落成品的发现是极少数的，因此，要警惕将石器工艺的程序当成器物的演变过程。可以相信，西樵山的双肩石器，其最后形态多数是磨制石器，只有少数是打制石器。而打制石器中，多数是制作石器的工具。

佛子庙遗址第六层发现有陶鼎，陶鼎的出现意味着遗址的年代下限会较晚，这与三水银洲遗址①的情况是相同的，陶器上的方格斜线纹也说明了这一点，因此，佛子庙遗址第二期的年代下限在青铜时代也就顺理成章。

西樵山的佛子庙遗址作为石器制作场，其石料应采自西樵山镇头等地，因镇头一带有霏细岩出露，可以想象，古人从镇头采石，然后将石块沿坡滚下，进入佛子庙石器制作场进行加工生产。其程序是：去粗、成形和细加工、完成。在整理过程中，发现不少边、刃基本完成而柄已断，推测是在对肩部进行琢打时所震断。值得注意的是，佛子庙遗址的石锤，使用硬锤与硬砧，或使用硬锤与软砧，使加工的石块去掉器体两面残留的地方，或破的、凸起的部分，使双肩石器基本成形并提高成品率。

佛子庙遗址双肩石器的成品发现几乎是没有的，这一方面是因为合格的产品被运走，另一方面也因为最后的工序不一定全部都在西樵山石器制作场完成。说“不一定”，是因为在佛子庙乃至西樵山，都曾发现了少量经磨光的双肩石器，说明最后工序在西樵山完成的情况是存在的。佛子庙遗址出土的砺石（磨石）数量太少，与需要加工磨砺的石器并不相符。佛子庙遗址第七层只出土4件砺石，而同层出土的毛坯、残次品和半成品有很

---

① 广东省文物考古研究所等：《广东三水市银洲贝丘遗址发掘简报》，载《考古》2000（6），第24—36页。

多，仅统计的就有近200件。从分布在珠江三角洲地区新石器时代遗址中的霏细岩看，绝大部分是磨制的。造成这种原因：

（1）砺石是一种易耗品，遗留下来自然不多。

（2）砺石是一种实用工具，先民们在制造石器后便把工具带走，在使用过程中，不断地对原来的器具磨利。在西樵山附近的遗址如南海区的灶岗遗址出土5件砺石就是明证。[①]

西樵山双肩石器有着广泛的文化影响，主要输出珠江三角洲地区，周边地区如阳江、云浮、肇庆、清远、韶关、河源、惠州等地区也发现了西樵山双肩石器（图2–9），其文化影响到达粤东、粤北、粤西和台湾、广西、云南、贵州、四川等地区及越南、东南亚至印度东部。因此，佛子庙遗址的重要意义不容忽视，它对探讨西樵山双肩石器文化的年代提供了富有意义的地层和标本，也为研究西樵山文化的影响提供了实物证据和资料。

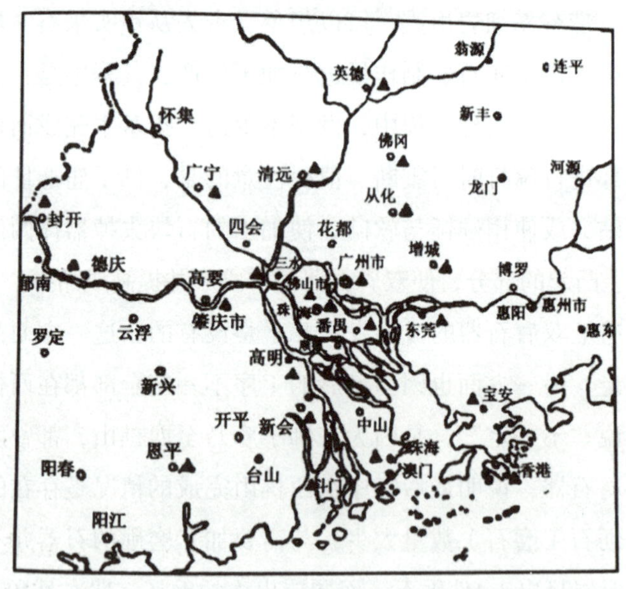

图2–9 西樵山霏细岩石器分布示意图（依何纪生）

① 广东省博物馆：《广东南海县灶岗遗址发掘简报》，载《考古》1984（3），第203—212页。

如何做好西樵山佛子庙遗址的保护，这是个难题。1994年广东省人民政府公布了西樵山遗址的保护范围（佛子庙遗址是其中之一），这为保护西樵山遗址乃至佛子庙遗址提供了法律依据。问题是如何保护，实际操作如何。佛山市南海区博物馆副馆长、副研究馆员卢筱洪曾经撰文《新石器时代一个大型的双肩石器制造场和加工场——西樵山佛子庙遗址及其保护》，认为保护难点有三：（1）遗址分布面积较大，保护起来存在实际困难；（2）遗址所在的土地使用权并不属于文物管理部门，如要征用土地，存在实际困难，不征用土地，则存在经济发展与保护之间的矛盾，处理不当，遗址毁于一旦，追悔莫及；（3）群众保护意识不够，受经济利益驱动，对暂时无益于他们的遗址保护无动于衷。[①]这不是一代人的努力能扭转的局面。

为此，需要做好西樵山遗址文化信息的发掘、整理和宣传，使西樵山及其附近的民众产生思想共鸣，陶冶情操，有得有乐，于精神享受的同时认识到西樵山遗址（包括佛子庙遗址）的价值，从而自觉做好保护工作。

---

① 卢筱洪：《新石器时代的双肩石器制造场——谈西樵山佛子庙遗址及其保护》，载《文物保护和利用》，广州：岭南美术出版社，2002年，第450—455页。

第三章 南海灶岗遗址

历史文化

现在，我们来看看灶岗遗址。1978年广东省博物馆文物工作队在南海区的九江镇大同圩发掘了灶岗遗址[①]，面积134平方米。灶岗是一座高约20米的土墩，属岗丘型，位于佛山市区西南16公里处，北依西樵山，东邻顺德水，西有西江。土墩上面往往发现贝丘。遗址探方内发现有文化层和遗迹，出土石器、骨器、陶器（片）和动物遗骸的兽骨、鱼骨、鳖甲等。

第一节　文化层与遗迹

灶岗遗址堆积分布在岗的西南坡，主要由淡水腹足类软体动物组成，含有文蛤、螺、牡蛎（蚝）、鲍等贝壳，其他还有鱼骨和鳖甲及猪、鹿等兽骨。贝壳堆积沿山脚伸向西北，在北坡也有一些零星发现，在山腰断崖处暴露有贝壳的堆积。主要文化层为遗址的第三层，多含贝类壳体，有的地方贝壳很纯净。房址、墓葬、灰坑多在底部，遗物也多出自此层，石制品、陶片、骨制品较为丰富，尤其是在房址的周围。此层堆积最厚1米。

遗迹有房址、灰坑和墓葬（图3-1），分述如下。

一、房址

房址共发现3座，有硬土居住面、火塘、火烧土堆和零星柱洞，应是平

① 广东省博物馆：《广东南海县灶岗遗址发掘简报》，载《考古》1984（3），第203—212页。

地起建的框架式结构茅屋。[①]

F1　在T2③层的底部，地层关系为：③→F1→④（生土层）。有一层明显的硬土居住面，以中间的火烧土堆为圆心，半径为1.5米，边缘不大清晰。火堆高0.3米，直径约0.6米，内含烧土块、灰土、陶支座和陶釜残片。火堆的东面和西南面1.5米处有三个柱洞，直径10～15厘米，深5～10厘米，里面填贝壳和陶片。火堆的东北面和东南面被近代墓破坏，柱洞不明。西北面是略晚于F1的1号墓（M1），未见柱洞。据推算，F1的面积约为10平方米。

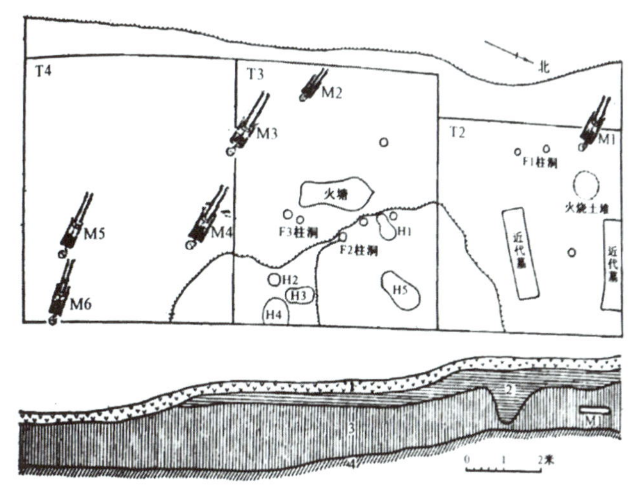

图3-1　灶岗遗址T2～T4平、剖面图（依何纪生）
1. 表土层；2. 灰黑土层；3. 贝壳层；4. 生土层

F2　在T3，打破了③层，地层关系为：②→F2→③。有一片厚10厘米，直径为1.2米的黄褐色泥土层，表面较为平整，四周及上面和下面均为贝壳堆积。泥土层的东侧有三个柱洞，洞内有贝壳和灰土，土色深而松

① 莫稚：《广东珠江三角洲贝丘遗址补遗和余论》，载《南粤文物考古集》，北京：文物出版社，2003年，第238—246页。

软，与洞外的有别。

F3　在F2的下面，地层关系为：②→F2→③→F3→④。居住面不明显，有一个大火塘，长1.9米，宽0.8米，深0.6米，四周有火烧壁，厚达5厘米，表面为灰黑色，近里变红。火塘内填满贝壳、炭粒，间杂陶釜残片。火塘东侧为一堵0.8米的高坡，西北和东南有三个柱洞。似是利用东面的山体高坡而立柱盖顶，形如窝棚。

三座房址中，F1与F3是最早的，晚于④层；F2则是最晚的，晚于③层。可惜遗物未分别描述，其年代未能分期。

二、灰坑

灰坑有10个。地层关系均为：③→H→④。平面为不规则的圆形或椭圆形，周壁较直，外斜或内斜，坑底不平，内填贝壳和灰土，有少量陶片，少见石器和骨器。以H1、H2、H4、H5为代表。这些灰坑集中分布于T3的南面，地层关系是③下，看来与F3的关系最为密切。H1与H5可能是垃圾坑；H2与H4可能是窖穴。H3是不规则的椭圆形，也可能属于垃圾坑。这类垃圾坑，估计是放置贝壳的。

H1　形不规则，呈哑铃形，西端直径0.3米，深0.5米；东端直径0.43米，深0.4米。

H2　圆形，直径0.33米，深0.35米。

H4　圆形，直径0.65米，深0.6米。

H5　形不规则，呈鞋底形，长1.1米，宽0.4～0.6米，深0.83米。

三、墓葬

墓葬有6座，为1号墓～6号墓，地层关系均为：③→M→④。骨架保存较好，均为单人仰身直肢，头向约130º，即东偏南40º。骨架的正面和侧面没有发现墓坑遗迹，但骨架上的贝壳和泥土相当坚硬，陶片破碎，疑夯打过，也可能是与贝壳胶结所形成。

M1　地层关系是：③→M1→F1→④，这是晚于F1的一座墓。墓深0.5米，男性，30岁左右，身高约161厘米，左上臂放置一件燧石质小石锛，柄端残，高3.9厘米，宽2.2厘米。

M2　墓深0.15米。儿童，3岁左右，无随葬品。

M3　墓深0.4米。男性，55岁以上，胸前放置一件燧石质小石锛，柄端残，高2.8厘米，宽1.5厘米。

M4　墓深0.5米。男性，45岁左右，上颌右门齿缺失，齿槽已闭合，同侧的中门齿及犬齿完好。右门齿系人工拔除，左侧上颌齿槽缺失不明。无随葬品。

M5　墓深0.4米。女性，55岁以上，无随葬品。

M6　墓深0.35米。女性，30岁左右，骨架的头骨左上方放置一件变质岩小石锛，仅存刃部，宽2.5厘米。骨架趾骨与M5的头骨相近。

灶岗遗址发现的墓葬不多，M1与M3随葬的小石锛为燧石质，M6随葬的小石锛为变质岩，均在房址近邻，墓葬区与居住区并没有明显的分界线。或许可以认为，M1就是F1的成员，死后归葬于原来所属的家庭。这些墓葬，有一半没有随葬品，有的只有一件随葬器物，由此可以看出，贫富未见悬殊，不像河宕遗址的墓葬那样，有的墓随葬有象牙器。[①]头向基本上是向东，但偏南较甚，显然属于部落形态。

可以测量该地点人类身高的仅M1一座，身材较矮，无疑属于南方人种。有意思的是M4，可以肯定该地流行拔牙习俗，为研究这一习俗的原始分布提供了宝贵的资料。

---

① 广东省博物馆、佛山市博物馆：《佛山河宕遗址——1977年冬至1978年夏发掘报告》，广州：广东人民出版社，2006年，第1—194页。

第二节　出土遗物考察

灶岗遗址出土遗物包括有石器、石料、骨器（图3–2、3）、陶器和动物遗骸。

一、石器

石器有69件。有打制石器和磨制石器两种，石料主要是西樵山的霏细岩，还有变质岩、砂岩、板岩、页岩、基质岩和燧石等。

（一）打制石器

11件。

敲砸器　1件。霏细岩，盘状，一端保留打击时的台面，其余用三边交互打击法制成，长7.6厘米，宽8.6厘米（图3–3：1）。

尖状器　5件。其中3件用霏细岩制作，形为不规则的柱体或扁长体，一端尖锐，应为“蠔蛎啄”工具（图3–2：16）。

双肩锛　5件。其中2件用霏细岩制作，器形与磨制石锛相同，是未加磨砥的半成品（图3–3：4）。

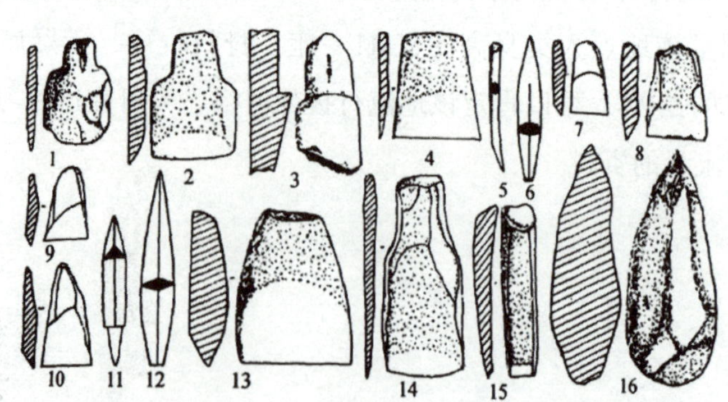

图3–2　灶岗遗址出土的石器、骨器（依何纪生）

1. 双肩石斧；2、14. 双肩石锛；3. 双肩有段石锛；4、7、8、9、10、13. 梯形石锛；5. 骨针；6. 榄型骨镞；11. 三棱形骨镞；12. 柳叶形骨镞；15. 骨凿；16. 尖状石器

（二）磨制石器

41件。

双肩锛　6件。其中2件用霏细岩制作，通体磨光，斜肩，单面刃，偏锋。两面凹陷处保留石皮。长度均在10厘米以内，最大的一件，砂岩，长10.3厘米，宽7.2厘米（图3–2：2；图3–3：7）；霏细岩制作的一件，长7.2厘米，宽3厘米（图3–2：14）。

双肩有段锛　1件。长方体，顶端略残而呈尖状，柄作圆柱体，刃部已残，应是制作过程所致。残长11厘米，宽4.2厘米（图3–2：3；图3–3：6）。

双肩斧　1件。霏细岩制作，两面凹陷处保留石皮。椭圆形，双面刃，正锋。长8.6厘米，宽6厘米（图3–2：1；图3–3：2）。

梯形锛　26件。其中4件用霏细岩制作。双面加磨，长方梯形，有的为斜肩，单面刃，有的一面较大，偏锋。长度多在8厘米以下，近半数不到4厘米（图3–2：4、7～10、13；图3–3：3）。

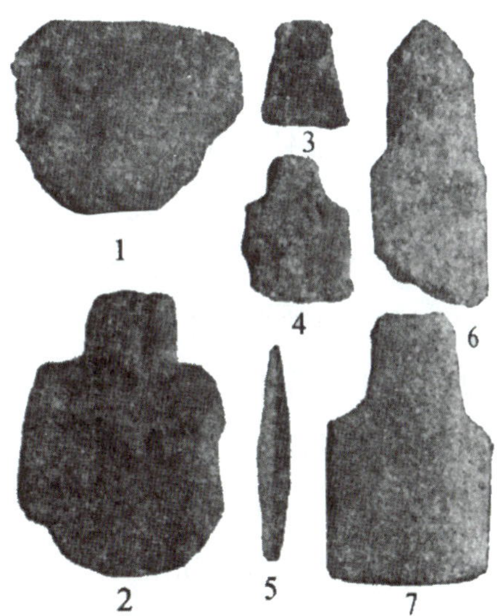

图3–3　灶岗遗址出土的石器、骨器（依何纪生）

1. 敲砸器；2. 双肩石斧；3. 梯形石锛；4、7. 双肩石锛；5. 柳叶形骨镞；6. 双肩有段石锛

铲　2件。体薄，梯形。长9厘米，宽8厘米。

矛　2件。长条，扁平，锋已残，后端有穿。残长9厘米。

镞　1件。柳叶形，中脊隆起，后有扁圆铤。长6厘米。

环　2件。仅存一段，断面为扁圆形。

（三）制作工具

7件。

锤　2件。圆柱体，顶部有砸击留下的凹疤。

砺石　5件。砂岩。磨砺而成马鞍状，中间有凹槽，是加工石器或骨器的器具。

（四）石料

10件。其中有石核、石片和石芯。

石核　周边有打击石片的疤痕。

石片　部分是制作石器时留下的废料。更多的是从石核打下来的。

石芯　3件。

二、骨器和骨料

共20多件。包括矛、镞、凿、针、璜。

矛　2件。柳叶形，中脊隆起，锋缺损。残长8厘米。

镞　5件。其中1件为三棱体，锋端残，后有圆锥形铤（图3–2：11）；2件为细长榄形（图3–2：6）；1件为柳叶形，中脊起棱（图3–2：12；图3–3：5）；1件为扁长身三角形，后有铤。

凿　2件。长身条形，两面加磨，偏锋（图3–2：15）。

针　1件。鸟骨制作，中空，一端磨成楔形（图3–2：5）。

璜　1件。扁平弧形，外侧中间磨出沟槽。

三、陶器

均为碎块陶片，共5000多片。以泥质陶为多，火候高，夹砂陶略少。

陶色深浅不一，泥质陶的胎壁较薄，火候高，硬度大。细泥陶胎土细洁，色泽光润，表面用工具打磨。泥条盘筑法制作，口沿多见细密的旋转纹痕，似经慢轮修整。圈足后加。纹饰丰富多样，或拍印，或刻划，或点刺、堆塑、镂空、彩绘等等。拍印纹饰有方格纹、曲折纹、叶脉纹、云雷纹、乳丁纹、水波纹及蓝纹、绳纹、网纹、席纹、鱼纹、鸟纹等，有一些是组合纹（图3-4、5）。个别有刻划符号。种类有釜、罐、豆、盘、钵、鼎、支座、纺轮等。

釜　均为夹砂陶。侈口，束颈。有的折唇。

罐　泥质陶。一为侈口，折唇，束颈；一为小口，尖唇，高颈。

豆　多为泥质陶，少量为夹砂陶。敛口，斜收深腹，有的腹部带凸棱。圈足呈喇叭形，有的镂孔。

盘　泥质陶。斜壁，平底。

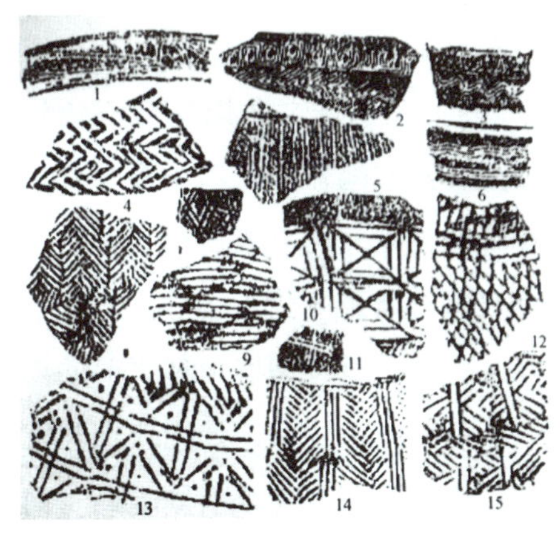

图3-4　灶岗遗址陶器纹饰拓片（依何纪生）

1. 鱼纹；2. 骨纹、曲折纹；3、6. 水波纹；4. 曲折纹；5. 绳纹；7. 双线斜方格纹；8、14、15. 叶脉纹；9. 篮纹；10. 双线长方格纹；11. 刻划符号；12. 斜方格纹；13. 双线曲折乳丁纹

图3-5　灶岗遗址陶器纹饰拓片（依何纪生）

1、9、12. 曲折度；2. 鸟纺；3. 双线长方格方；4. 三角格乳丁纹；5. 鱼鳞纹；6. 雷纹；7. 网纹；8. 乳丁纹；10. 斜方格乳丁纹；11. 横线乳丁纹；13. 凸凹菱块纹；14. 席纹；15. 云纹

钵　夹砂陶。直口，浅腹，圜底。

鼎　均为鼎足，夹砂陶。扁平梯形，有的中部刻划双线曲折纹。

支座　夹砂陶。束腰圆筒形，器表刻划斜方格纹。有的上下端饰凸棱。

纺轮　泥质陶。器表磨光，中间穿孔。一为棋子形，表面点刺同心圆纹；一为梯形，表面划弧形或十字纹。

四、动物骨骼

共300多块，与贝壳共存。有鱼椎骨、鳖甲及牛、猪、鹿的骨骼。大都破碎，有火烧及敲砸痕迹。部分骨骼有切割痕迹，应是制作骨器时所遗留。牛、猪、鹿类未鉴别年龄，估计很可能是家养的物种。

第三节　年代研究

广东沿海地区广泛分布着新石器时代的贝丘遗址，尤以珠江三角洲密集，灶岗遗址是其中的一处，遗物主要是石器和陶器。石器中多为梯形锛，与有肩有段石器一起，这是石器中较晚的特点。还有双肩锛、斧中，部分是本地西樵山的产品，是说明西樵山双肩石器影响的重要方面。陶器纹样较晚的是云雷纹（包括方格凸块纹等），这是夔纹陶器出现之前的陶器纹样，而夔纹陶器是从西周开始出现的。从出土遗物看，灶岗遗址与鱿鱼岗遗址、河宕遗址相近，报告者认为其年代下限不会晚于西周晚期，而应在夏、商至西周前期之间。灶岗遗址的贝壳测定碳十四年代数据为距今5404±100年[①]；而河宕遗址的四个贝壳标本数据都在距今5000～4900年[②]，均有偏早之感，尤其是灶岗遗址，测年结果也早一些。发掘者认为，灶岗

① 《放射性碳素测定年代报告（七）》，载《考古》1980（4），第372—377页。

② 《放射性碳素测定年代报告（六）》，载《考古》1979（1），第80—94页。

遗址与河宕遗址的年代似应为商代。

广东的古代遗址陶器胎质有一种趋势，是夹砂陶的比例逐渐减少，而泥质陶逐渐增多。灶岗遗址的泥质陶比例高于增城金兰寺中层[①]，而较之河宕遗址略少。这种情况也说明灶岗遗址的年代早于金兰寺中层，距今年代与河宕遗址[②]相当，据笔者推测，灶岗遗址的绝对年代为距今3500年前后，晚于古椰遗址[③]的第二期年代，属于新石器时代晚期的晚一阶段。

第四节　小　结

学人曰：西樵文化周边扬，九江大同有灶岗；

房址灰坑加人骨，土墩贝壳埋宝藏。

南海区灶岗遗址与高明古椰遗址、南海鱿鱼岗遗址[④]的石器中都有西樵山制作的双肩石器，这是它们的共同点。以年代早晚之分别，古椰遗址的双肩石器较多，但不见双肩有段石器，而灶岗遗址和鱿鱼岗遗址均有双肩有段石器，细分之下，前者数量较少。灶岗遗址与古椰遗址的年代相距较远，文化面貌也差别很大。古椰文化中，拍印的几何印纹基本不见，显示

① 莫稚：《广东考古调查发掘的新收获》，载《考古》1961（12），第650—665页。

② 广东省博物馆、佛山市博物馆：《佛山河宕遗址——1977年冬至1978年夏发掘报告》，广州：广东人民出版社，2006年，第1—194页。

③ 珠江三角洲史前遗址调查组：《珠江三角洲史前遗址调查》，载《考古学研究》（四），北京：科学出版社，2000年，第360—363页；崔勇：《广东高明古椰贝丘遗址发掘取得重要成果》，载《中国文物报》2007-1-12，第1版。

④ 广东省文物考古研究所等：《广东南海市鱿鱼岗贝丘遗址的发掘》，载《考古》1997（6），第65—76页；杨式梃：《略论我国东部沿海史前居民的拔牙习俗》，载《越文化实勘研究论文集》（一），北京：中华书局，2005年，第47—58页。

出时代较早的特征。灶岗遗址的印纹陶比较发达，与南海鱿鱼岗遗址的同类纹饰有相同之处，如蓆纹、凸块纹、曲折纹、编织纹、方格纹、长方格纹、云雷纹等，是基本相同的纹样。灶岗遗址的梯形石锛和陶器纹饰，显现出较晚时代的特征，因此，灶岗遗址的发展方向应是鱿鱼岗遗址。从几何印纹陶的发展进程来看，灶岗遗址晚于古椰遗址是合适的，在没有更多的可比较的资料之前，把灶岗遗址归入晚期新石器时代晚段应较为合理。

灶岗遗址发现的三处房址都很简陋，只有火塘及稀疏的柱洞，估计用树枝、茅草遮盖以挡风雨。

灶岗遗址发现的器物，其中石锤和砺石是制作工具，敲砸器和尖状器应用于取食贝类，矛、镞用于渔猎。石器中斧、锛、铲是数量最多的，约占60%，很可能都是砍伐树木、建造房屋的工具，只有长度在9厘米以上者，器形较大，可作为农具。石锤和砺石都是制作石器和骨器的工具，环、璜是装饰品。由此可见，灶岗遗址的石器和骨器，多数不适宜农业耕作，只有少数形制较大的石器，才可能是农业工具。反映了灶岗遗址的居民逐步从捕捞、渔猎转向园圃农业生产。坑穴多堆积贝壳的情况也显示居民的生活多是进行采集活动，狩猎活动并不多，牛、猪、鹿是以家养为主，他们使用石器和骨器以获取生活资料。

灶岗遗址的灰坑，其垂直或内斜的坑壁表明确为人工所为，作用是窖穴和堆放垃圾，窖穴可堆放贝类及各种食物，也可放置暂时不用的陶器或石器；而垃圾坑是堆放贝壳及食弃的骨头之类的，为何与坑外堆积物相同，恐怕是因为垃圾坑数量已不够，为省事不再营造之故吧。

灶岗遗址的住地与埋葬区在一起，是居住区与埋葬区尚未彻底分离的反映，说明文明程度还较低下。灶岗遗址发现的6座墓均在贝壳层中，墓圹不明显。这个时期中原地区已进入青铜文化，但南海之滨的先民还过着简陋的生活，使用石器与骨器，以捕捞和渔猎获取生活资料，住房很差，能够制陶和纺织，经常流动迁徙。流行单人仰身直肢葬，也有拔牙风俗，与

河宕遗址[①]、鱿鱼岗遗址、香港马湾岛东湾仔北遗址[②]及广州增城区金兰寺遗址[③]是相同的，也与古代文献记载中的越族相同。凡此种种，可以认为，灶岗遗址居民还处于原始社会，生活简陋艰苦，属于先越族的一支，也属于“河宕文化”的范围。

① 引自广东省博物馆、佛山市博物馆：《佛山河宕遗址——1977年冬至1978年夏发掘报告》附录三：韩康信、潘其峰：《广东佛山河宕新石器时代晚期墓葬人骨》，原载《人类学学报》1982（1）1，第42—51页，广州：广东人民出版社，2006年，第176—189页。

② 韩康信等：《香港马湾岛东湾仔北史前遗址出土人骨鉴定》，载《考古》1999（6），第1—25页。

③ 吴新智：《广东增城金兰寺遗址新石器时代人类头骨》，载《古脊椎动物与古人类》1978（16）3，第201—204页。

第四章

南海鱿鱼岗遗址

历史文化

鱿鱼岗遗址位于南海区西樵山旅游度假区西岸村东南，遗址东南七公里即为西樵山（图4–1、2），西江在其西南约3公里处流过。鱿鱼岗是珠江三角洲平原的一处低矮山岗，因岗地多暴露大量蚬贝壳体，又称蚬壳岗，属岗丘型。遗址面积约1.4万平方米，1982年由广东省博物馆文物工作队在文物普查时发现，1985年广东省博物馆文物工作队与北京大学考古学系、南海县博物馆进行发掘，面积255平方米，发掘位置在遗址的东部，布探方、探沟12个。遗址多堆积有贝壳，东厚西薄，山岗上可见贝壳层厚达2米。发现一批墓葬和文化层、灰坑、房址等遗迹，出土遗物较为丰富，有陶器、石器和骨器等[①]，现为广东省文物保护单位，已对遗址做了保护范围和建设控制地带（图4–3）。

图4–1　南海鱿鱼岗遗址

① 广东省文物考古研究所等：《广东南海市鱿鱼岗贝丘遗址的发掘》，载《考古》1997（6），第65—76页；《南海市鱿鱼岗贝丘遗址发掘报告》，载《广东省文物考古研究所建所十周年文集》，广州：岭南美术出版社，2001年，第282—328页。

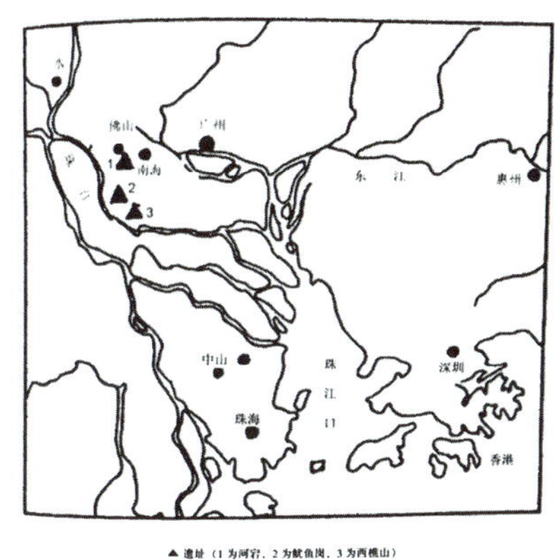

图4-2　鱿鱼岗遗址地理位置示意图（依李子文）

图4-3　南海鱿鱼岗遗址保护标志

第一节　文化层与遗迹

鱿鱼岗遗址的文化层包括第二、三、四层，其中第二层含大量的贝壳、炭屑和烧土块，出土较多石器、骨器和陶片，分A、B两个小层，②A层为灰褐土，质松略粘，最厚1.05米，夹杂较多的贝壳和红烧土颗粒、木骨泥墙碎块等，出土大量几何印纹陶片、彩绘陶片以及陶纺轮、石器、骨器等；②B层为灰黑土，质软较粘，最厚0.96米，夹杂许多贝壳和炭屑、红烧土颗粒等。出土大量几何印纹陶片以及石器、骨器、龟板、鱼骨和动物骨骼等。

第三层为褐色土。土质松软，最厚0.4米。含贝壳、炭屑和烧土块少。出土较多石器、陶纺轮和几何印纹陶片。

第四层黄褐色土，质松软，最厚0.2米。含贝壳很少，出土少量夹砂陶片和几何印纹陶片。

鱿鱼岗遗址所出土的陶片，以泥质陶占绝大多数，器类主要有釜、罐、豆和器座。

鱿鱼岗遗址的遗迹有房址、灰坑、墓葬等。其中房址4座，均在②B层下，叠压第三层，其墙体是已倒塌的木（竹）泥墙。①所含贝类主要是河蚬，少量文蛤。

一、房址

F1层位关系为②B→F1→③，西部被H11打破，残存的红烧土地面坚实平整，但面积较小，残长0.75米，残宽0.5米，厚约3厘米。四周散布木骨泥墙碎块。

F2层位关系为②B→F2→③，伸入探方隔梁部分未清理。残存红烧土地面很小。

F3层位关系为②B→F3→③，南部被两座现代墓打破。红烧土地面坚实平整，发现较多炭屑、灰烬和木骨泥墙堆积。木骨泥墙的表面为平整的硬面，背面有明显的竹、木、草印痕。已清理范围长约5米，宽2.25米，厚3～10厘米。周边有10个圆形或椭圆形柱洞。

F4层位关系为②B→F4→③，西南部被一个现代坑打破，房址的东部和北部分别伸进东壁与北壁。红烧土地面坚实平整，已清理残长0.6米，残宽0.45米，厚约3厘米。四周散布木骨泥墙碎块。

这些房址，地层关系都早于②B层，晚于③层，也就是说，②B层的贝壳、骨骼是这些房址的主人的废弃物。使用的石器、骨器，也是他们丢弃的物品。

鱿鱼岗遗址的房址，大都是窝棚式攒尖顶房子或长方形（方形）两面坡房子，面积在6～10平方米左右。居住面为红烧土地面，较平，中部有灶坑，周边为木骨泥墙，估计是框架式结构的茅屋。

① 莫稚：《广东珠江三角洲贝丘遗址补遗和余论》，载《南粤文物考古集》，北京：文物出版社，2003年，第238—246页。

二、灰坑

12个。其中②A层下2个（H8、H10）；②B层下8个（H1、H4、H5、H6、H7、H9、H11、H12）；③层下2个（H2、H3）。圆形坑有6个，不规则形或椭圆形也6个。

H1　层位关系为②B→H1→③→④（生土）。坑口圆形，坑壁近直。坑内堆积贝壳。口径与底径均1.5米，深0.2米。似为储存食物的坑穴。

H2　层位关系为③→H2→④（生土）。坑口不规则形，坑壁近直。坑内堆积灰褐土。口径与底径均0.5～1.5米，深0.3米。应为堆放垃圾的坑穴。

H3　层位关系为③→H3→④（生土）。坑口不规则形，坑壁倾斜。坑内堆积灰褐土。口径最宽1.65米，底径最宽1.5米，深度不明。应为堆放垃圾的坑穴。

H4　层位关系为②B→H4→③→④（生土）。坑口圆形，坑壁倾斜。坑内填土为褐色土及陶片。口径0.98米，底径0.8米，深度1.1米。似为存放器具的窖穴。

H5　层位关系为②B→H5→③→④（生土）。坑口圆形，坑壁倾斜，平底。坑内填土为褐色土与灰黑色土及少量贝壳，还有陶釜残片。口径0.98米，底径0.54米，深度0.92米。似为存放食物或器具的窖穴。

H6　层位关系为②B→H6→③→④（生土）。坑口不规则形，坑壁台阶状，圜底。坑内填土为褐色土与灰黑色土及少量贝壳。口径最宽0.88～0.76米，底径最宽0.72米～0.35米，深度1.2米。似为存放食物或器具的窖穴。

H7　层位关系为②B→H7→③。坑口圆形，坑壁倾斜。坑内堆放贝壳、陶片、兽骨。口径1.1米，底径0.35米，深度0.95米。似为存放食物或器具的窖穴。

H8　层位关系为②A→H8→②B。坑口略呈椭圆形，坑壁倾斜，底近平。坑内填土为杂有贝壳的灰黄色土。口径最宽1.05米，底径最宽0.9米，

深度0.28米。应为堆放垃圾的坑穴。

H9　层位关系为②B→H9→③。坑口圆形，坑壁倾斜。坑内填土含贝壳。口径0.9米，底径0.84米，深度0.5米。似为存放食物或器具的窖穴。

H10　层位关系为②A→H10→②B，西部被M23打破。坑口圆形，坑壁近直，平底。坑内填土为灰黑色土，含贝壳、鱼骨和陶纺轮。口径最宽1.05米，底径最宽0.9米，深度0.28米。似为存放食物或器具的窖穴。

H11　层位关系为②B→H11→F1。坑口呈不规则形，坑壁近直。坑内填土为灰黑色土，含贝壳、木骨泥墙碎块。口径最宽1米，底径最宽0.65米，深度0.65米。应为堆放垃圾的坑穴。

H12　层位关系为②B→H12→③。坑口呈不规则形，坑壁倾斜。坑内填土为黑色土。口径最宽0.96米，底径最宽0.78米，深度0.46米。应为堆放垃圾的坑穴。

鱿鱼岗遗址的灰坑共12个，多数是早于②A层或②B层，少量早于③层。推测这些坑穴可能属于两种情况，一种是较规整的（如坑口圆形），是存放食物或器具的窖穴（H1、H4、H5、H6、H7、H9、H10）；一种是不规整的（如坑口略呈椭圆形或坑口呈不规则形），是堆放垃圾的坑穴（H2、H3、H8、H11、H12）。

三、墓葬

36座。其中①层下打破②A层的有2座（M13、14）；①层下打破②B层的有11座（M1、M2、M3、M5、M6、M7、M10、M11、M15、M16、M26）；②A层下打破②B层、③层或其他墓葬的有3座（M23、M25、M28）；②B层下打破③层或其他墓葬的有12座（M8、M9、M17、M18、M19、M20、M22、M24、M27、M32、M35、M38）；③层下打破④层（生土）或其他墓葬的有8座（M12、M31、M33、M34、M36、M37、M39、M40）。

M1　层位关系为①→M1→②B，葬式为仰身直肢，头向109°。随葬陶纺轮1件。性别及墓圹尺寸不明。

M2　层位关系为①→M2→②B，人骨被扰动破坏，墓向、葬式、性别及墓圹尺寸不明。随葬陶釜1件。

M3　层位关系为①→M3→②B，葬式为仰身直肢，男性，约20岁，头向110°。随葬陶纺轮1件。墓圹尺寸不明。

M5　层位关系为①→M5→②B，葬式为仰身直肢，儿童，6～7岁，头向100°。无随葬品。墓圹尺寸不明。

M6　层位关系为①→M6→②B，葬式为仰身直肢，儿童，约8岁，头骨破碎，面向左，头向110°。墓坑内填土为灰黑色土，含少量红烧土粒、贝壳、陶片，随葬骨环1件，套于左臂上。墓圹长1.16米，宽0.65米，深0.20米（图4–4）。

M7　层位关系为①→M7→②B，葬式为仰身直肢，男性成年，头骨破碎，面向右，头向107°，双手置于股骨外侧。墓坑内填土为灰黑色土，含少量红烧土粒、贝壳、陶片，随葬陶器釜、豆、纺轮各1件。釜置于左小臂外侧，豆置于腰部右侧，纺轮置于头部右侧。墓圹长1.90米，宽0.63米，深0.32米（图4–5）。

M8　层位关系为②B→M8→③，葬式为仰身直肢，女性，36～55岁，头向97°。有拔牙现象，拔除了上外侧门齿。无随葬品。墓圹尺寸不明。

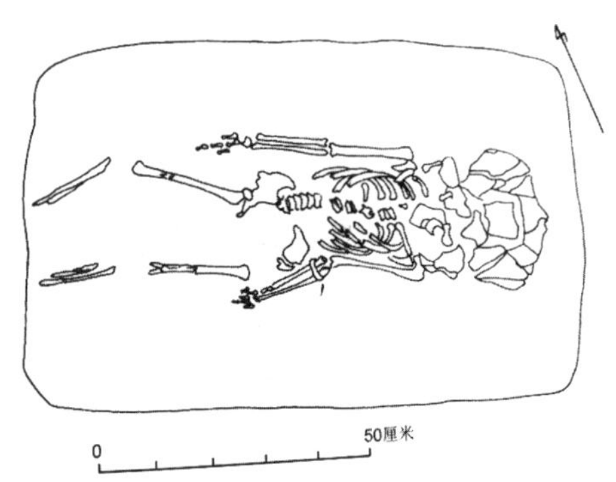

图4–4　鱿鱼岗遗址M6平面图（依李子文）
骨环

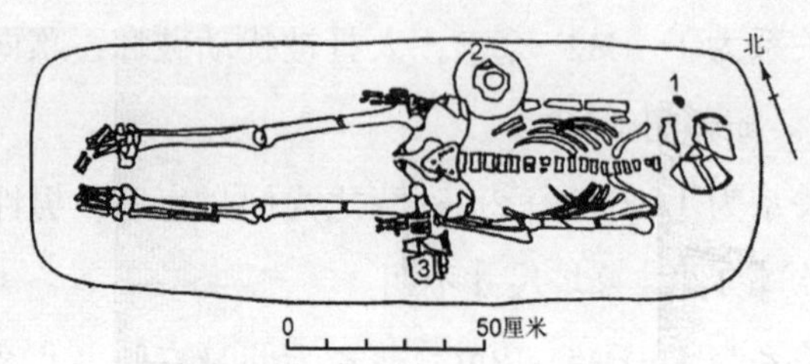

图4-5　鱿鱼岗遗址M7平面图（依李子文）
1. 陶纺轮；2. 陶豆；3. 陶釜

M9　层位关系为②B→M9→③，葬式为仰身直肢，男性，36~55岁，头骨被压扁，面朝上，头向110º，双手置于盆骨处。有拔牙现象，拔除了上右内侧门齿。墓底南壁挖一小龛放置陶釜，墓坑内填土为灰褐色土，墓的南面随葬陶器釜、豆各1件。墓圹长2.02米，宽0.54米，深0.61米（图4–6）。

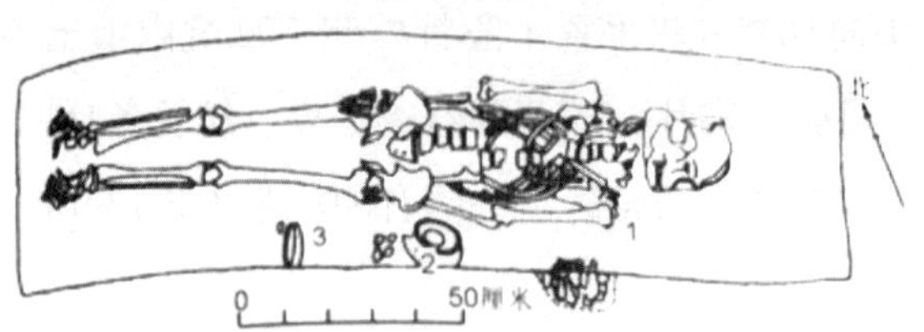

图4–6　鱿鱼岗遗址M9平面图（依李子文）
1. 陶釜；2、3. 陶豆

M10　层位关系为①→M10→②B，葬式为仰身直肢，男性，60岁以上，头向110º。无随葬品。墓圹尺寸不明。

M11　层位关系为①→M11→②B，葬式为仰身直肢，头向100º，无随葬品。性别与墓圹尺寸不明。

M12　层位关系为③→M12→④（生土），葬式为仰身直肢，男性，26~35岁，人骨保存较好，面向右，头向98º，左手置于盆骨之下，右手置于大腿外侧。有拔牙现象，拔除了上右外侧门齿。墓坑内填土为黑灰色土，杂有少量贝壳屑。随葬陶釜与牙饰各1件，牙饰置于头顶，陶釜置于脚部。墓圹长2.35米，宽0.60米，深0.54米（图4–7）。

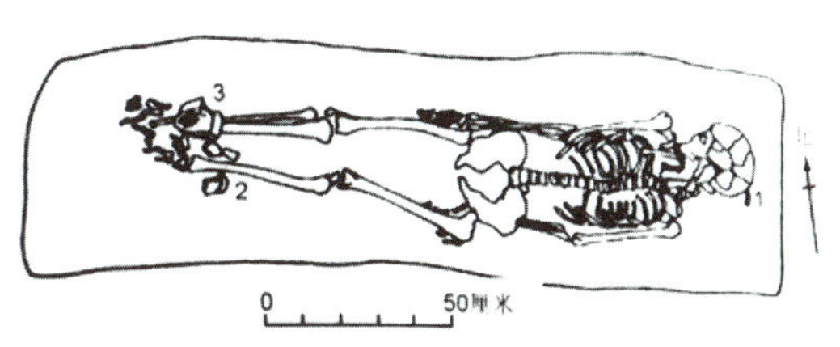

图4-7　鱿鱼岗遗址M12平面图（依李子文）
1. 牙饰；2、3. 陶釜

M13　层位关系为①→M13→②A，人骨被扰动破坏，头向94º。葬式、性别不明。无随葬品。墓圹长1.70米，宽0.60米，深0.20米。从墓坑长度略短看，可能为少年。

M14　层位关系为①→M14→②A，人骨被扰动破坏，葬式、性别及墓圹尺寸不明。无随葬品。

M15　层位关系为①→M15→②B，葬式为仰身直肢，儿童，8～9岁，头向289º。无随葬品。墓圹长1.15米，宽0.59米，深0.05米。

M16　层位关系为①→M16→②B，葬式为仰身直肢，少年，12～13岁，头骨破碎，面向右，头向113º，双手置于盆骨处。墓坑内填土为灰黑色土，含少量红烧土粒、贝壳、陶片，随葬陶器豆、纺轮各1件。豆碎片散见于肩部与头部周围，纺轮置于头部右上侧。墓圹长1.40米，宽0.50米，深0.09米（图4-8）。

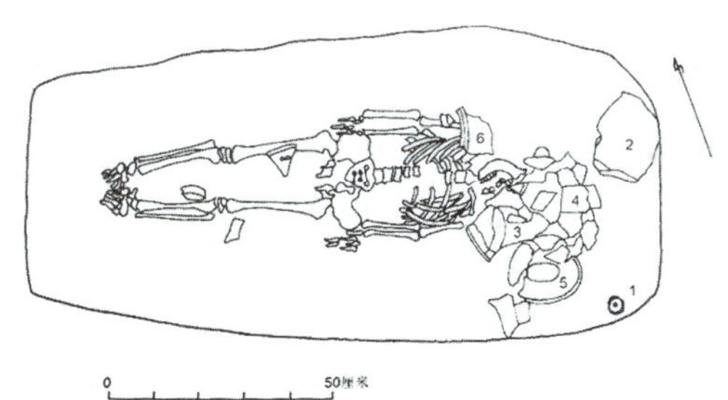

图4-8　鱿鱼岗遗址M16平面图（依李子文）
1. 陶纺轮；2～6. 陶豆碎片

M17　层位关系为②B→M17→③，葬式为仰身直肢，儿童，约10岁，头向94º。无随葬品。墓圹尺寸不明。

M18　层位关系为②B→M18→M27→③，葬式为仰身直肢，男性，26～35岁，头向115º。随葬石镞1件。墓圹尺寸不明。

M19　层位关系为②B→M19→③，葬式为仰身直肢，男性成年，头向108º。无随葬品。墓圹长2.07米，宽0.59米，深0.46米。

M20　层位关系为②B→M20→③，人骨腐朽，葬式及性别不明，头向116º。无随葬品。墓圹长1.30米，宽0.45米，深0.90米。从墓坑长度较短看，可能为少年。

M22　层位关系为②B→M22→③，葬式为仰身直肢，性别不明，头向95º。无随葬品。墓圹尺寸不明。

M23　层位关系为②A→M23→H10→②B，葬式为仰身直肢，男性，36～55岁，头向115º。无随葬品。墓圹长1.87米，宽0.55米，深0.40米。

M24　层位关系为②B→M24→③，葬式为仰身直肢，男性，约20岁，头向108º。无随葬品。墓圹长1.71米，宽0.40米，深0.55米。

M25　层位关系为②A→M25→③，葬式为仰身直肢，男性成年，头向100º。无随葬品。墓圹长1.95米，宽0.70米，深0.29米。

M26　层位关系为①→M26→②B，葬式为仰身直肢，头向103º。无随葬品。性别及墓圹尺寸不明。

M27　层位关系为②B→M18→M27→③，葬式为仰身直肢，男性成年，头向109º。随葬陶纺轮1件。墓圹长1.81米，宽0.50米，深0.41米。

M28　层位关系为②A→M28→②B，葬式为仰身直肢，男性成年，头骨破碎，头向103º，双手置于盆骨外侧。墓坑内填土为灰黑色土，含少量红烧土粒、贝壳、陶片，随葬陶纺轮1件，置于右肱骨外侧。墓圹长1.95米，宽0.60米，深0.20米（图4–9）。

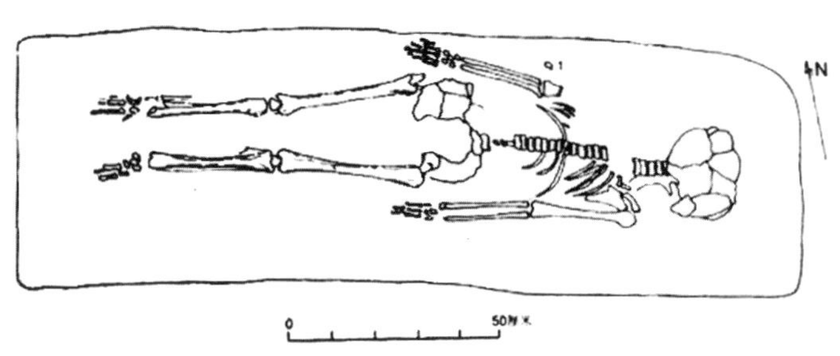

图4-9　鱿鱼岗遗址M28平面图（依李子文）
1.陶纺轮

M31　层位关系为③→M31→④（生土），人骨腐朽，葬式及性别不明，头向92º。墓坑内填土为红褐色土。随葬陶器釜与豆各1件。釜置于右膝及东壁处，豆置于左臂外侧。墓圹长2米，宽0.66米，深0.80米（图4-10）。

M32　层位关系为②B→M32→③，葬式为仰身直肢，男性，55～56岁，头向107º。有拔牙现象，拔除了上外侧门齿。无随葬品。墓圹尺寸不明。

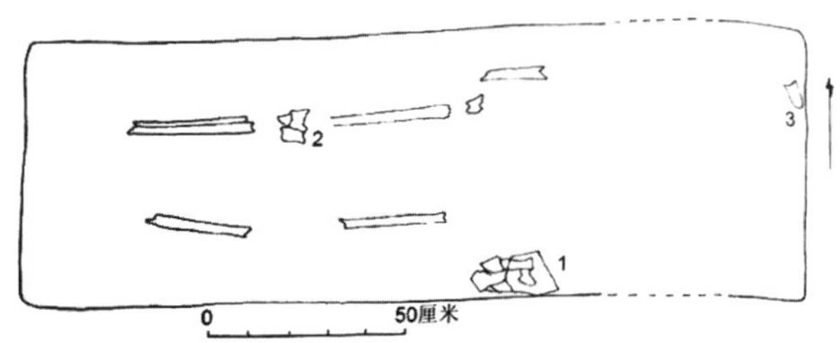

图4-10　鱿鱼岗遗址M31平面图（依李子文）
1. 陶豆；2、3. 陶釜

M33　层位关系为③→M33→M40→④（生土），葬式为仰身直肢，男性，36～55岁，头向105º。有拔牙现象，拔除了右上第一前臼齿。无随葬品。墓圹尺寸不明。

M34　层位关系为③→M34→④（生土），葬式为仰身直肢，男性，36～55岁，头向107º。有拔牙现象，拔除了右上第一前臼齿。无随葬品。墓

圹长1.80米，宽0.50米，深0.20米。

M35　层位关系为②B→M35→③，葬式为仰身直肢，儿童，6～7岁，头向101º。无随葬品。墓圹长度不明，宽0.47米，深0.56米。

M36　层位关系为③→M36→④（生土），葬式为仰身直肢，女性，36～55岁，头向102º。无随葬品。墓圹长1.77米，宽0.56米，深0.5米。

M37　层位关系为③→M37→④（生土），人骨腐朽，葬式与性别不明，头向94º。墓坑内填土为红褐色土，杂有少量炭屑和红烧土粒。随葬陶器釜与豆各1件，均置于左臂外侧。墓圹长1.64米，宽0.60米，深0.80米。以墓坑长度看，似为女性墓（图4–11）。

图4–11　鱿鱼岗遗址M37平面图（依李子文）
1. 陶釜；2. 陶豆

M38　层位关系为②B→M38→③→④（生土），葬式为仰身直肢，儿童，约10岁，头向108º。无随葬品。墓圹长1.10米，宽0.35米，深0.35米。

M39　层位关系为③→M39→M40→④（生土），葬式为仰身直肢，女性，60岁以上，头向110º。随葬陶豆1件。墓圹长2.26米，宽0.59米，深0.15米。

M40　层位关系为③→M33、M39→M40→④（生土），葬式为仰身直肢，男性，26～35岁，头向117º。墓坑内填土为红褐色土，杂有少量炭屑和红烧土粒，并有残石器1件。随葬牙饰2件，骨梳1件，均置于头部。墓圹被M33打破，下身仅存大腿骨，长度不明，宽0.53米，深0.35米（图4–12）。

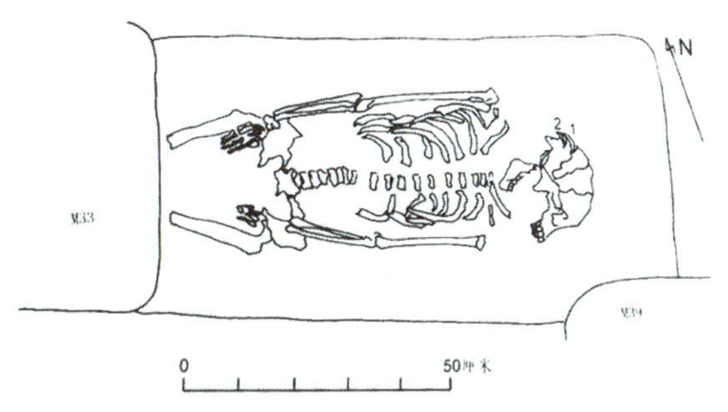

图4-12　鱿鱼岗遗址M40平面图（依李子文）
1、2. 牙饰

这批墓葬，不论男女性，葬式均为仰身直肢葬，从人骨的头向看，头向在92º～117º以内，基本上都是向东偏南，只有一座儿童墓（M15）的头向西偏北（289º），说明鱿鱼岗的居民都属同一个族群。有一座儿童墓（M15）头向另一边，很可能是因为一种病态，或是非正常死亡的小孩归葬于本族等原因所造成。此外，尚存6座墓（M8、M9、M12、M32、M33、M34）有拔牙现象，拔牙是成年的标志，与南海灶岗遗址、佛山河宕遗址、增城金兰寺遗址、香港马湾东湾仔北遗址的葬式和拔牙情况是相同的，同样说明拔牙习俗也流行于这个族群。

在清理的36座墓葬中，多数没有随葬品，有随葬品者则一至三件，初步有了贫富的观念。可以看出性别的男子墓葬有16座，女子墓葬有3座，小孩墓葬有7座，其余10座未分辨出性别，但以墓葬尺寸来看，M13、M37为成年女性墓，M31为成年男性墓，M20为小孩墓。据测量数据，男性身高的平均值为157.18厘米，女性身高的平均值为155.29厘米。[①]由此来看，鱿鱼岗遗址居民的身高平均值也是较矮的，总体上属于南亚人种。

① 黄新美、刘建安：《广东南海县鱿鱼岗新石器时代晚期墓葬人骨》，载《人类学学报》1988年7卷2期，第102—105页。

第二节 出土遗物分析

鱿鱼岗遗址出土遗物有三类：陶器、石器和骨、角、牙器。

一、陶器

以泥质陶为大宗，占89.46%，火候较高；夹砂陶仅占10.54%，火候一般较低。陶色斑杂，器类有釜、罐、豆、钵、器座及纺轮、垫、环、动物塑像等。流行圜底器和圈足器。纹饰丰富多样，有绳纹、方格纹、曲折纹、叶脉纹、条纹、云雷纹、编织纹、梯格纹、水波纹、弦纹、圈点纹和复线方格凸点纹组合以及少量赭红色彩绘等（图4–13）。多为手制，经慢轮修整。以复原的器物为例：

釜 192件，夹砂陶。侈口，圜底。分A、B两型：

Aa型 M12：1，圆腹，圜底近圆。腹、底饰方格纹。口径14厘米，高12.8厘米（图4–14：7）。

Ab型 M7：1，腹近圆，下腹缓收，圜底近圆。腹、底饰错乱水波纹。口径14.8厘米，高11.2厘米（图4–14：8）。

Ba型 M9：1，折沿，垂腹，圜底。腹、底饰条纹及错乱曲折纹。口径11.2厘米，高9.2厘米（图4–14：2）。

Bb型 H5：1，方圆唇，垂腹外鼓，圜底近平。腹、底饰梯格纹。口径25.2厘米，高12.8厘米（图4–14：1）。

罐 138件，泥质陶，均为碎片，未可复原，在此不述。

豆 62件，泥质陶。敛口或直口，喇叭形圈足。分A、B、C三型：

Aa型 M37：2，口微敛，盘腹折收，下接大喇叭形圈足。口径23.4厘米，高14.2厘米（图4–14：3）。

Ab型 M7：2，口、腹近直，宽唇作平沿状，喇叭形圈足外撇。口径

16.4厘米，高9.4厘米（图4–14：9）。

Ba型　M31：2，敛口，圆唇，深盘，近颈处一周折棱外凸，喇叭形圈足略外撇。口径23.6厘米，高14.4厘米（图4–14：5）。

Bb型　M16：1，敛口，圆唇，外侧一周折棱稍凸，喇叭形圈足较高，圈足中下部一周外凸呈两级状。口径16.8厘米，高12.8厘米（图4–14：6）。

C型　M9：2，敛口，尖圆唇，深腹，近口沿处微收，喇叭形圈足。口径13.5厘米，高7.8厘米（图4–14：4）。

钵　1件（T123②B：4），夹砂陶，器胎较厚。直口，圜底近平。素面。口径9.6厘米，高3.5厘米（图4–15：7）。

器座　48件，夹砂陶，均破碎，分A、B两型：

图4–13　陶器纹饰拓本（依李子文）

1、6、20. 绳纹；2. 曲折纹；3. 长方格纹；8. 梯格纹；14. 叶脉纹（第④层）；9. 席纹；11. 刻划水波纹；13. 鱼鳞纹；15. 编织纹；19. 回形纹；22、24. 水波纹；26. 方格纹（第③层）；4. 凸块纹；10. 叶脉纹；17. 卷云与梯格组合纹；18. 凸块菱形纹；21. 回形与水波组合纹；25. 回形纹（第②A层）；5. 席纹；7、12. 鱼鳞纹；16、23. 梯格纹；27. 曲折纹；28. 绳纹；29. 凸块与曲折组合纹（第②B层）

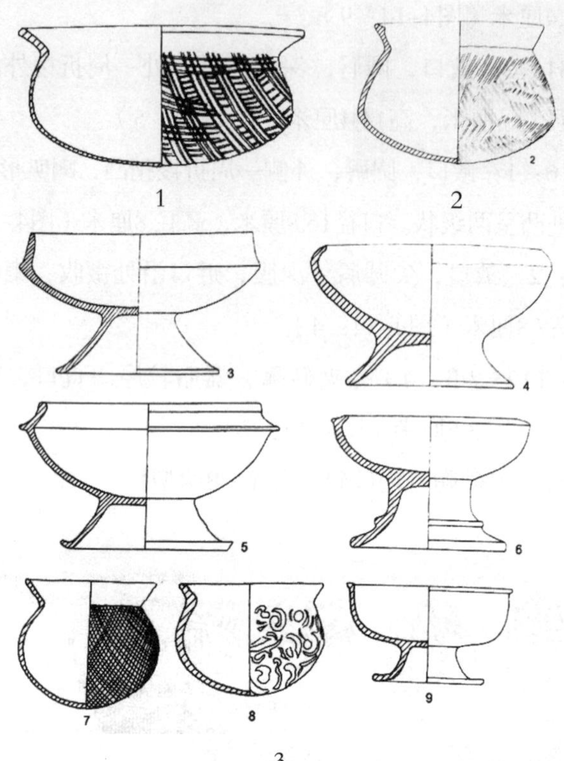

3

图4-14　陶器（依李子文）

1. Bb型釜（H5：1）；2. Ba型釜（M9：1）；3. Aa型豆（M37：2）；4. C型豆（M9：2）；5. Ba型豆（M31：2）；6. Bb型豆（M16：1）；7. Aa型釜（M12：1）；8. Ab型釜（M7：1）；9. Ab型豆（M7：2）

A型　胎壁较薄，束腰筒形。T115③：3，口部与底部均残，素面。残高6.8厘米。

B型　胎壁厚重。T115②A：20，表面饰绳纹，经抹平。底径11.2厘米，残高7.5厘米。

纺轮　66件，泥质陶，分A、B两型：

A型　截面为梯形，分两亚型。Aa型　有厚有薄，有的底部为"十"字纹或双弧线"十"字纹。T211③：12，顶面略凹，底部为"十"字纹，底径3.6厘米，厚0.5厘米（图4-15：1）。T132D43：10，顶面略凹，底部为双

弧线“十”字纹。底径3.3厘米，厚0.7厘米（图4–15：2）

Ab型　较厚，T132②B：26，底部十字似风火状。底径2.8厘米，厚0.9厘米（图4–15：3）。T222②B：6，底部划六道竖行指甲纹。底径3厘米，厚0.9厘米（图4–15：4）。

B型　略近棋子形。T123②B：14，顶面略凹，两侧近直，厚重。素身。底径3厘米，厚1.1厘米（图4–15：5）。

垫　3件，泥质陶，蘑菇形，垫面弧形光滑，把为圆柱形，中空。T222②B：4，垫的背面为两周指甲纹。垫面直径10.4厘米，残高4厘米（图4–15：6）。

环　3件，泥质陶，均残。分A、B两型：

A型　内厚外薄，截面呈三角形。T123②B：12，直径7.5厘米，肉宽0.8厘米，肉厚0.2~2.1厘米。

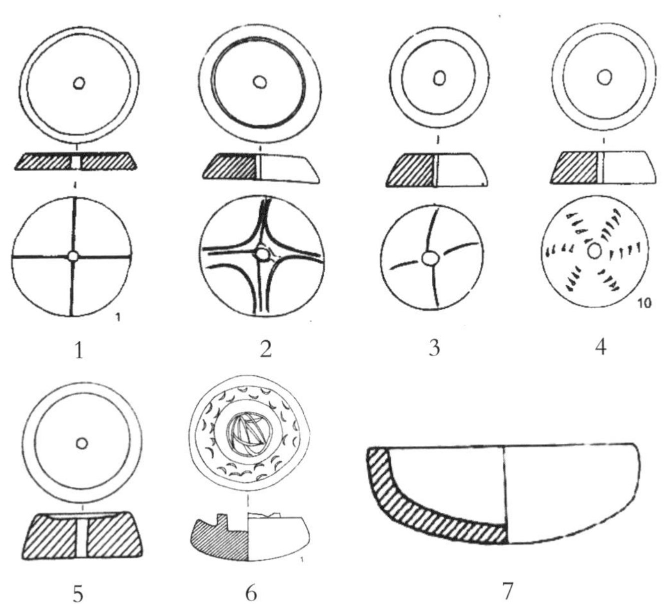

图4–15　陶器（依李子文）

1、2. Aa型纺轮（T211③：12、T132D43：10）；3、4. Ab型纺轮（T132②B：26、T222②B：6）；5. B型纺轮（T123②B：14）；6. 垫（T222②B：4）；7. 钵（T123②B：4）

B型　内缘略凸起呈“T”形，截面呈三角形。T132②B：28，肉宽2厘米，厚0.3~1.7厘米。

这些陶器的器形及纹样，与佛山河宕遗址、南海灶岗遗址是较为相近的，说明这些遗址的年代也比较接近。陶器中，陶垫是制陶工具，器座是炊具或圜底器所用，这里流行圜底器与圈足器，不见三足器和平底器，是粤北和粤东文化因素尚不到此地的反映。“T”形环是商代的典型器物，由此判断，鱿鱼岗遗址年代下限也在商代初期。

二、石器

石料为板岩、砂岩、页岩、燧石等。器类有斧、锛、凿、矛、镞、环等。

斧　7件，正锋，可分两型。

A型　双肩有段，弧刃。T211③：11，器身留有打琢痕迹，刃部有使用

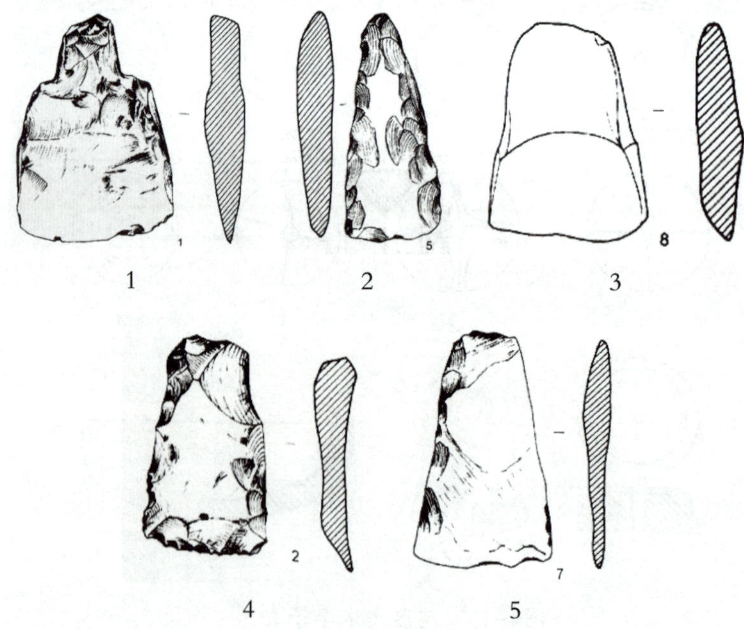

图4-16　石器（依李子文）

1. A型斧（T211③：11）；2. B型斧（T115②A：3）；3. A型锛（T124②A：4）；4. B型锛（T222②A：10）；5. C型锛（T233②A：1）

崩疤，段不明显。长9厘米，刃宽6.8厘米，厚1.6厘米（图4–16：1）。

B型　近似梯形，平刃或弧刃。T115②A：3，器身有打琢痕迹，刃部有使用崩疤。长8厘米，刃宽3.5厘米，厚1.5厘米（图4–16：2）。

锛　15件，多数磨制精致，部分器身有打琢痕迹。偏锋，分三型。

A型　双肩有段，肩微显，平刃。T124②A：4，刃部有使用崩疤。长5厘米，刃宽4厘米，厚1厘米（图4–16：3）。

B型　单肩，平刃或弧刃。T222②A：10，长5.8厘米，刃宽3.6厘米，厚1.2厘米（图4–16：4）。

C型，近似梯形，平刃或弧刃。T233②A：1，长6.5厘米，刃宽4.2厘米，厚0.8厘米（图4–16：5）。

铲　2件，磨制，均残。体扁宽，双面直刃。T211②B：10，残长8.8厘米，残宽7厘米，厚1.3厘米。

凿　1件（T211③：13），长身，顶部崩损，偏锋，斜刃，刃部有使用崩疤。残长6.8厘米，厚1厘米（图4–17：2）。

矛　1件（T123②B：9），长身，三棱形锋，骹部呈圆柱形。长9厘米（图4–17：1）。

镞　6件，分两型。

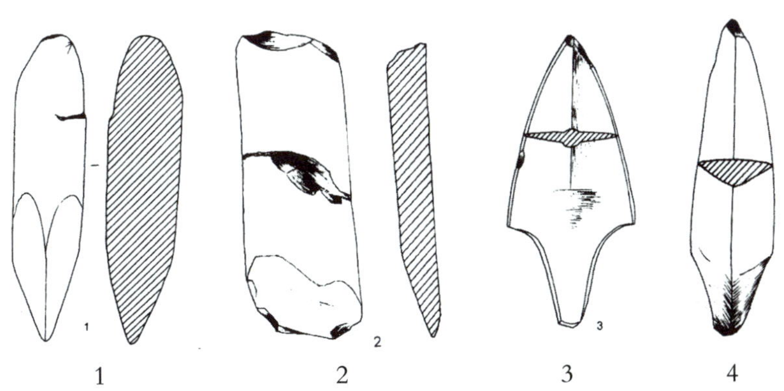

图4–17　石器（依李子文）

1. 矛（T123②B：9）；2. 凿（T211③：13）；3. A型镞（T131②B：13）；4. B型镞（T123②B：30）

A型　宽体，双翼，中脊起凸棱，有扁铤。T131②B：13，长8厘米（图4–17：3）。

B型　窄身，器体三棱形。后为圆铤。T123②B：30，锋端略损，残长7厘米（图4–17：4）。

环　5件，磨制精细，均残。分两型。

A型　截面近似梯形。T132②B：1，直径6.5厘米，肉宽0.7厘米，厚0.6厘米。

B型　内缘凸起呈台面状，截面呈“L”形，略近似三角形。T115②A：16，肉宽4.5厘米，厚0.2~2.5厘米。

穿孔石器　1件（T115②A：12），磨制，已残。一边磨制平整，对钻穿孔。残长5.5厘米，厚1厘米。

燧石片　1件（T222②B：8），打制。器身均有打击疤痕。长4厘米，宽2厘米，厚0.5厘米。

此外，还有许多磨石，单面或多面有磨痕，有的已呈凹面，可能磨制石器而成；有的为沟槽状，且相互交叉，应为磨制骨器的砺石。

石器中，双肩有段石器的出现，这是年代较晚的标志。“L”形石环的出现，也说明鱿鱼岗遗址的年代至少到了商时期之初。

三、骨、角、牙器

骨器有凿、锥、镞、环、梳等。

凿　1件（T222②B：11），磨制精细，窄长体薄，偏锋。长5厘米，刃宽1.4厘米，厚0.2厘米（图4–18：1）。

锥　1件（T124②B：7），体扁长，两端尖锐。略缺损。长11.9厘米（图4–18：5）。

镞　9件，分三型。

A型　圆锥体，后有圆铤。T123②B：7，长7.1厘米（图4–18：3）。

B型　三棱体，圆铤。T222②B：9，长6.9厘米（图4–18：4）。

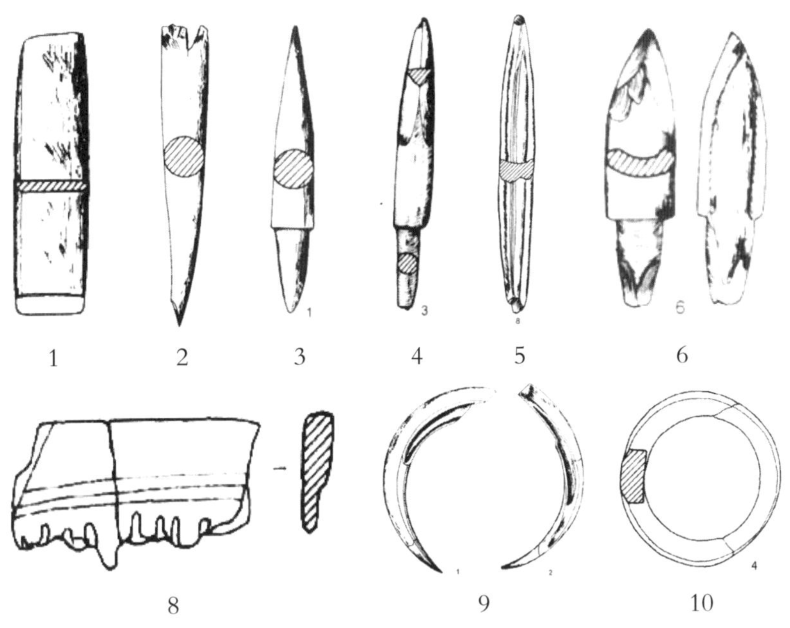

图4–18　骨角牙器（依李子文）

1. 骨凿（T222②B：11）；2. 角锥（T123②B：18）；3. A型骨镞（T123②B：7）；4. B型骨镞（T222②B：9）；5. 骨锥（T124②B：7）；6. C型骨镞（T124②A：1）；7. 骨梳（M40：4）；8、9. 牙饰（M40：1、2）；10. 骨环（M6：1）

C型　体扁宽，身有骨槽，铤扁平。T124②A：1，长4.7厘米（图4–18：6）。

环　1件（M6：1），磨制精细，截面为长方形，直径4.7厘米，肉宽0.6厘米，肉厚1.4厘米（图4–18：10）。

梳　1件（M40：4），器已残，齿朽。残长3.1厘米，残宽1.8厘米（图4–18：7）。

角器　仅见锥1件（T123②B：18），截面圆体，一端尖锐，另一端较粗。锥尖有使用痕迹。长8.6厘米（图4–18：2）。

牙器仅见猪獠牙制成的饰物，共3件。M12：12已朽，M40：1、2两件基本完整，有切割和磨制痕迹，均长10厘米（图4–18：8、9）。

还有一些动物骨料，其上有压痕、砍砸痕、磨制痕或锯痕等人为加工痕迹。

第三节　年代探讨

报告书以鱿鱼岗遗址的地层早晚、遗迹关系和遗物形制的变化为依据，将其分为两期，并将第二期分为前段和后段。

有分期意义的地层与遗迹单位，其叠压关系是：

①→M1~M3、M5~M7、M10、M11、M13~M16、M26→②B→M8、M9、M17~M20、M22、M24、M32、M35、M38→③→M12、M31、M33、M34、M36、M37、M39→生土；

另外二组是：

②A→M23、M25、M28→②B→③；

M18→M27→③→M33、M39→M40。

依此，本文也将遗址分为两期：

第一期的前段为④和M12、M31、M34、M36、M37及H2、H3，器物主要为Aa型釜、Aa型、Ba型豆；第一期的后段为③和M8、M9、M33、M39、M40，器物主要为Ba型釜、A型罐、C型豆；

第二期为②A、②B层和M1、M2、M3、M5、M6、M7、M10、M11、M13、M14、M15、M16、M18、M23、M25、M26、M27、M28及H5、H10，器物主要为Ab型、Bb型釜、B型罐、Ab型、Bb型豆。F1、F2、F3、F4也属于这一期。

鱿鱼岗遗址的碳十四年代标本采自房址F1，属于第二期，两个测年数据分别为：距今3455±150年；距今3840±125年。这个数据似乎是有早晚跨度的。发掘者认为鱿鱼岗遗址的年代与佛山河宕遗址同时，绝对年代不会晚于商代早期。我们同意这个意见，具体的数据是距今年代为3800~3400年。即第一期为距今3800~3600年，前段为距今3800~3700年，后段为距今3700~3600年；第二期为距今3600~3400年。

第四节　小　结

学者道：西樵北面鱿鱼岗，考古文化属河宕；
挖掘墓葬多人骨，河边榕荫是西岸。

西樵镇西岸村鱿鱼岗遗址距离西樵山不远，但石器的原料采自西樵山的霏细岩并不明显，甚至不如佛山河宕遗址，这说明鱿鱼岗遗址居民不太依赖西樵山石料。四座残存的房子所具有的特点是：居住面上铺垫红烧土，厚约3厘米；在居住面上及周围有数量不等的柱子洞，口径10~30厘米，深10~50厘米，洞壁近直；倒塌的木骨泥墙堆积覆盖在居住面上及其周围；木骨泥墙的一面抹平，另一面有木条、竹、草类植物的印痕。推测房子的墙壁是在墙体骨架构建完成之后，再两面抹泥而成。[①]

在分析灶岗遗址[②]时，我们认为灶岗遗址的发展方向就是鱿鱼岗遗址，石器与陶器的形态都说明了这一点。鱿鱼岗遗址中，可供分期的双肩石器和有肩有段石器形态与河宕遗址[③]相同，陶器的器形与纹样也基本一样，流行釜、罐和豆类，云雷纹是当时所常用的纹样，说明文化面貌是相类的，年代也相当接近。鼎类是鱿鱼岗居民不大使用之物，这里的先越人仍习惯用陶釜作炊煮器，也可能是鱿鱼岗遗址的年代略早于河宕遗址之故。

---

① 广东省文物考古研究所等：《广东南海市鱿鱼岗贝丘遗址的发掘》，载《考古》1997（6），第65—76页；《南海市鱿鱼岗贝丘遗址发掘报告》，载《广东省文物考古研究所建所十周年文集》，广州：岭南美术出版社，2001年，第326—327页。

② 广东省博物馆：《广东南海县灶岗遗址发掘简报》，载《考古》1984（3），第203—212页。

③ 广东省博物馆、佛山市博物馆：《佛山河宕遗址——1977年冬至1978年夏发掘报告》，广州：广东人民出版社，2006年，第1—194页。

鱿鱼岗遗址的第一期文化中，陶器纹样有绳纹、条纹、叶脉纹、曲折纹、方格纹、复线方格凸点纹和弦纹，不见云雷纹；器物形制也不见三足器和平底器。第二期文化的陶器纹样中，则常见云雷纹、梯格纹和水波纹，组合花纹流行，以曲折与云雷组合纹为多，同时还有少量赭红色彩绘，与河宕遗址所见略同。火候普遍较高，泥质陶所占比例略大。偶见钵类，典型器物是釜、罐、豆，器类与第一期所见基本一致。

鱿鱼岗遗址的石器多通体磨光，使用管钻技术制作石环等其他穿孔石器。骨器是第二期文化中富有特色的器物。

与鱿鱼岗遗址第一期文化遗存内涵较为相似的是灶岗遗址、银洲遗址和河宕遗址，墓葬中（M31、M37）所出的陶釜、陶豆，与属于银洲遗址第一期的墓葬（M30、M32、M37）所见同类器基本一致；鱿鱼岗遗址第二期中，M7、M9、M16所出的主要器物（陶釜、陶罐、陶豆），也与银洲遗址第二期颇为接近，在河宕遗址中也有形制相同或相似的器物。

鱿鱼岗遗址的两期文化，应是一脉相承。从陶器形制看，其演变环节相扣很紧。如釜，从宽沿、圆鼓腹、下腹急收，到窄沿、鼓腹、下腹缓收；豆，从敛口、深腹、折盘、下腹较斜，到直口、浅盘、弧腹近直。两期遗存互相衔接，时间上不存在大的缺环。

鱿鱼岗遗址的墓葬中，墓葬的结构与埋葬的特点也说明与灶岗遗址是基本一致的，有拔牙现象的情况也与灶岗遗址、河宕遗址相同，数量虽少，但亦已出现，说明曾受到来自东面文化的影响。随葬人骨的头向情况与河宕遗址有所不同，如河宕遗址的男性墓头向西，女性墓头向东。鱿鱼岗遗址墓葬的随葬人骨却基本上是头向东，这是百越族内不同种性的差异点。稍有区别的是，第一期的墓葬普遍较深，而第二期的墓葬均为浅穴墓。其他方面则基本相同，如遗址居民的男女性分工。多数墓葬没有随葬品，即使有随葬品的数量也很少，选择就近埋葬的方式，应是文明程度较低的表现。

以鱿鱼岗遗址墓葬的排列、房址与灰坑（窖穴及垃圾坑）的分布和

贝壳堆积的形成来看，鱿鱼岗遗址居民对该区域有一定的功能安排，即初步分别有墓葬区、生活居住区和垃圾弃置区，较之南海区灶岗遗址有了明显的进步，说明地理位置虽然相近，同为先越人但种姓却有所差别。这三个功能区在不同的时间段里是有更替变化的，才会形成不同遗迹的叠压关系。因受发掘规模的限制，目前还无法分辨作坊区，对墓葬区、居住区和垃圾弃置区的范围还缺乏足够的认识和全面的了解，因此也难以对鱿鱼岗遗址作更深入的探讨。总体来说，我们认为，鱿鱼岗遗址属于“河宕文化”的范畴。

第五章

高明古椰遗址

历史文化

在佛山区域乃至岭南地区，高明区古椰遗址（图5-1）[①]的发现与发掘都是很重要的。古椰遗址是在1985年高明县博物馆进行第二次全国文物普查时发现，2006年因筹建广明高速公路，而路段经过该遗址，为此，广东省文物考古研究所与高明区博物馆组成考古队，发掘一千多平方米，被评为“2006年度全国十大考古新发现”，2013年国务院公布为第七批全国重点文物保护单位（图5-2）。古椰遗址是一处贝丘遗址，属岗丘型，位于佛山市高明区荷城街道古椰村东北黄涌桥附近，南距今高明区政府驻地荷城8公里，东距西江约1.8公里，又叫鲤鱼岗遗址。现存面积约4万平方米，已对遗址做了保护规划及保护范围和建设控制地带的划定。

图5-1　高明古椰遗址

① 珠江三角洲史前遗址调查组：《珠江三角洲史前遗址调查》，载《考古学研究》（四），北京：科学出版社，2000年，第360—363页；崔勇：《广东高明古椰贝丘遗址发掘取得重要成果》，载《中国文物报》2007-1-12，第1版。

图5-2　高明古椰遗址的保护标志

第一节　文化层与遗迹

因未见古椰遗址的发掘报告，详细资料尚未可知，故此，我们对古椰遗址的考古成果还知之甚少。据初步观察，古椰遗址的文化堆积分为八层，第一层为现代表土层；第二至第四层以贝壳堆积为主，文化遗物稀少；第五层为黑灰色土，含大量贝壳，出土大量果核、木块、竹片、动物碎骨以及陶、石器等；第六层为黑褐色黏土，含大量腐殖物和小贝壳、小石螺以及陶、石器等；第七与第八层为黑灰色黏土，含大量木块、树枝条和少量陶、石器、果核、碎骨等（图5-3）。

古椰贝丘遗址的出土遗物包括陶器釜、罐、豆、盘、钵和石器砍砸器、刮削器、斧、锛、凿、砺石，以及木器和骨器等。动物骨骼主要为淡水龟鳖类和硬骨鱼类，另有野猪、鹿、牛、狗和亚洲象等。植物遗存包括果核和坚果等各种植物种子，出土大量碎木屑、木条、树枝、竹片和保存较好的树叶。遗迹有柱洞、灰坑等，应属于房址一类。

图5-3　古椰遗址的地层

第二节　出土物观察

一、陶器

古椰贝丘遗址的陶器主要是釜、罐、盘、钵等（图5-4）。

釜

TS09W06⑦：74，夹砂灰褐陶，圆唇，直颈，微卷沿，鼓腹，腹以下残。颈外饰一周纵向条纹，颈腹处两周弦纹，腹部饰斜向绳纹（图5-4：1）。

TS10W07⑥：6，夹砂灰褐陶，圆唇，卷沿，直颈，有窄肩状，鼓腹，圜底。颈部饰有条纹及弦纹，器身至底为交错条纹和刻划波浪纹（图5-4：2）。

TS09W06⑤B：68，夹砂灰褐陶，侈口，圆唇，卷沿，直颈变矮，溜肩状，鼓腹，圜底。颈部以下为绳纹和弦纹，肩部位条带状空白，其下为交错绳纹（图5-4：3）。

TS10W09⑤：10，夹砂灰褐陶，侈口略盘，圆唇，卷沿，溜肩，鼓

腹略垂，圜底。颈部以下饰交错绳纹。口径21.5厘米，高25.2厘米（图5-5：1）。

TS09W07⑥：24，夹砂黑陶，侈口，圆唇，折沿，口较大，领较高，腹较小。溜肩，扁腹，圜底。口径9.4厘米，高6.7厘米（图5-5：2）[①]。

罐

TS10W06⑧：L1，泥质橙黄陶，直口，尖圆唇，直颈，微敞口，鼓腹近球形，圜底。颈以下装饰分为两部分，上部是素面之上饰成排双戳印纹，下为连续的弧线纹，再下同样为戳印纹；下部为拍印的条纹至底部（图5-4：4）。

TS10W06⑦北：L2，泥质橙黄陶，器表灰黑，直口，尖圆唇，口微敞，斜直颈，鼓腹略扁，圜底。颈以下饰纵向绳纹，并交叉弦纹形成类似方格纹的形态，腹部靠上者有一条带状空白，其下为绳纹至底部（图5-4：5）。

TS09W07⑥：27，泥质橙黄陶，直颈，较同类者颈部扁矮，器身向扁鼓腹发展，颈以下有一带状素面者，其下为交错绳纹和刻划的大波浪纹（图5-4：6）。

TS09W08⑥：4，泥质橙黄陶，器身部分为灰黑色，形态与标本TS09W07⑥：27基本相同，直颈，颈部下方有纵向条纹，并有波浪形刻划纹，其为一条带状空白，再下为交错的条纹（图5-4：7）。

TS09W06⑥：26，泥质橙红陶，器表部分呈灰黑色，器形同上，直颈，颈部以下先饰弦纹，其下为交错的条纹（图5-4：8）。

TS09W08⑤：5，泥质橙黄陶，圆唇，内侧有凸棱，斜直颈，较之前段口更敞开，束颈，鼓腹，腹下部残。颈部以下为交错绳纹（图5-4：9）。

TS09W06⑤B：70，泥质橙黄陶，圆唇，直口，直颈，鼓腹，腹以下残，

---

① 广东省文物考古研究所：《广东省文物考古研究所藏品精粹》，北京：科学出版社，2020年，第28页。

1　　2　　3

4　　5　　6

7　　8　　9

10　　11　　12

图5-4　古椰遗址陶器（依李岩）

1～3. 釜（TS09W06⑦：74、TS10W07⑥：6、TS09W06⑤B：68）；4～9、12. 罐（TS10W06⑧：L1、TS10W06⑦北：L2、TS09W07⑥：27、TS09W08⑥：4、TS09W06⑥：26、TS09W08⑤：5、TS09W06⑤B：70）；10. 钵（TS10W06⑦：9）；11. 圈足盘（TS09W08⑥：6）

图5-5　古椰遗址的陶器

1、2. 釜（TS10W09⑤：10、TS09W07⑥：24）；3，罐（TS10W08⑥：2）；4，凸沿罐（TS10W07⑦：5）

器身素面，圈足近喇叭形，外表有刻划的弦纹和斜平行线纹（图5–4：12）。

TS10W06⑤：25a，泥质橙黄陶，直颈，为腹部残片，素面，形态同前。

TS10W08⑥：2，泥质橙黄陶，圆唇，折沿，领较高，近直，鼓扁腹，圜底近平。口径9.6厘米，高7.7厘米（图5–5：3）。

凸沿罐　TS10W07⑦：5，泥质橙黄陶，敛口，圆唇，高领，外沿下面一周凸出，深腹斜收，圜底。口径12.9厘米，沿径20.5厘米，高12.5厘米（图5–5：4）[①]。

---

① 广东省文物考古研究所：《广东省文物考古研究所藏品精粹》，北京：科学出版社，2020年，第29页。

圈足盘

TS09W09⑦：L1，泥质白陶，足壁斜直，饰有戳印、弦纹和圈点纹。

TS09W08⑥：6，泥质橙黄陶，尖圆唇，直口，浅盘圜底，圈足残，素面（图5–4：11）。

钵　TS10W06⑦：9，泥质橙黄陶，钵形。圆唇内敛，斜直腹壁较深，圜底近平（图5–4：10）。

古椰文化早期的直领罐和釜，其演变基本上是连续的。它以自北向南的文化传播为主，不仅有湖南西南部地区的文化因素，同时还有来自湖南堆子岭文化[①]的因素进入，并以良渚文化[②]的圈足罐为代表，但足部刻划纹饰与良渚文化者有所不同。

古椰文化晚期，陶器中见有盘口的夹砂陶釜，陶器纹饰中除有条纹、绳纹为拍印之外，尚未见到东莞圆洲遗址[③]所见之各类几何形拍印纹饰，源于粤东的虎头埔文化之拍印的条纹及叶脉纹在古椰文化中也不见，因此可以将古椰文化的下限基本定在拍印的叶脉纹出现之前。东莞圆洲遗址的陶器中有一种陶釜（即简报中所划分的C型陶釜），其肩上一周素面的纹饰风格显然与古椰文化有关，暗示了古椰文化的去向仍然在珠江三角洲地区，与东莞圆洲类似的遗存在南海鱿鱼岗遗址、三水银洲遗址都有分布，这是广东珠江三角洲地区几何形拍印纹饰兴起的时期。从目前来看，与粤东虎头埔文化[④]的西进有很大关系。就湖南堆子岭文化因素而言，通过北江进入珠江三角洲和珠江口是一条非常重要的孔道。

---

① 湖南省文物考古研究所：《湖南湘潭县堆子岭新石器时代遗址》，载《考古》2000年（1），第22—37页；郭伟民：《论堆子岭文化》，载《江汉考古》2003（2），第37—45页。

② 林华东：《良渚文化研究》，杭州：浙江教育出版社，1998年，第1—592页。

③ 广东省文物考古研究所、东莞市博物馆：《广东东莞市圆洲贝丘遗址的发掘》，载《考古》2000（6），第11—23页。

④ 魏峻：《普宁市虎头埔新石器时代窑址发掘报告》，载《揭阳考古》，北京：科学出版社，2005年，第30—50页。

二、石器

霏细岩或凝灰岩制作。有双肩铲、双肩锛等。

双肩铲　TN02W03①：1，平顶，斜肩，长直身，单面直刃，刃缘有崩疤，不平整。长11.9厘米，宽6.5厘米，厚2厘米（图5–6：1）。

双肩锛　TN03E05①：1，平顶微凹，平肩略斜，直身，刃面较宽，单面弧刃。长5.9厘米，宽5.2厘米，厚1.1厘米（图5–6：5）[①]。

图5–6　古椰遗址的器物

1. 双肩石铲（TN02W03①：1）；2、5. 骨针（TS10W09⑤：11、TS09W06⑥：74）；3. 骨环（TS09W06⑤：75）；4. 贝玦（TS09W09⑤：10）；6. 双肩石锛（TN03E05①：1）

① 广东省文物考古研究所：《广东省文物考古研究所藏品精粹》，北京：科学出版社，2020年，第30页。

三、小石核

霏细岩或凝灰岩打制。

TS09W09④：X1，灰黄褐色，呈不规则四面体，较规整的一面近似三角形，一面保留灰黑色石皮，有一面为修理台面，并见三个剥片疤痕。长2.26厘米，宽1.66厘米，厚1.21厘米（图5–7：1）。

TS10W06④：71，深灰褐色，为不规则的多面体，有两个修理台面，每个台面可见三个剥片疤痕。长2.17厘米，宽2.04厘米，厚1.55厘米（图5–7：2）。

TS10W10②：54，褐色，夹杂少许灰色，为不规则的四面锥体，有专门修整的似三角形台面，可见三个剥片疤痕。长3.14厘米，宽2.41厘米，厚2.34厘米（图5–7：3）。

TS10W10②：64，深灰杂褐色，为不规则的多面体，有专门修整两个台面，其中一个台面可见两个剥片疤痕，另一个台面可见三个剥片疤痕。长2.82厘米，宽1.86厘米，厚1.86厘米（图5–7：5）。

TS10W10②：55，深灰杂褐色，为不规则锥体，有专门修整台面，台面相对的两个侧面各有两个剥片疤痕。长2.43厘米，宽2.28厘米，厚1.93厘米（图5–7：4）。

TS10W10②：68，灰杂褐色，似四面锥体，有专门修整的台面，似三角形，两个侧面各有剥片疤痕。长3.39厘米，宽2.74厘米，厚2.23厘米（图5–7：6）。

TS10W10②：70，灰杂褐色，近似四面锥体，有专门修整的台面，似正方形，可见一个较宽的剥片疤痕。长2.95厘米，宽1.83厘米，厚1.95厘米（图5–7：7）。

TS10W10②：71，灰褐色相杂，近似扁桃形，有专门修整的台面，似三角形，可见两处较宽的剥片疤痕。长4.37厘米，宽3.51厘米，厚1.93厘米（图5–7：8）。

TS10W10②：72，褐色杂灰色斑点，石片略厚，多面体，有专门修整的

台面，似细长三角形，可见三处剥片疤痕。长3.38厘米，宽2.5厘米，厚0.94厘米（图5-7：9）。

TS10W10②：73，褐色杂灰色斑点，为不规则的四面锥体，有专门修整的台面，近长方形，可见两处较宽的剥片疤痕。长3.79厘米，宽2.98厘米，厚1.93厘米（图5-7：10）。

TS10W10②：78，灰褐色，为不规则的多面体，较宽的一面近似三角形，一面保留石皮，台面不规整，可见五处剥片疤痕，两宽两窄，相较处约45°，宽疤痕处中央有三角形细小疤痕。长2.46厘米，宽3.3厘米，厚1.9厘米（图5-7：11）。

TS10W10②：142，褐色杂灰色斑点，为不规则的四面锥体，有专门修

图5-7　古椰遗址的小石核
1. TS09W09④：X1；
2. TS10W06④：71；
3. TS10W10②：54；
4. TS10W10②：55；
5. TS10W10②：64；
6. TS10W10②：68；
7. TS10W10②：70；
8. TS10W10②：71；
9. TS10W10②：72；
10. TS10W10②：73；
11. TS10W10②：78；
12. TS10W10②：142；
13. TS10W10②：143

整的台面，近五边形，近台面处可见两个较宽的剥片疤痕，其下打破了三个较窄的剥片疤痕。长2.12厘米，宽2.78厘米，厚1.7厘米（图5–7：12）。

TS10W10②：143，灰色，为不规则的四面体，有专门修整的台面，近长条形，可见两个较窄的剥片疤痕。长4.63厘米，宽2.86厘米，厚1.86厘米（图5–7：13）[①]。

四、木器、骨器与贝器

在古椰文化遗存中首次发现有加工和使用痕迹的木质工具，如木桨。木桨的存在使我们确信船或独木舟的具备，“越人善作舟”在这里得到了实证。骨器有锥、梭、针、镞、环等。贝器有玦。

骨针

TS10W09⑤：11，用动物肢骨磨制，微弯，一端呈尖锋状，另一端有针孔。长6.2厘米，直径0.5～0.6厘米（图5–6：2）。

TS09W06⑥：74，用动物的长肢骨磨制，规整较直，呈锥形，一端呈尖锋状，另一端有针孔。长12.2厘米，直径0.6～1厘米（图5–6：5）。

骨环，体扁，已断为三截。直径4.5厘米，肉宽0.7厘米，肉厚0.4厘米（图5–6：3）[②]。

贝玦TS09W09⑤：10，磨制而成，体扁，较规整，仅存一半，肉较宽。直径3.3厘米，肉宽1.1厘米（图5–6：4）[③]。

古椰遗址的石器，是以凝灰岩或霏细岩为原料的大量双肩石器成品和非成品，以及各类小石核。西樵山的细石器传统之器物，自贵州通过西江

---

① 引自李岩：《古椰遗址出土细小石器的初步观察》，载《从石峡到珠三角——中国南方史前先秦考古研究》，北京：科学出版社，2020年，第310—318页。

② 广东省文物考古研究所：《广东省文物考古研究所藏品精粹》，北京：科学出版社，2020年，第27页。

③ 广东省文物考古研究所：《广东省文物考古研究所藏品精粹》，北京：科学出版社，2020年，第30页。

水系进入广西，进而进入广东是合理的传播通道，但只有河南许昌灵井细石器[①]与西樵山细石器能说得上有联系的可能。古椰遗址距西樵山的直线距离仅10多公里，古椰遗址的双肩石器主要是西樵山石料，基本形制为斧、锛、铲等。双肩石器在这个阶段导致了对西樵山凝灰岩、霏细岩和燧石等原料的开发利用达到了高峰，使珠江三角洲地区的双肩石器传统一直延续了相当长的时间，并成为本地极具特色的文化传统之一。

在华北细石器文化自北向南（自西向东）的传播过程中，双肩石器逆流而上，从东向西发展，进入了西南地区。有学者认为古椰遗址的小石核是细石器或细小石器，是西樵山东麓细石器的发展，这个观点还在讨论中。我们不排除古椰遗址的小石核可能是制作双肩石器过程中的遗留，因为这类小石核的疤痕据认为是产生长形的小石叶，但这种小石叶并没有出现在古椰遗址的文化层中。考虑到古椰遗址的双肩石器与西樵山双肩石器有相同之处，这为西樵山石器的年代提供了新线索。

五、古椰遗址的动、植物遗存

主要出自水田区的第六层。植物遗存为各种植物种子，随手拣拾到86个样品和4000颗完整的种子。初步统计，这些植物种子分属于20个科的25个种（禾本科的水稻种为近现代混入未统计在内）。含量最多的是橄榄，数量超过1500颗；其次是豆腐柴属，数量超过1000颗；其他含量较多的还有破布木、南酸枣、杜英属等；含量较少的有小葫芦、栝蒌等可食用遗存；杨梅和葫芦籽仅1颗。详述如下：

葡萄科的乌蔹莓；葫芦科的葫芦、小葫芦、栝蒌、盒子草；橄榄科的橄榄；壳斗科的石栎属、杏叶柯、烟斗柯；紫草科的破布木；马鞭草科的豆腐柴属；杜英科的杜英属、山杜英、长芒杜英、薯豆杜英；山茶科的木

---

① 李占扬：《许昌灵井遗址2005年出土石制品的初步研究》，载《人类学学报》2007（26）2，第138—154页。

荷；防己科的木防己、樟叶木防己；檀香科的寄生藤；楝科的苦楝；番荔枝科的鹰爪花；山矾科的山矾属；漆树科的南酸枣；八角枫科的八角枫；樟科的山胡椒属、木姜子属、樟树；芸香科的花椒属、两面针；菊科的苍耳；大戟科的白桐树；杨梅科的杨梅。

浮选法获得的4100多粒植物种子里，其中40574粒都属于荨麻科，其他有葡萄科、橄榄科（已鉴定出属种的不再列，下同）、壳斗科、紫草科、马鞭草科、杜英科、防己科、檀香科、楝科、山矾科、漆树科、八角枫科、樟科、芸香科（吴茱萸属楝叶吴茱萸）、蔷薇科（悬钩子属）和桃金娘科（桃金娘）。

在古椰遗址的出土石器表层残留物中淀粉粒提取到250多颗植物种子，含量最多的是壳斗科，大部分淀粉粒可以进一步确定到石栎属、栎属、青冈属和锥属。除了壳斗科外，残留物中还包含了禾本科、块根块茎类植物的淀粉粒。分析的结果证实了壳斗科植物和块根块茎类植物果实是古椰遗址先民重要的植物性食物来源。

六、动物

有淡水龟、鳖类和硬骨鱼类，其中鲶鱼科和鲈鱼科等少量种属可辨。陆生动物有野猪、鹿、牛、狗和亚洲象等。

古椰贝丘遗址出土的贝壳研究发现咸水与淡水贝壳同时存在，说明当时古椰遗址居民生活在咸淡水交界的海岸线附近。

第三节　年代分析

对古椰遗址年代的分析，这里有碳十四的多个测量结果。

陶器烟炱有三个，分别是：

06GGLTs09w08⑤-01，4730±30（距今年代）。

06GGLTs10w09⑥-01，4905±30（距今年代）。

06GGLTs10w08⑦-01，4715±30（距今年代）。

橄榄两个，分别是：

06GGLTs09w08⑥-H1-1，4355±40（距今年代）。

06GGLTs09w08⑦-A3-1，4825±35（距今年代）。

破布木三个，分别是：

06GGLTs09w08⑤-C8-11，4850±30（距今年代）。

06GGLTs09w08⑥-P1-8，4895±30（距今年代）。

06GGLTs09w08⑦-F11-1，5095±30（距今年代）。

橡子三个，分别是：

06GGLTs09w08⑤-B3-1，4595±30（距今年代）。

06GGLTs09w08⑥-J3-4，4890±35（距今年代）。

06GGLTs09w08⑦-A3-2，4755±25（距今年代）。

木炭四个，分别是：

TXTN66W14H52-SP1③，4425±35（距今年代）。

TXTN67W12C36-SP1①，4060±40（距今年代）。

TXTN68W14-SP1④，4480±35（距今年代）。

TXTN69W15C73-SP1③，4490±35（距今年代）。[①]

古椰遗址这些数据，⑦~⑤层碳十四测年数据基本坐落在5000~4300年之间；④~③层碳十四测年数据基本坐落在4500~4400年之间；①层的碳十四测年数据则在距今4000年。从地层关系考察，④~②层晚于⑧~⑤层。综合分析，古椰遗址的年代大约在距今5000~4300年前后。

古椰遗址属于新石器时代晚期早一阶段的遗址，其文化内涵可分为两期，参考碳十四年代，第一期为⑤~⑧层，距今约为5000~4600年；第二

① 杨晓燕、李昭、王维维等：《稻作南传：岭南稻作农业肇始的年代及人类社会的生计模式背景》，载《文博学刊》（1），2018年，第33—47页。

期为②～④层，距今约为4600～4300年。两期文化有连续性和较为共同的特征，就陶器特征而言，当止于拍印几何形纹饰的出现。

第四节 小 结

考古人说：古椰序列甚是早，命名“文化”最为好；
千秋遗存谁评说，万年层位天地造。

古椰遗址分布于珠江三角洲偏西部的区域。从目前发现的材料来看，古椰遗址各文化层具有相同文化特征，陶器的演变基本是连续的，看不出有中断的痕迹。刻划的各种纹饰是其具有代表意义的纹样。古椰遗址的细石器，可以说是西樵山细石器发展的下限。双肩石器则是西樵山双肩石器在此地的传播和发展的结果，其中相当部分是属于西樵山石器。总体来说，古椰遗址是西樵山双肩石器遗存早期形态的反映，它为研究西樵山双肩石器的年代及其发展提供了有富有意义的地点。为此，将其命名为“古椰文化”是合适的，颇具代表性。虽然发掘资料尚未见到，但已观察到的材料足已使我们认识到它所具有的重要性，这是其他遗址无法比拟的。

据广东省文物考古研究所的李岩、崔勇研究，香港西贡沙下遗址、马湾东湾仔北遗址一期、涌浪遗址、赤鱲角虎地遗址、过路湾遗址、南丫岛深湾遗址，台山电厂新村遗址，珠海草堂湾遗址一期等，可以划归古椰文化。[①]

沙下遗址[②]位于香港新界的东部，属海岸地带的沙丘，适宜人类的活

① 李岩、崔勇：《古椰贝丘遗存初识——兼谈香港沙下等相关遗存》，载《湖南考古辑刊》（13），2018年，第226—250页。

② 香港古物古迹办事处、广州市文物考古研究所：《香港西贡沙下遗址DI区发掘简报》，载《华夏考古》2007（4），第3—34页。

动。揭露面积达3000多平方米，并清理了数座墓葬，其中M3～M8归入沙下遗址第二期，均属古椰文化，陶釜的特征与古椰遗址的相同，圈足陶罐和子母口罐的形制，与古椰第二期遗存所见也基本同样。沙下遗址的年代被认为距今4500～4000年，应与古椰遗址二期文化的测年基本相同（图5–8）。

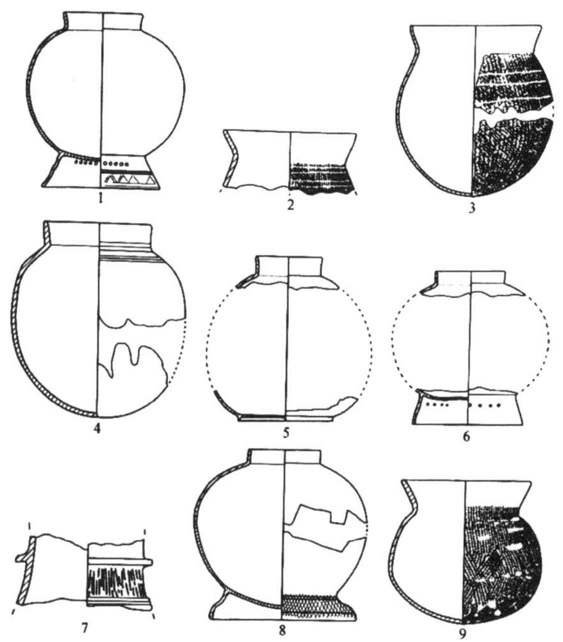

图5–8 香港西贡沙下遗址DI区的陶器（依香港古物古迹办事处）
1、5、6、8. 圈足罐（SF276、SF352、SF361、SF282）；2、3、9. 釜（SF3408B、SF340A、SF346）；4. 罐（SF351）；7. 子母口罐（SF353）

马湾岛是香港新界荃湾区管辖的一个小岛，东湾仔北遗址位于马湾岛东北角海湾，属于沙丘遗存，揭露面积1400多平方米，发现并清理了一批史前墓葬和文化层堆积[①]。同期的碳十四年代数据显示，东湾仔北遗址第一

① 香港古物古迹办事处、中国社会科学院考古研究所：《香港马湾岛东湾仔北史前遗址发掘简报》，载《考古》1999（6），第1—17页。

期文化与古椰贝丘遗址同期的文化遗存，绝对年代大约在距今3900年。此年代与古椰贝丘遗址的碳十四测年相比，基本在古椰文化的范畴内。其中两件陶釜的形制基本相同，均为侈口，鼓腹，腹部以下残，应为圜底，饰竖绳纹，其上再加横向或斜向划纹，口沿内饰平行弧线浅划纹。与古椰遗址第一期的同类器物基本相同，可以认定，东湾仔北第一期遗存当与古椰文化第一期基本同时。

涌浪遗址位于香港新界屯门西海岸，与龙鼓滩隔山相邻，遗址包括南、北两区，属沙丘遗址[①]。涌浪南出土的两件陶釜可以确认为古椰文化，其陶质、陶色及其刻画纹饰、纹饰的部位，都与古椰遗址第一期十分相似。涌浪北出土陶器中，可以确认为古椰文化的有三件。如镂孔陶碗，此类器物并有镂孔者在古椰遗址第一期也可见到；口沿上刻划纹饰的陶器，也与古椰遗址第一期类似；此类刻划纹来自湖南堆子岭文化[②]，并加入了本地的因素，属于古椰遗址第一期的器物。

赤鱲角是香港大屿山北岸的一个小岛，虎地湾即在其中，属沙丘遗址。古椰遗址陶器中，第一期的器物可见于香港赤鱲角虎地遗址[③]的高柄豆类，这类镂孔加刻划纹的做法，在崧泽文化[④]陶器中也可见其纹样，在江苏昆山绰墩遗址的崧泽文化墓葬中（M8）也见到类似的豆[⑤]。虎地遗址的泥质陶罐，最为显著的形态特点是凸棱，这种造型在古椰遗址第一期可见。3件

① 香港古物古迹办事处：《香港涌浪新石器时代遗址发掘简报》，载《考古》1997（6），第35—53页。

② 湖南省文物考古研究所：《湖南湘潭县堆子岭新石器时代遗址》，载《考古》2000年（1），第22—37页。

③ 香港古物古迹办事处发掘资料。

④ 上海市文物管理委员会：《青浦福泉山遗址崧泽文化遗存》，载《考古学报》1990（3），第303—337页。

⑤ 苏州博物馆、昆山市文物管理所：《江苏昆山市绰墩遗址发掘报告》，载《东南文化》2000（1），第40—55页。

夹砂陶釜，按其纹饰的风格，基本可归入古椰遗址第一期。镂孔刻划纹软陶片似为豆或圈足盘类器物，其纹饰风格更接近古椰遗址第一期。圈足罐的足部有镂孔和刻划纹饰，类似于古椰遗址第一期的器物。再有，虎地遗址的泥质陶圈足盘，在古椰遗址第一期也可见到。综上所述，赤鱲角虎地遗址的陶器，基本落在古椰遗址第一期范围内。

过路湾沙丘遗址[①]在香港赤鱲角小岛的东南，过路湾遗址上区与古椰文化相关者，可以辨识的有两件陶器。一是刻划纹镂孔圈足泥质陶罐之圈足，从陶质陶色观察，这件圈足和底部属于古椰遗址的直领圈足罐，足部纹饰风格高度相似。二是刻划纹镂孔圈足泥质陶杯，古椰遗址的陶器中未见此类杯，但从陶质、陶色和圈足部位的装饰风格看，与古椰遗址是一致的。除可辨认器形的两件陶器外，过路湾遗址还可见数片泥质橙黄陶片，并有平行线或圈点、短弧线等纹饰，按其纹饰风格，可归入古椰遗址第一期。此外，圈足罐的足部装饰风格也与古椰遗址第一期相同。

香港南丫岛深湾沙丘遗址[②]出土遗物十分丰富，年代也较为复杂。两件夹砂绳纹陶釜的纹饰风格与古椰遗址的同类器相近，可归入古椰遗址第一期。其他几件陶片，刻划纹饰的形态与古椰遗址的圈足罐足部刻划纹一致，归入古椰遗址第一期。

台山新村沙丘遗址位于江门台山市赤溪镇南10公里之古海湾，因未刊出发掘简报，所举陶器资料均来自《岭外遗珍》一书[③]。所出器座应为豆的柄部，器身有镂孔、圈点及连珠纹，其风格与古椰遗址第一期类似；圈足盘的圈足有镂孔和刻划直线纹装饰，可视为古椰遗址第一期的器物。夹砂

---

① 香港古物古迹办事处发掘资料。

② 秦威廉编：《南丫岛深湾——考古遗址调查报告》，香港：香港考古学会专刊第三本，1978年，第1—293页。

③ 广东省文物考古研究所等：《岭外遗珍》，广州：广东高等教育出版社，2014年，第127页上、128页下、132页上；广东省文物考古研究所：《广东省文物考古研究所藏品精粹》，北京：科学出版社，2020年，第24页。

陶圈足罐也应为古椰遗址第一期的器物（图5-9）。

珠海草堂湾遗址①位于珠海市西南30公里处的三灶岛东南，出土有一定数量的陶器和石器。这里所涉及的为草堂湾第一期遗存。陶器纹饰中，刻划纹中的波浪形和戳印纹中的圈点纹，均可确定为古椰遗址第一期。可以复原的陶器为两件，一为夹砂陶釜，一为圈足盘，无论是纹饰风格还是器形，都与古椰遗址第一期的器物一致。

图5-9　台山市新村沙丘遗址部分陶器（依李岩）
1. 豆柄；2. 圈足盘；3. 圈足罐

古椰文化的第一期年代有碳十四测年支持，通过分期，对其文化来源以及在广东史前考古学文化发展过程中的地位等问题，均可理出一些重要的线索。

从6000年前开始的珠江三角洲地区，古椰文化与咸头岭文化的时间线

---

① 梁振兴、李子文：《三灶岛草堂湾遗址发掘》，载《珠海考古发现与研究》，广州：广东人民出版社，1991年，第21—33页。

索基本可以接续，但两者的来源有所不同，深圳市文物考古鉴定所李海荣先生曾指出："可以认为，咸头岭文化受到了湘西地区高庙文化比较强烈的影响，它们之间的一些文化因素应该有亲缘关系。"[①]其本身是在本地发展起来的一支独立的考古学文化。就古椰文化第一期的圈足盘、陶釜之波浪形刻划纹饰等器物而言，其风格另有来源。研究表明，古椰遗址第一期的陶器中，有些明显来自湖南堆子岭文化，如连珠状的圈点、有凸棱的器物造型和肩部有空白条带状的装饰风格均来自堆子岭遗址。[②]那些肩部有空白条带状的装饰风格，湖南松溪口遗存与古椰遗址第一期的同类器物，无论是器形还是纹饰都可能有承袭关系，说明古椰文化中还存在来自湖南西南部的影响。[③]从湖南本地的角度而言，这些装饰风格在湖南堆子岭文化中十分明显，随着时空的推移进入广东，对古椰文化产生了显著的影响。总的说来，存在于湘江流域的堆子岭文化在古椰文化形成的过程中起到了重要的作用。[④]

古椰遗址第一期早段开始的双肩石器在古椰文化发展过程中贯穿始终，在珠江三角洲地区一直延续了相当长的时间。陶器纹饰中除条纹、绳纹为拍印之外，不见叶脉纹的出现，因此可以将古椰文化的下限基本定在拍印叶脉纹出现之前。双肩石器和肩部有空白条带的陶器装饰风格，暗示古椰文化的去向仍然在珠江三角洲地区。珠江三角洲地区几何形拍印纹饰兴起的时期，与古椰文化的装饰纹样传统等方面比较，发生了明显的改

---

① 深圳市文物考古鉴定所：《深圳咸头岭——2006年发掘报告》，北京：文物出版社，2013年，第269—274页。

② 湖南省文物考古研究所：《湖南湘潭县堆子岭新石器时代遗址》，载《考古》2000年（1），第22—37页。

③ 湖南省文物考古研究所：《湖南辰溪县松溪口贝丘遗址发掘简报》，《文物》2001（6），第17—27页。

④ 郭伟民：《论堆子岭文化》，载《江汉考古》2003（2），第37—45页。

变，这个改变，以目前材料来看，与粤东虎头埔文化的西进有很大关系[①]。

关于古椰文化双肩石器与细石器石核石器问题，两者共存是一个非常显著的特点。就珠江三角洲地区而言，隔西江干流对望的西樵山遗址，以西樵山东麓细石器遗存的石核、石叶为最。古椰文化的小石核与西樵山所见较为接近，这是发现于新石器时代较晚阶段的石器遗存。

古椰文化的作用和影响是：首先，明确地看到珠江三角洲地区的考古学文化从这个阶段开始，吸收外来文化因素的风向从西北转向了东北的崧泽—良渚文化；其次，由于古椰文化与西樵山及贵州的联系，小石核为本地新石器时代文化的发展增添了一大特色，双肩石器在这时期向周边扩散，使得珠江三角洲地区的双肩石器传统一直延续到商时期，成为富有本地特色的文化传统。

由于古椰遗址的发现与认识，我们对珠江口为代表的区域考古学文化发展特点有了一定的了解，与湖南、浙江的新石器时代文化中心相比，广东地区的新石器时代早期偏晚阶段至新石器时代晚期考古学文化发生发展脉络有着明显的不同，珠江三角洲地区更多地表现为对外来强势文化或因素的跟随与消化，文化面貌延续性很弱，新的文化或因素间歇性的出现，由此而显示了外来文化的入侵现象。通过古椰文化的比较研究，对这个问题的理解是，由于水系、海陆的进退、形成等地理因素，造成平原、宽阔河谷不足，导致以农业为基础的发展空间有限，水路、河流交通线却甚为便利，因此，极易吸收外来文化和因素，这种现象甚至一直延续到粤东与闽南地区的浮滨文化阶段[②]，即商末周初。

古椰遗址考古的主要收获是：第一，古椰位于三水盆地的边缘，地理

---

① 魏峻：《普宁市虎头埔新石器时代窑址发掘报告》，载《揭阳考古》，北京：科学出版社，2005年，第30—50页。

② 邱立诚：《浮滨文化的研究史》，载《浮滨撷英——广东大埔、饶平原始瓷发现与研究》，上海：上海古籍出版社，2020年，第79—92页。

位置独特。可分为早晚衔接、连续发展的两期，填补了珠江三角洲地区新石器时代晚期考古学编年体系的空白，它应是一个新的考古学文化类型。第二，出土有大量的动植物遗存。植物遗存目前已甄别出大于0.5厘米的植物种子和果实有20科25种，如橄榄、南酸枣、苦楝等，其中有的是新发现的；动物遗骸有两栖类和水生动物的淡水龟、鳖类和硬骨鱼类，其中鲶鱼科和鲈鱼科等的种属可辨。陆生动物有野猪、鹿、牛、狗和亚洲象等。这些水生动物和陆栖动物与肇庆茅岗遗址、佛山河宕遗址等[①]所出土的大多相同，陆生动物多属家养，为揭示珠江三角洲地区新石器时代中晚期居民经济的多样性和古生态环境的研究，增添了宝贵资料。

---

① 杨豪、杨耀林：《广东高要县茅岗水上木构建筑遗址》，载《文物》1983（12），第31—46页；广东省博物馆、佛山市博物馆：《佛山河宕遗址——1977年冬至1978年夏发掘报告》，广州：广东人民出版社，2006年，第1—198页。

第六章

三水银洲遗址

银洲遗址位于三水区白坭镇周村东南，西江与北江在此附近交汇（图6-1）。[①]这里是一处在银洲村东侧的孤立山丘，当地村民称其为豆兵岗，属岗丘型，面积为35000平方米。1983年三水县博物馆发现该遗址，1992年与1993年由广东省文物考古研究所、北京大学考古学系和三水博物馆组成考古队两次进行发掘，面积约480平方米。发现遗迹有房址、灰坑与墓葬，出土一批文化遗物，并有一批墓葬人骨。2002年列为广东省文物保护单位（图6-2），已对遗址做了保护范围和建设控制地带。

银洲遗址正在整理发掘报告，根据发掘简报来列举遗址资料是有限的，但我们可以从中看到有关的一些情况。

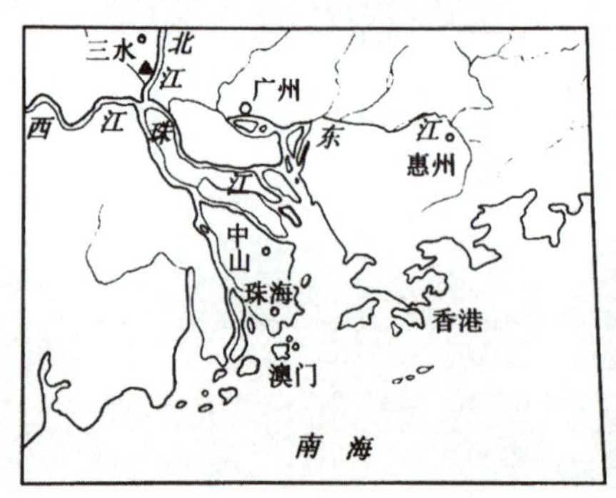

图6-1　三水银洲遗址地理位置示意图（依李子文）

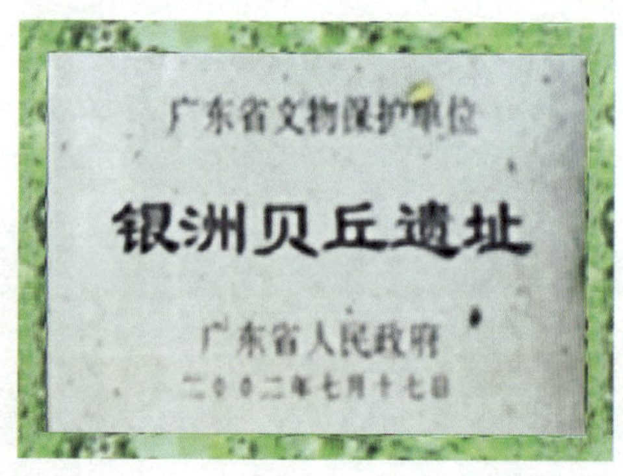

图6-2　广东省文物保护单位标志

① 广东省文物考古研究所等：《广东三水市银洲贝丘遗址发掘简报》，载《考古》2000（6），第24—36页。

第一节　文化层与遗迹

一、文化层

银洲遗址文化层共四层，遗迹有房址、灰坑和墓葬。文化层中除第一层为现代表土，第二层为明清时期外，第三层为灰黑色土和贝壳层（图6-3），夹杂炭屑和红烧土，厚5～25厘米。出土大量几何印纹陶器、石器等。在此层下发现许多墓葬和灰坑。第四层为黄褐色土，杂少量贝壳，厚15～35厘米。出土较多陶器和石器，与第三层出土的陶器相比，器物形制有较大的变化。

二、房址

共有四座，四周有挖入生土层的墙基槽，宽、深约20厘米，槽底有较密集的柱洞，当是用竹竿作泥墙的骨架。[①]以F1为例：地层关系为第③层

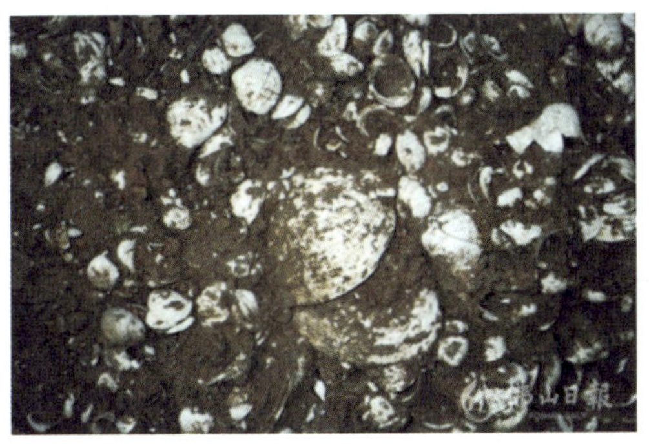

图6-3　三水银州遗址的贝丘堆积

① 莫稚：《广东珠江三角洲贝丘遗址补遗和余论》，载《南粤文物考古集》，北京：文物出版社，2003年，第238—246页。

→M11→F1→第④层。即房址晚于第④层。已清理面积东西长6.3米，南北宽2.4米，活动面是一层较纯净的红褐色垫土，表面平整、坚实，厚3～8厘米。东部有一个半圆形灶坑，用石块垒成，附近有1件陶釜和1件陶罐。南部有一个阶梯式坑穴，坑口平面为椭圆形，长径0.9米，短径0.45米，深0.6～0.8米，坑底有一个大陶罐。应是储物坑。房址活动面上有一层青灰色草拌泥，厚15～30厘米，似为房子倒塌堆积。房址周边有18个柱洞，多两个成组，口径20～35厘米，深35～80厘米，内杂有红烧土块的灰色土，有些柱洞还有陶片或石块柱础。从揭露面积看，此处似为圆角方形（或长方形）的房子。

在遗址中部（岗顶与坡地的过渡地带）还集中发现100多个柱洞，多分布在第③层的层面和生土层的层面，柱洞有圆形和椭圆形两种，口径大小不一，最大者超过50厘米，小者15厘米左右，深多在30～60厘米之间，部分柱洞深达80厘米以上。有些柱洞是先挖出较大的坑穴然后再挖柱子洞。柱洞中常见陶片或石块柱础。从分布来看，这些柱洞多为基本等距或对称的长方形，推测至少存在2个以上的建筑单位（房址）。

三、坑穴

有70多个，有圆形、椭圆形、长方形、不规则形4种，以椭圆形和不规则形为多，大小不一，深浅不等。前三种似为储物窖穴，后一种似为垃圾坑。以H11、H12、H18、H22为例：

H11地层关系是：第③层→H11→H52，椭圆形坑口，口大底小，斜壁，圜底近平。打破H52，长径2.53米，短径1.9米，深0.32米。填土中分上下层，上层为灰褐色粘土，质硬细腻，最后25厘米；下层为红黑色沙土，杂有灰褐色粘土，土质松软，最厚7厘米。陶片较多，主要出自上层，器形多见罐、豆类。

H12　地层关系是：第②层→H12→第③层，圆形坑口，口大底小，斜壁，平底。直径1.38米，深0.22米。填土中多为红褐色粘土，杂有炭屑、红

烧土颗粒。出土少量几何印纹陶片。

H18　地层关系是：第②层→H17→H18→第③层，坑口近似长方形，口大底小，斜壁，平底。东部被H17打破，长1.4米，宽0.56米，深0.25米。填土中为红褐色粘土，杂有红烧土颗粒。出土少量陶片。

H22　地层关系是：第①→H26→H22→H52，坑口为不规则形，口大底小，斜壁，唯东南壁略外斜，圜底。坑穴被①叠压，打破了H52，南部被H26及M44打破。长2.8米，宽1.53米，深0.92米。填土分三层，上层为黑色土，质松软，杂少量贝壳，最后20厘米；中层为黄色土层，贝壳含量较上层增多，最厚25厘米；下层为贝壳层，杂有少量黄褐色土，最厚45厘米。出土遗物中有大量陶片，器形有釜、罐、豆类，还有鱼骨、鹿角和其他动物骨骼等。

第二节　墓葬考察

银洲遗址发现的墓葬并不少，已清理40多座，均为长方形竖穴土坑墓。但因墓内人骨保存不好，未能判断性别，是否有凿齿习俗也不明。成年人墓的墓口一般在2米以上，最长者2.6米；儿童墓的墓口长1.1米左右。墓深浅不一，深者在1米以上，浅者不足0.5米。坑内不见葬具。可辨认者均为单人仰身直肢葬，除M28头向西外，其余墓葬人骨均头向东。这与禅城区河宕遗址有相近之处，也有不尽相同的地方。随葬品一般只有一两件，最多者为8件，主要是陶器釜、罐、豆、纺轮，也有锛、镞和串珠、木饰等。相当数量的墓葬无随葬品。

以M6、M15、M20、M24、M28、M30、M32、M37为例：

M6　地层关系是：②→M6→③。成人墓，墓坑上部被破坏，仅存墓底，墓向100°。人骨无存。填土灰色，杂有少量炭屑、红烧土颗粒。随葬品有陶器釜、罐、豆各1件，置于墓坑中部偏西处。墓坑长1.98米，宽0.75米，残深0.1米（图6–4）。

M15 地层关系是：M16→M15→M42。成人墓，墓坑上部被破坏，人骨头向98°。填土灰色，杂有少量炭屑、红烧土颗粒和一些破碎的陶片。随葬品为陶豆1件，置于左下肢；在头部右上侧有动物肢骨1件。墓坑长2.4米，宽0.65米，残深0.2米（图6–5）。

M20 地层关系是：M14→M20→生土。成人墓，墓坑西北部被破坏，人骨头向87°。填土为红色沙土。随葬品为陶器罐、豆各1件，罐置于右侧肩膀处，豆置于左侧腰部。墓坑长2.6米，宽0.9米，深0.92米（图6–6）。

M24 地层关系是：①→M24→M18。成人墓，墓坑上部被破坏，仅存墓底，人骨腰部以上不存，墓向100°。填土灰色，杂有少量炭屑、红烧土颗粒和一些破碎的陶片。随葬品为陶器豆、纺轮各1件，分别置于腰部左、右两侧。墓坑长2.27米，宽0.8米，残深0.2米（图6–7）。

M28 地层关系是：①→M28→M30。儿童墓，墓坑上部被破坏，头向285°。填土灰色，杂有少量炭屑、红烧土颗粒和一些破碎的陶片。未见随葬品，仅在头部左下侧见有半圆形的贝壳堆积，似为当地人有意识堆砌。墓坑长1.12米，宽0.34米，残深0.15米（图6–8）。

M30 地层关系是：M28→M30→生土。成人墓，头向88°。填土红色，含少量炭屑和一些破碎的陶片。随葬品4件，石刀置于左下臂，陶器鼎、豆分别置于左、右臂外侧，木饰置于头顶后。墓坑长2.62米，宽0.96米，深1米。木饰可能是女性使用的木梳（图6–9）。

M32 地层关系是：M33→M32→生土。人骨不存，以墓坑判断为成人墓，墓向100°。填土为红褐色沙土，含少量炭屑。随葬品8件，残石环1件置于中部，石串珠4件置于东部；陶器釜、罐、豆分别置于东北部、中部和南部。墓坑长2.4米，宽0.95米，深0.98米（图6–10）。

M37 地层关系是：M35→M37→生土。人骨不存，以墓坑判断为成人墓，墓向105°。填土为灰褐色沙土，含少量炭屑。随葬陶器罐、豆各1件，分别置于中部南、北两侧。墓坑长2.45米，宽0.9米，深0.72米（图6–11）。

这批墓葬，均为长方形竖穴土坑，安排有序，仰身直肢，头向基本向

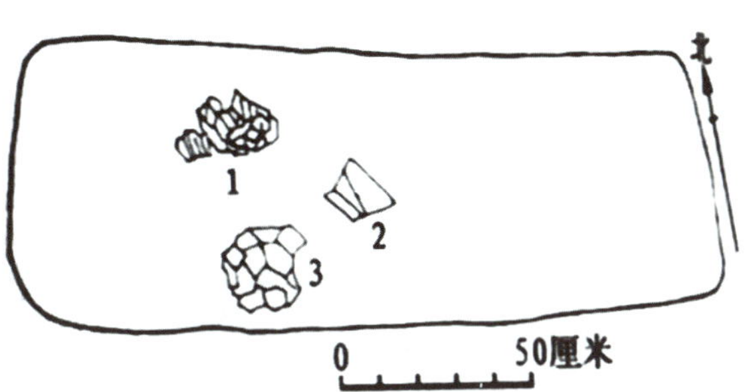

图6-4 M6平面图（依李子文）
1. 陶豆；2. 陶釜；3. 陶罐

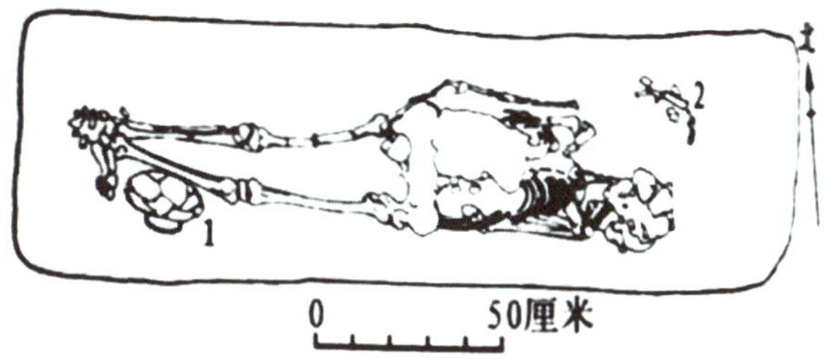

图6-5 M15平面图（依李子文）
1. 陶豆；2. 动物骨骼

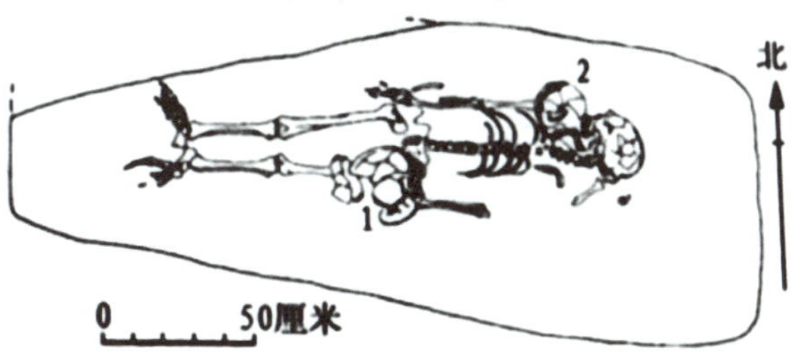

图6-6 M20平面图（依李子文）
1. 陶豆；2. 陶罐

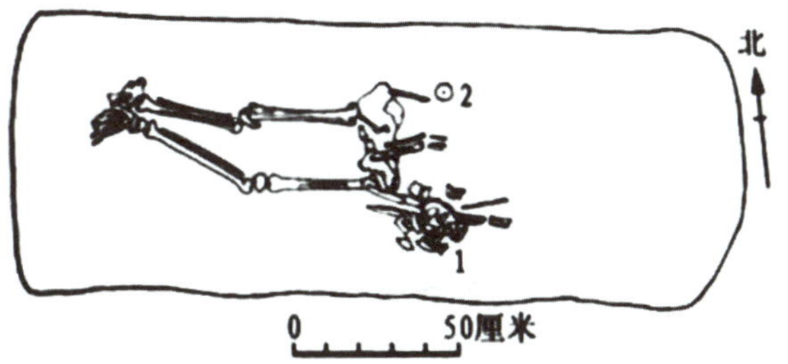

图6-7 M24平面图（依李子文）
1. 陶豆；2. 陶纺轮

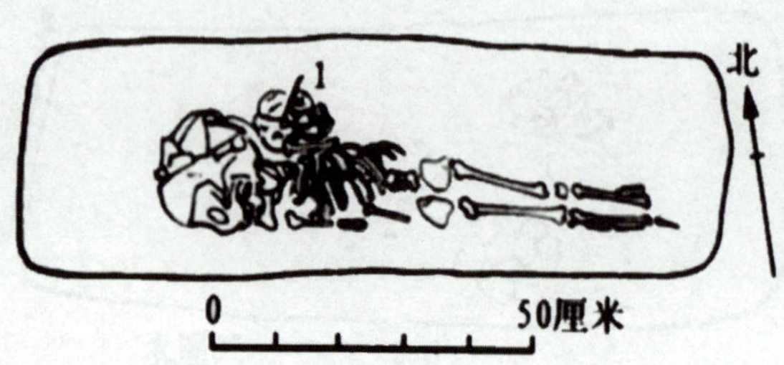

图6-8　M28平面图（依李子文）

1. 贝壳堆积

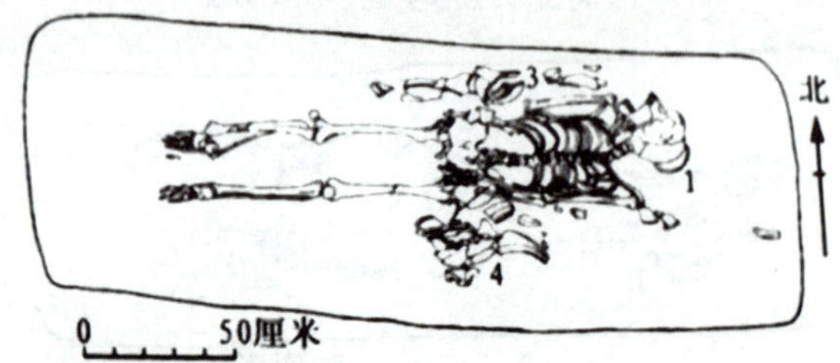

图6-9　M30平面图（依李子文）

1. 木器；2. 石刀；3. 陶豆；4. 陶鼎

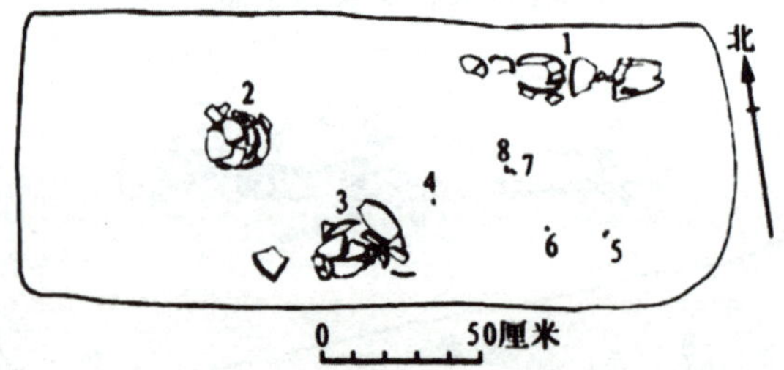

图6-10　M32平面图（依李子文）

1. 陶釜；2. 陶罐；3. 陶豆；4. 残石环；5～8. 石串珠

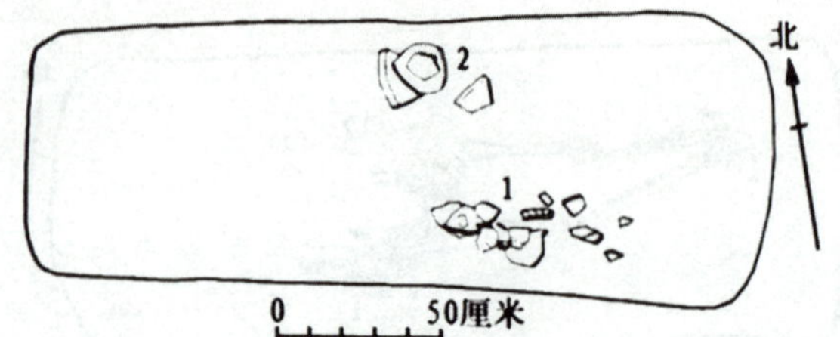

图6-11　M37平面图（依李子文）

1. 陶罐；2. 陶豆

东，这与南海鱿鱼岗遗址是相同的。个别儿童墓头向向西者（头向285º），可视为病态、或不明原因死亡等因素，加上头部左下侧见有半圆形的贝壳堆积，应不是正常死亡。而不明性别、难以确定有否凿齿习俗，则与人骨保存情况有密切关系。总体来看，随葬品不多是其主要的葬俗，且都是日常所用之物，但贫富已有差异，分工较为明确，可能说明这里的部落已实行酋长制。

第三节　出土文物分析

银洲遗址的出土遗物有陶器、石器和骨木器。

一、陶器

有夹砂陶和泥质陶两类，以后者占绝大多数。陶色斑杂，素面陶数量不多。器表纹样主要有绳纹、条纹、叶脉纹、曲折纹、云雷纹、方格纹、副线方格纹、梯子纹等，多见单一纹饰，也有组合纹，常见者为曲折与云雷组合纹（图6-12）。多属手制轮修，火候较高，有的已属硬陶。其中鼎类为个别。多属手制，慢轮修整，烧造火候普遍较高，其中有一些火候很高者属“硬陶”。器物流行圜底器、圈足器和凹底器，也有少量三足器。器类有釜、罐、圈足罐、盘、豆、鼎、器座、纺轮等。

釜　数量较多，夹砂陶。侈口，鼓腹，圜底。器表饰条纹或绳纹。分两型：

A型　折沿，最大径在腹部。

M37：1，泥质细砂陶，圆唇，宽沿。口径16厘米，腹径19厘米，高14厘米（图6-13：1）。

M32：1，圆唇，窄沿，器身有烟炱。口径21厘米，腹径25厘米，高16厘米（图6-13：4）。

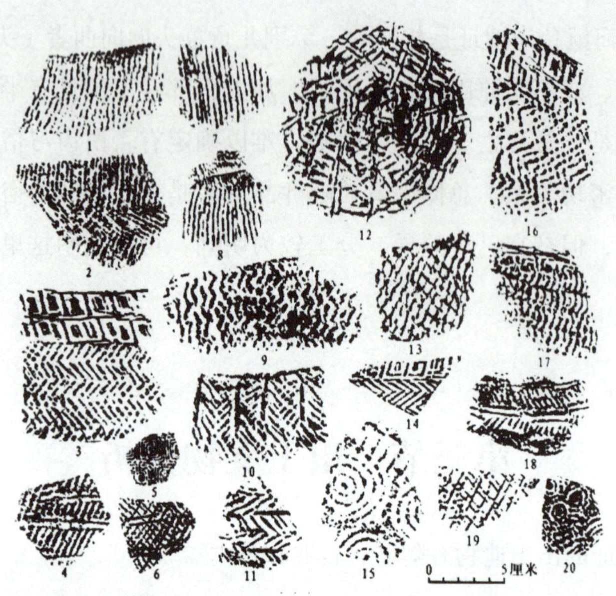

图6-12　陶器纹饰拓片（依李子文）

1、2. 绳纹（T2③：20、H22③：23）；3. 凸方格与曲折组合纹（H22③：20）；4、12. 梯格纹（H5：1、采：6）；5. 云雷纹（T1③）；6、13. 方格纹（T3④、H44：5）；7、8. 条纹（M32：1、M37：1）；9. 曲折纹（H22③：83）；10、11、18. 叶脉纹（M30：4、M20：2、M32：4）；14、16、17. 云雷与曲折组合纹（T3③、H22③：3、H22③：1）；15、20. 重圈纹（H33：1、T3④）；19. 复线方格纹（M17填土）

B型窄沿，沿面内凹。F1：1，器体略小，方唇。器身有烟炱。口径15.2厘米，腹径18.5厘米，高12.2厘米（图6-13：2）。

罐　数量最多，多为泥质陶，部分为泥质细砂陶。侈口。可分两型：

A型　圆肩，腹缓收，圜底。

H22③：83，斜方唇，最大腹径居中。饰曲折纹。腹与底部有火烧痕迹。口径30厘米，腹径32厘米，高26厘米（图6-13：9）。

H22③：3，斜方唇，腹略垂，最大腹径居中，下腹缓收。饰凸方格与曲折组合纹。腹与底部有火烧痕迹。口径25厘米，腹径26厘米，高18厘米（图6-13：8）。

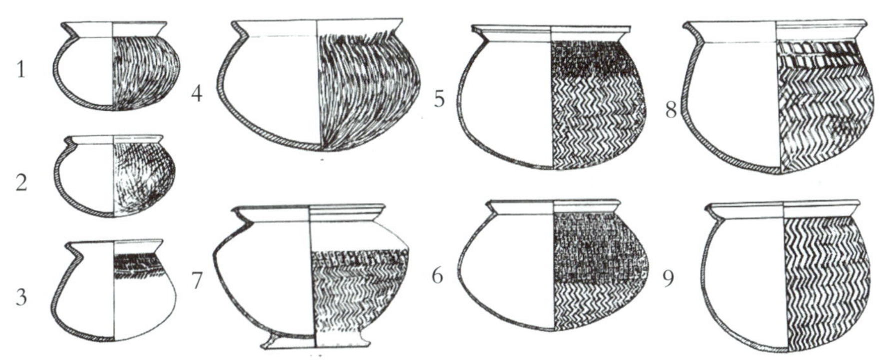

图6–13 陶器（依李子文）

1、4. A型釜（M37：1、M32：1）；2. B型釜（F1：1）；3、5、6、8、9. A型罐（M32：2、H22③：82、F1：2、H22③：3、H22③：83）；7. B型圈足罐（H22③：20）

H22③：82，方唇，溜肩，腹略垂，最大腹径居中，下腹缓收。饰云雷与曲折组合纹。腹与底部有火烧痕迹。口径39.5厘米，腹径46厘米，高35厘米（图6–13：5）。

F1：2，斜方唇，最大腹径居中，下腹急收。饰云雷与曲折组合纹。腹与底部有火烧痕迹。口径33.2厘米，腹径46厘米，高31厘米（图6–13：6）。

M32：2，器略小，斜方唇，内沿微凹，垂腹，最大腹径靠下。上腹饰长方格与叶脉组合纹，下腹素面。口径14.5厘米，腹径19厘米，高15厘米（图6–13：3）。

B型　斜肩，垂腹，凹底。

采：6，器小，小口，沿外翻，束颈，最大腹径在下面。上腹饰刻划纹，下腹至底部饰梯子纹。口径8厘米，底径8.8厘米，高14厘米（图6–14：1）。

采：7，斜卷沿，斜肩，最大腹径靠下。素面磨光。口径14厘米，底径7.6厘米，高14.5厘米（图6–14：2）。

圈足罐　泥质陶。侈口，喇叭形矮圈足。分两型：

A型　溜肩，鼓腹。

H22③：2，小口，卷沿，腹略垂，最大腹径略靠下。素面磨光。口径10.5厘米，足径11厘米，高16.8厘米（图6–14：4）。

H11：1，内沿略下凹呈盘口状，外沿有一道凸棱。最大腹径在中部。下腹饰指甲形曲折纹。口径17厘米，足径13.6厘米，高15厘米（图6–14：3；图6–15）。

F1：3，器较小，斜折沿，腹微鼓近直。圈足残缺。饰曲折纹。口径9厘米，残高10.3厘米（图6–14：6）。

H22③：1，折沿，沿面近直，肩微折。圈足已残。肩下一周云雷纹，其下为曲折纹。最大腹径略靠上。口径14厘米，残高24厘米（图6–14：5）。

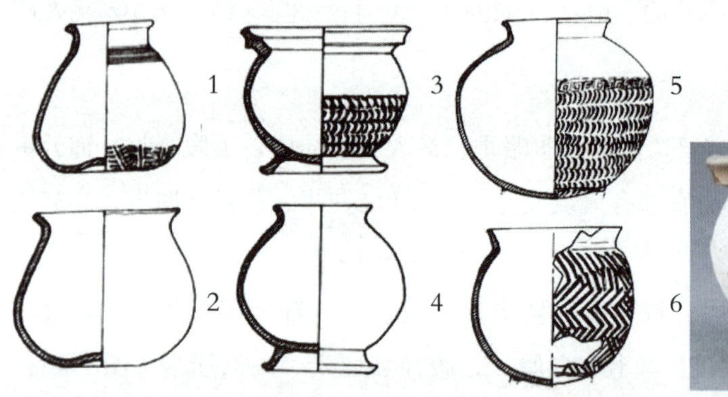

图6–14　陶器（依李子文）

1、2. B型罐（采：6、采：7）；3～6. A型圈足罐（H11：1、H22③：2、H22③：1、F1：3）

图6–15　A型陶罐（依李子文）（H11：1）

B型　斜折肩，下腹急收。H22③：20，器较大，斜方唇，沿外一道突棱。肩下饰凸方格与曲折组合纹。口径33厘米，足径23厘米，高30厘米（图6–13：7）。

盘　泥质陶。敞口，深盘，圈足，足端外撇。M6：1，斜腹较直，腹部与圈足外表有数道轮旋纹。口径18厘米，足径15厘米，高9厘米（图6–16：7）。

豆　泥质陶。喇叭形圈足，足端外撇较甚。可分两型：

A型　敞口，圈足较高。

H11：2，磨光黑皮陶。口较直，弧腹，深盘，豆把上有两道突棱。口径18.5厘米，足径13厘米，高11.5厘米（图6–16：6）。

M24：1，磨光黑皮陶。沿面略卷，深盘，盘腹与豆把上有数道突棱。口径15.5厘米，足径10厘米，高9.5厘米（图6–16：8）。

B型　敛口，深盘，圈足高低、粗细不等。

M32：3，斜腹，豆把粗大。素面。口径27厘米，足径18厘米，高16.5厘米（图6–16：4）。

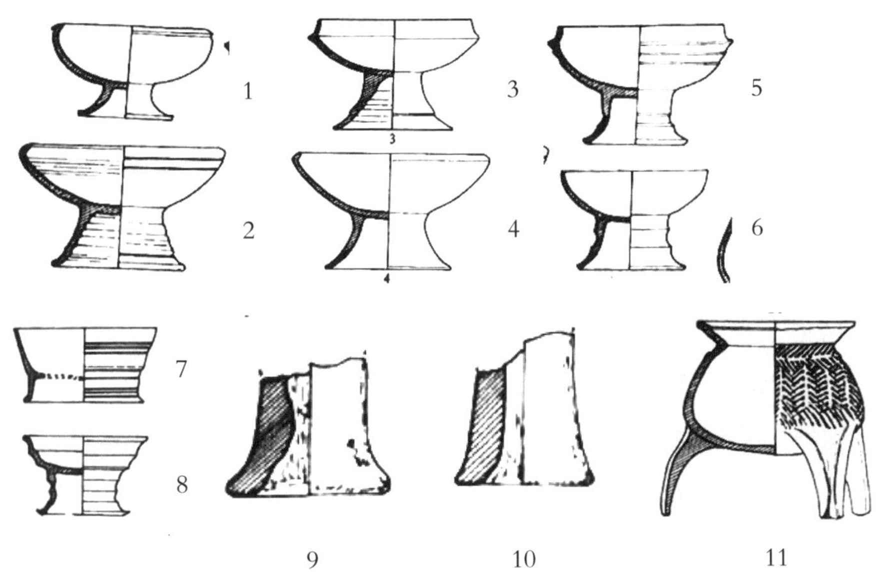

图6–16　陶器（依李子文）

1～5. B型豆（M15：1、M30：3、M37：3、M32：3、M20：1）；6、8. A型豆（H11：2、M24：1）；7. 盘（M6：1）；9、10. 器座（TE5S1③：1、T2③：32）；11，鼎（M30：4）

M30：3，斜腹，豆把较粗。沿下二周凸弦纹，豆把一周凹弦纹。器体内壁均轮旋纹。口径24厘米，足径17厘米，高14.5厘米（图6–16：2）。

M15：1，口沿外有一道突棱，弧腹缓收，豆把较矮。素面。口径19厘米，足径12厘米，高11厘米（图6–16：1）。

M37：3，略作子口状，沿下一周突棱，斜腹。豆把一周凸弦纹，内壁可见轮旋纹。口径22厘米，足径17厘米，高16厘米（图6–16：3）。

M20：1，略作子口状，沿下一周突棱较甚，斜弧腹。豆把上端较直，有一周凸棱及一周凹弦纹，腹部也有二周凹弦纹。口径21厘米，足径12厘米，高14厘米（图6–16：5）。

鼎　夹砂陶。数量很少。可以复原的1件（M30：4），侈口，折沿，略作盘口状，小斜肩，垂腹，下接三条瓦形足。沿下肩饰斜条纹，腹饰叶脉纹。口径18.5厘米，高23.5厘米（图6–16：11）。

器盖　H22③：85，泥质陶。覆钵形，器纽把手作圈足状，弧形器身，盖沿为子母口。素面磨光。口径32厘米，把径11.2厘米，高10.5厘米。

器座　夹砂陶。厚胎。直腰中空，底略外撇。上端残。素面。

TE5S1③：1，底径11厘米，残高9厘米（图6–16：9）。

T2③：32，底径9厘米，残高10厘米（图6–16：10）。

纺轮　泥质陶。有梯形和斗笠形两种，分两型：

A型　斗笠形。T1④：37，器体略厚，顶部较小，凹下。底径2.9厘米，厚0.9厘米（图6–17：10）。

B型　截面呈梯形。

T2③：31，器体较薄，底部有对称的四道弧形刻划纹。底径3.4厘米，厚0.7厘米（图6–17：9）。

T2③：28，器体较厚，底部有十字形刻划纹。底径2.6厘米，厚1.3厘米（图6–17：11）。

二、石器

种类有锛、凿、镞、环、串珠等。质料有板岩、砂岩、页岩和霏细岩，其中霏细岩是取材于西樵山。

锛　均磨制成形，有常形锛、有肩锛、有肩有段锛三种。

常型锛　单面刃，平顶，偏锋。器身留有打制痕迹，刃部有使用崩疤。

T2③：30，近梯形，顶略弧，刃宽4.1厘米，长5.5厘米，厚1.3厘米（图

6–17：3）。

H40：1，体略小，梯形，刃宽3.2厘米，长3.3厘米，厚1.1厘米（图6–17：6）。

有肩锛　平顶，双肩微出，呈溜肩状。偏锋，刃部崩损，器身留有打制痕迹。T1③：32，体较厚，刃宽3.5厘米，长6.7厘米，厚1.7厘米（图6–17：5）。

H37：13，体较薄，刃宽2.6厘米，长3.9厘米，厚0.7厘米（图6–17：7）。

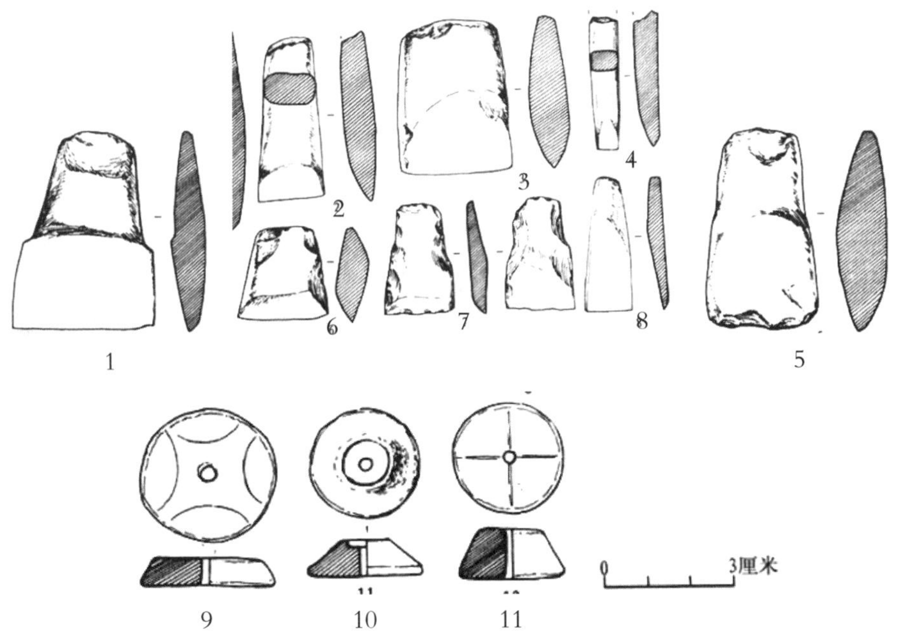

图6–17　石器、陶纺轮（依李子文）

1. 有肩有段石锛（采：1）；2、4. 石凿（M4：1、T2③：62）；3、6. 常型石锛（T2③：30、H40：1）；5、7. 有肩石锛（T1③：32、H37：13）；8. 石刮刀（M30：1）；9、11. B型陶纺轮（T2③：31、T2③：28）10. A型陶纺轮（T1④：37）

有肩有段锛　仅见1件（采：1），弧顶，双肩，段微凸，偏锋，器身留有打制痕迹。刃宽5.2厘米，长7.2厘米，厚1.3厘米（图6–17：1）。

凿　磨制，体窄而厚。

M4：1，磨制精细，斜顶，偏锋。刃宽2.3厘米，长6厘米，厚1.1厘米（图6–17：2）。

T2③：62，长身，上端略残，刃部有使用痕迹。刃宽0.7厘米，残长4.8厘米，厚0.8厘米（图6–17：4）。

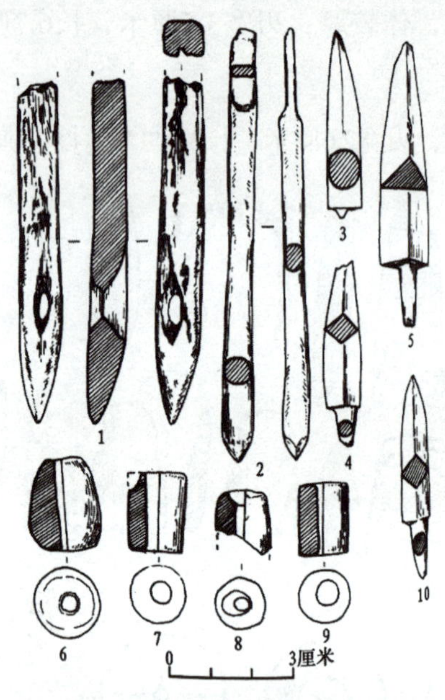

图6–18　骨器、石器（依李子文）

1. 骨梭（F1D17：1）；2. 骨笄（H25：1）；3. A型石镞（H36：1）；4、10. 骨镞（M5：1、H52：1）；5. B型石镞（T2③：18）；6～9. 石串珠（M32：5、7、8、6）

刮刀　扁平石片磨制而成，仅见1件（M30：1），器小，近梯形，长身，体薄，顶略斜，偏锋。刃宽1.6厘米，残长4.7厘米，厚0.6厘米（图6–17：8）。

镞　分两型：

A型　镞身呈圆锥体。H36：1，前锋尖锐，圆铤残。残长4.2厘米（图6–18：3）。

B型　镞身呈三棱形。H22③：18，体长，前锋略损，圆铤。长6.9厘米

（图6–18：5）。

环　磨制，多为坯料和半成品。TE8S1D24：1，灰色，肉窄，较厚，已残。复原直径6厘米，肉宽0.8厘米，厚0.7厘米；T2③：17，灰色，肉扁平较窄，残长5厘米，肉宽1.2厘米，厚0.5厘米；H25：11，黑色，肉宽，内缘厚，外缘薄，已残。复原直径10.6厘米，肉看2.8厘米，厚0.5~1.6厘米；T2③：1，灰色，肉宽，内沿凸起成“T”形，外缘较薄，已残。复原直径9厘米，肉宽2.5厘米，厚0.3~2.6厘米。“T”形是商代的标型器，但这件“T”形石环，凸起部分的边缘较薄，与商代典型的“T”原环边缘较厚者有些距离，或是制作者的缘故。

此外，还有石环芯和坯体。T2③：21，黑色圆形，上有多道管钻形成的旋痕。底径4厘米，厚1厘米；采：3，灰色坯体。残件已琢成，但只剩半圆体，孔还未琢穿。复原直径17.3厘米，厚4厘米。

串珠　M32出土。多为白色石英石。身较短，圆柱体，中间为圆穿（图6–18：6～9）。

M32：5，上小下大，长2.3厘米，最大直径1.8厘米（图6–18：6）；

M32：6，直筒形，长1.8厘米，直径1.3厘米（图6–18：9）；

M32：7，略近梯形，上大下小，上端略缺损，长1.9厘米，最大直径1.5厘米（图6–18：7）；

M32：8，已残，略作上小下大，残长1.6厘米，最大直径1.2厘米（图6–18：8）。

三、玉器

均为M74所出（图6–19～22）。白色或碧绿色，玉质细腻，可见玦、锛。

白玉玦　1件（M74：3）。面较平，厚薄均匀，做工精美。器身断裂处有两个孔可以连接，是为修理痕迹。重45克，外径8.8厘米，肉宽1.9厘米，厚0.55厘米（图6–19、20）。

绿玉玦　1件（M74：7）。玉质较好。面略弧，器完整。重45克，外径

7.2厘米，肉宽2.7厘米，厚0.7厘米（图6–21）。

绿玉锛　1件（M74：2）。玉质很好，扁平体，顶端较平，背面上部一侧露出石芯，上窄下宽，柄端较长，微出双肩，刃面较短而平，直刃，偏锋。重160克，高13.8厘米，宽4.55厘米，厚0.9厘米（图6–22）。

四、骨、木器　包括骨镞、骨笄、骨梭和木饰等

骨镞　磨制。镞身棱形，两面起脊。前锋尖锐，圆铤。H52：1，长5.1厘米（图6–18：10）；M5：1，锋端残损。残长4.4厘米（图6–17：4）。

骨笄　仅见1件（H25：1），磨制精细，笄身圆柱体，长身，前端磨尖，后端把手扁平。长10.2厘米（图6–18：2）

骨梭　仅见1件（F1D17：1），器身呈方柱形，下端一个椭圆形孔，前端呈圆锥状，有尖锋，后端残损。残长8.2厘米（图6–18：1）。

木饰　M30：2，弯月形，体圆。出土时置于人骨头部，判断为木梳。径约1厘米，长16厘米。

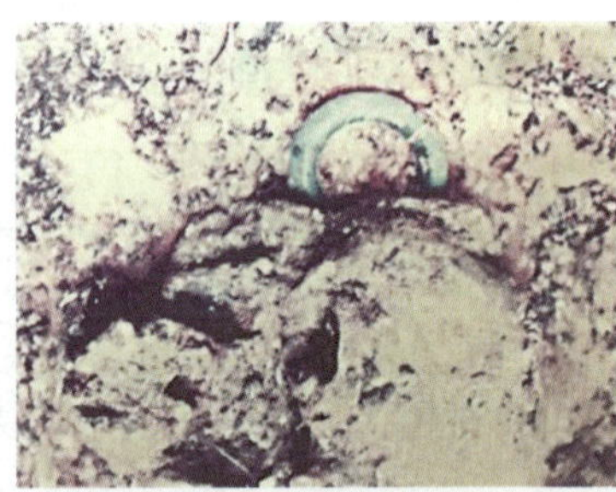

图6–19　玉玦（M74：3）出土情况

图6–20　白玉玦（M74：3）

图6–21　绿玉玦（M74：7）

图6–22　绿玉锛（M74：2）

总体来看，银洲遗址的器类并不多，尤其是玉石器与骨器，类别很少，这与发掘面积有一定的关系。玉器的出现，说明银洲遗址居民的审美观念已达到相当高的水平，如玉玦（图6-20），即使修复也再使用。白玉玦的重量与绿玉玦的一样，说明对玉器的要求是一样的。石串珠也是装饰品的一种，与禅城河宕新石器时代遗址的石管珠及高明麻马岭西周墓地所见的玉串饰形态上更为接近，说明他们都有共同的爱好与审美。更为重要的是，这类物品也是礼器的一种，是墓主人手执较多权力的标志，故而与遗址性质和年代有密切关系。石器中部分石料取材于西樵山，也说明银洲遗址与西樵山文化有一定的联系。

第四节　分期与年代

发掘简报提供了4组典型的层位关系：

T3①→②→M1、M2→③→M8、M11→F1→④→生土

TE7S1①→②→M6→③→H11→H52→M47→生土

TE7S1①→②→M6→③→M35→M37→生土

TE7S1①→②→M6→③→H40→H57→H58→M33→M32→生土

发掘简报根据银洲遗址的地层叠压、遗迹、遗物的层位早晚关系和遗物形制的变化，将银洲遗址分成三组，进而代表三个时间段，即④层及M20、M30、M32、M37代表第一组，③层及H11、H22、F1、M15代表第二组，②层及M6、M24代表第三组。

本文将银洲遗址的遗迹和遗物分为两期，第一期为④层和④层下的遗迹和遗物、部分③层下的遗迹和遗物，包括④、F1、H11、H22、H26、H36、H52和M11、M15、M20、M30、M32、M37等；第二期为部分③层下的遗迹和遗物，③层、②层及②层下的遗迹和遗物，包括③、②、H12、H17、H18、H40和M6、M14～M16、M18、M24、M25、M28、M35等。

第一期的陶鼎明显具有新石器时代晚期石峡文化[①]同类器的特点，推知两者间在文化上有一定程度的关系。就陶器特征而言，三水银洲遗址一期也与南海鱿鱼岗遗址[②]第一期所出基本相同，两者年代十分接近，文化关系也较为密切。

第二期的陶器如釜、罐、豆，与第一期在形态上的演变轨迹十分清楚，与鱿鱼岗遗址第二期的器物较为接近，参考鱿鱼岗遗址第二期的遗存F1的两个数据分别为距今3455±150年、3840±125年，银洲遗址的两期遗存年代当为距今4000前后，第一期遗存大概为距今4100~3800年，第二期遗存大概为距今3800~3500年。第二期遗存的陶器特征与东莞村头遗址[③]、肇庆茅岗遗址[④]及东莞石排圆洲遗址[⑤]部分遗存基本相同，说明其年代不会晚于商代早期。两期文化在时间上前后衔接，年代上没有大的间隔。

以上述所言，银洲遗址的年代在新石器时代晚期至商代初期之间，虽分两期，但在时间上前后衔接，未见年代上有所缺环。可见，银洲遗址代表了珠江三角洲西岸地区这时期的发展。

---

① 广东省文物考古研究所等：《石峡遗址》，北京：文物出版社，2014年，第1—607页。

② 广东省文物考古研究所等：《广东南海市鱿鱼岗贝丘遗址的发掘》，载《考古》1997（6），第65—76页。

③ 邱立诚等：《东莞村头遗址发掘的初步收获》，载《广东省博物馆馆刊》（2），1991年，第70—73页；广东省文物考古研究所等：《东莞村头遗址第二次发掘简报》，《文物》2000（9），第25—34页。

④ 广东省博物馆：《广东高要县茅岗水上木构建筑遗址》，载《文物》1983（12），第31—46页。

⑤ 广东省文物考古研究所、东莞市博物馆：《广东东莞市圆洲贝丘遗址的发掘》，载《考古》2000（6），第11—23页。

第五节　小　结

三水曰：背靠北江住水边，“三区”功能现眼前；
人骨排列多向东，银洲聚落在九天。

银洲遗址的发现与发掘，进一步完善了该区域史前文化的考古编年，而更重要的是，增进了对珠江三角洲西岸地区聚落形态的了解。发掘情况表明，岗顶部属于埋葬区，近山坡处为生活居住区，四周属于生活垃圾弃置堆放区。这三个功能区构成一个整体的遗址，可以说，银洲遗址的居民对居址是有选择性的。M11打破F1，是早期居住址被墓葬叠压的实例，表明这时候该遗址居住区与埋葬区尚未彻底分离，说明文明程度还不够发育。但可以较为清楚认识到，墓地排列有序，有一定的规模，是本族特征的表现；头多向东，似乎昭示族属的来源；个别墓葬头向西，可能另有隐情；墓葬基本为东西向，则是这时期珠江三角洲遗址所流行的葬式；居住面积较大，建筑体较为复杂，四座房址中，其中F1结合储物坑和灶坑来看，推测平面是圆角长方形，这是聚落遗址的又一实证；食物来源主要依靠周围水域，采集经济较为发达。随着人口增长，遗址规模也发生变化，第二期文化的堆积物和范围都较第一期文化有所增加和扩大。由于遗址的年代跨度较大，三个功能区在不同的时期各自范围也发生移动和变化，使我们对这类遗址聚落形态的布局了解还不够深入，但这处遗址属于新的资料，对认识西樵山文化影响的结果很有帮助，尤其是对珠江三角洲史前贝丘遗址的聚落形态研究，无疑提供了全新的实物证据和理论。

第七章

禅城河宕遗址

历史文化

河宕遗址在佛山市禅城区石湾镇以北的大帽岗（今帽岗路），是一片低矮山岗，属岗丘型，当年为河宕乡河南村旧圩（图7-1）。广东省文化局文物工作队发现于20世纪60年代。1976年当地村民进行农田改土，佛山市博物馆开探沟发现了地层堆积及丰富的遗物，随即报告省文管会办公室，由此引发了考古发掘工作的开展[①]。1977年冬至1978年夏，由广东省博物馆与佛山市博物馆组成考古发掘队，分甲区和乙区进行，发掘面积776平方米，清理同时期的墓葬77座，出土陶器、石器、玉骨角牙器以及贝类、陆生动物和水生动物等，是佛山地区发掘同时期墓葬最多的一处，墓葬中还有一批保存比较完整的人骨架，部分有拔牙风俗，对研究广东地区，尤其是珠江三角洲的史前文化至为重要，被命名为“河宕文化”。1989年列为广东省文物保护单位（图7-2），已对遗址做了保护范围和建设控制地带。

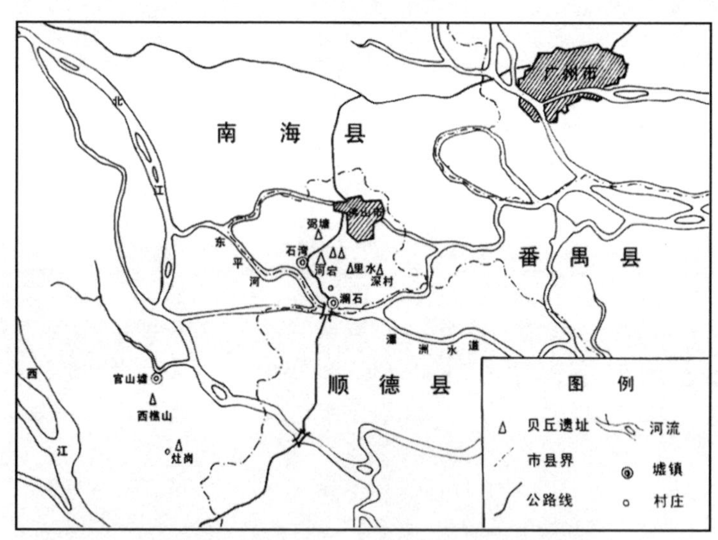

图7-1　禅城区河宕遗址位置示意图（依杨式挺）

① 广东省博物馆、佛山市博物馆：《佛山河宕遗址——1977年冬至1978年夏发掘报告》，广州：广东人民出版社，2006年，第1—194页。

河宕遗址发掘有四个较为重要的收获：一是陶器的主要器形是釜、圈足罐、黑皮圈足盘，陶器纹样是各种云雷纹、叶脉纹、规整曲折纹、双线方格凸块纹等，陶器上还有44种刻划符号（陶文），把石湾的制陶历史提前了两千多年；二是石器中的双肩石器，部分是西樵山的霏细岩石料，说明河宕遗址受到西樵山文化的强烈影响；三是墓葬中多具人骨有拔牙现象，男性墓头向西，女性墓头向东，这种葬制是探讨河宕遗址族群的重要资料；四是河宕遗址的年代大致为距今4500～3500年，可分为两期，对于研究同类遗存及西樵山文化晚期的年代极为重要。

图7-2　禅城区河宕遗址的保护标志

第一节　文化层与遗迹

一、文化层

河宕遗址的甲区共发掘了10个探方，即T1～T6、T9～T12；乙区7个探方，即T1～T7，其第②层和第③层分别代表了两个时期。第②层即发掘报告中的中文化层，厚30～60厘米。不含贝壳堆积，夹杂许多灰土（灰烬），还有许多红烧土硬面及柱洞遗迹。同时期的墓葬共47座，均为浅坑墓，人骨大多保存不好，可以认为是①层下的墓，墓坑不明显，有些墓打破了红烧土硬面。第③层为下文化层，厚60～85厘米。含大量贝壳，主要是兰蚬和丽蚌，偶有蚝壳（牡蛎）。有的探方保存一层或两薄层的红烧土硬面，应是多次营造房子的遗迹。有的探方中发现类似灶坑用火的遗迹、炭屑、灰烬，还有夹砂陶釜残件。分布有柱洞和窖穴，坑内填满贝壳，出

土石器、陶片、陶纺轮和骨器等，也有人类食弃的动物骨骼和介壳。发现墓葬29座，可以认为，这些墓葬是在②层下，打破了③层，有的墓坑为③层下，打破了生土层。因多数埋在贝壳中，故人骨大多保存较好。

甲区T9②层南部的红烧土硬面，南北长5米，厚5～30厘米；北部的红烧土硬面，南北长180厘米，厚5～6厘米，比较平整。西北部的红烧土硬面，残长60厘米，约厚6厘米。T9③层厚18～38厘米，底部较平整。

T10②层的北部，红烧土硬面夹杂灰黑土，长7米，厚15～36厘米；南部的红烧土硬面较薄，长2.2米，厚8～10厘米。另有一片红烧土遗迹，东西长350厘米，南北宽160厘米。还有的红烧土遗迹范围达50平方米，可见有苇草或茅草的印痕，应为居住面或房屋墙壁的遗迹。

T12②底部有一片红烧土硬面，残长5.5米，厚约10厘米。T10—T11—T12的③层也有许多红烧土遗迹，含大量贝壳，出土许多动物骨骼及文化遗物。T12②层的北部，有一片红烧土遗迹，东西长超过4米，南北宽约3.5米，面积约14平方米。分布有7个柱洞。

乙区T1②层东部有较厚的红烧土遗迹，东西长58厘米，厚13～26厘米，表面有一些陶片。还有一片红烧土遗迹，南北长3米，东西宽2.4米，范围约7.2平方米，厚8～12厘米，比较坚实。T1②层西部有一个红烧土堆，直径约45厘米，略呈圆形，厚8～10厘米，表面有数片夹砂陶釜沿面残片，应是煮食的遗迹。T1③层含贝壳、陶片等，红烧土遗迹东西长达7米多，厚5～7厘米，与灰土夹杂，不很坚硬。中部和西部有一片红烧土遗迹，长约5.7米，宽约3米，厚5～8厘米，剖面分布相当平缓，但硬度不如T1②层。

T2②层有较多红烧土块或硬面，夹杂灰烬、炭屑，表面较平整。有的红烧土硬块夹有竹木条凹道痕迹，厚20～30厘米，可能属房子墙壁一类遗迹。

T5—T7②层底部，有一个直径约62厘米的红烧土堆，厚30～35厘米，周围有烧土、炭屑和夹砂陶釜残件，似为煮食的灶坑遗迹。这类遗迹，在甲区和乙区都有若干发现，有的还有动物与鱼类的烧骨。

红烧土遗迹是河宕居民生活用火所致及营造房子等用途的遗存。这类遗迹包括成片的红烧土硬面、硬块、成碎块的炭屑等物。

甲区T9南部③层下有2个窖穴：H1口径84厘米，底径70厘米，深38厘米；H2口径44厘米，底径34厘米，深43厘米，均深至生土层。坑内有贝壳及文化遗物。

甲区T10—T11②层与③层下有三个窖穴，深至生土层，其中T10③层下的H1较大。

乙区T2③层下的西部有三个窖穴，其中H1最大，圆角长方形，长径256厘米，宽90厘米，深60～100厘米，锅底形。

乙区T5③层下西部有一个窖穴（H15），袋形，圜底，口径70厘米，底径46厘米，深44厘米。

关于柱洞与窖穴（灰坑）两者的关系，口径在10～30厘米，深度在30～50厘米的叫柱洞，口径在35厘米以上，并有一定深度的叫窖穴。

二、房址

柱洞在每个探方都有，围绕一定的范围，一般多在15～17.5平方米以内，这类房址，暂以1号房址～6号房址（F1～F6）为代表。

F1　在甲区T10③层的北半部，南北长约4.2米，东西宽约4米，面积约17平方米，周围有柱洞15个；

F2　在甲区T10③层的南半部，南北长约4.6米，东西宽约3.5米，面积约16平方米，周围有柱洞20个；

F3　在甲区T11③层的南半部，南北长约4.6米，东西宽约3.3米，面积约15平方米，周围有柱洞12个；

F4　在甲区T12③层的北半部，南北长约5米，东西宽约3.15米，面积约17.5平方米，周围有柱洞17个；

F5　在甲区T12③层的南半部，南北长约4.3米，东西宽约4米，面积约17平方米，周围有柱洞9个。

其中F3与F4的间距约4米；F4与F5的间距约3米。

F6　在乙区T1③层，原编号乙T1③F1。长8米，宽3米，长方形，面积近24平方米。周围有柱洞8个。

三、灰坑

窖穴（灰坑）是储存食物或其他东西的坑穴，而其他灰坑是灶坑或堆放垃圾的，如垃圾坑，放置食弃的贝壳和动物骨头等等。这类坑穴见于②层下或③层下，尤其多出现在③层下。坑穴的数量不清，报告书没有列明。较典型的坑穴分述如下：

甲区T1H11：层位关系为T1②→T1H11→M65→T1生土。坑口略呈圆形，口径长160厘米，宽140厘米，深50厘米，口小底大，圜底，底径约60厘米。坑内有贝壳，坑底有许多圆形的小浅窝，深度仅3～4厘米。可能是储存贝类的窖穴。

甲区T2H1：层位关系为T2③→T2H1→T2生土。坑口平面呈不规则形，长420厘米，宽305厘米，最深75～80厘米。坑内填土有灰黑土，夹杂较多贝壳，种类多为兰蚬、丽蚌，还有少量蚝（牡蛎）、蛏、珍珠贝，动物骨骼有猪颚骨、猪骨、狗骨、猕猴头骨、鹿角等。有许多夹砂陶片、泥质陶片及2件陶纺轮。可能是储存食物的窖穴或垃圾坑。

甲区T3H1：层位关系为T3③→T3H1→T3生土。坑口圆形，直径约2米，出土夹砂陶釜、罐，泥质陶圈足罐、盘等20多件，陶纺轮2件，石锛1件，石矛（柄部）1件，石（水晶）芯1件，贝镞半成品1件。还有猪下颚骨1块。可能是储存器物的窖穴。

甲区T10H1：层位关系为T10③→T10H1→T10生土。坑口呈椭圆形，袋形，口小底大，口长215厘米，底长150厘米，深85厘米。坑内填满贝壳，夹杂灰黑土、炭屑、兽骨、鱼骨、鳖甲、陶片、砺石、砾石等，坑底及坑边有多块红烧土硬面。可能是灶坑一类遗迹。

甲区T10H2：层位关系为T10③→T10H2→T10生土。坑口呈椭圆形，袋

形，坑内周边有几个柱洞，中间较浅，深27厘米，两端深35～40厘米。坑内有陶片、兽骨和被锯成段的象腿骨等。可能是储存食物的窖穴。

甲区T10H3：层位关系为T10②→T10H3→T10③。坑口为不规则形，整体为漏斗形，长径84厘米，最深63厘米。坑内填灰黑土，杂有较多红烧土块。可能是灶坑或垃圾坑遗迹。

甲区T10H4：在H3的旁边，层位关系为T10②→T10H4→T10③。坑口为圆形，口径50厘米。坑内有灰黑土、砂砾石及红烧土块，出土陶片和陶纺轮1件。可能是灶坑遗迹。

甲区T10H6：在H1的东边，层位关系为T10③→T10H6→T10生土。坑口略作椭圆形，口径南北长100厘米，东西宽52厘米。口大底小，底部较平，深68厘米。可能是储存食物的窖穴。

甲区T10H7：层位关系为T10③→T10H7→T10生土。坑口圆形，口径46厘米，深28厘米。坑内有灰黑土、贝壳（兰蚬）、鱼骨、红烧土块等，出土陶支座残件、残石锛1件。可能是灶坑遗迹。

甲区T11H1：层位关系为T11③→T11H1→T11生土。被③层的贝壳（丽蚌）、灰黑土、炭屑层叠压。坑口呈不规则椭圆形，为鞋底状。口径长216厘米，最宽124厘米，深35～52厘米，底部不平整。可能是垃圾坑遗迹。

甲区T11H4：层位关系为T11③→T11H4→T11生土。坑口椭圆形，长径110厘米，短径50厘米，深104厘米。坑内呈不规则袋形，坑壁一边较直，另一边分三级，第一级深17厘米，第二级深46厘米，第三级深40厘米。可能是用于储存的窖穴。

甲区T11H6：层位关系为T11③→T11H6→T11H7。坑口椭圆形，长径约220厘米，短径约100厘米，深80～90厘米。坑内上部有红烧土硬块，夹杂许多陶片，下部多贝壳（丽蚌）、少量红烧土、陶片。可能是储存食物的窖穴。

甲区T11H7：层位关系为T11H6→T11H7→T11生土。坑口为较规则椭圆形，长径约240厘米，短径约164厘米，深约80厘米。坑内有贝壳和陶片

等。可能是垃圾坑遗迹。

乙区T1H1：层位关系为T1③F1—T1H1→T1生土。在T1③F1的范围内。坑口为圆角长方形。长3米，宽1.35米，深0.9米，底部较平。坑内填满贝壳、少量陶片和红烧土碎块。可能是灶坑遗迹。

乙区T2H1：层位关系为T2③→T2H1→T2生土。坑口略呈圆角长方形。长2.6米，深0.6米。坑较窄，东面较深的圆洞应为柱洞。坑内有贝壳、红烧土碎块和陶片。可能是灶坑遗迹。

乙区T2H4：层位关系为T2③→T2H4→T2生土。坑口呈椭圆形。长径96厘米，深40厘米。在一侧略深的圆洞也应是柱洞。可能是储存食物的窖穴。

乙区T5H1：层位关系为T5②→T5H1→T5③。坑口近圆形。长径1.2米，短径1.1米。可能是垃圾坑遗迹。

乙区T5H2：层位关系为T5②→T5H2→T5③。坑口略呈圆角长方形。长1.3米，宽0.6米。可能是垃圾坑遗迹。

乙区T5H3：层位关系为T5②→T5H3→T5③。坑口近圆形。长径0.9米，短径0.75米。可能是垃圾坑遗迹。乙区T6H1：层位关系为T6②→T6H1→T6③。坑口略近长方形，长2.25米，两端最宽0.85米。可能是垃圾坑遗迹。

乙区T7H4：层位关系为T7③→T7H4→T7生土。原编号乙区T7Ha。坑口呈不规则圆角长方形。长1.36米，宽0.8米。口大底小，底不平整，深1.20～1.34米。坑壁一端较直，一端较斜。坑内有贝壳和少量陶片。可能是储存食物的窖穴。

乙区T7H5：层位关系为T7③→T7H5→T7生土。原编号乙区T7 Hb。坑口呈不规则圆角长方形。长1.66米，宽0.78米。最深1.16米。坑壁两端较直。坑内有贝壳和少量陶片。可能是储存食物的窖穴。

上述三种坑穴，都与人类的使用有密切关系。灶坑与房屋的关系最为密切，因为灶坑是炊煮的，是在房屋中使用的。储存食物的窖穴，可在室

内，也可在室外，要看所在的具体位置。垃圾坑是放置食弃物的，少量在室内，多数在室外。因此，三种坑穴的功能并不相同。

第二节　墓葬考察

河宕遗址发现新石器时代墓葬共77座，其中甲区556平方米共清理墓葬69座，乙区220平方米清理墓葬8座。这些墓葬，主要分布在甲区的T1与T9这两个探方中，在约120平方米的范围内，有墓葬38座。甲区的其他探方也有少量的发现。这当中，属于③层下（甲类墓）、打破生土的有9座；属于②层下、打破③层的（乙类墓）有20座；属于①层下、打破②层的共47座，其中丙类墓29座，丁类墓17座，没有分类的1座墓（M26）。另有乙区的1座（M9）没有介述。

能够判定性别的男性墓为27座，女性墓为34座（其中M12为2人），小孩墓为13座。合共74座墓。只有2座墓（甲区M61、乙区M10）未清理，性别未明，其中乙区M10头向东，估计也为女性墓。除M12为女性两人合葬外，均为单人葬。至于墓葬骨架的头向，成年男性头向西，成年女性头向东；小孩墓则有9例不明，3例向东，1例向西，估计也有男孩头向西，女孩头向东的葬俗，这是河宕遗址新石器时代墓葬不同于其他族群的特点。随葬品方面，10座男性墓有随葬品，19座女性墓有随葬品，小孩墓则没有随葬品。这当中，12座女性墓随葬品中有纺轮，男性墓则只有1座随葬品中有纺轮，说明了基本的分工，仍然是男性主外，女性主内。

各地层单位的墓葬介述如下：

一、甲类墓

地层关系是③→甲类墓→生土，共9座，其中男性墓2座，女性墓4座，小孩墓2座，另有1座可能是小孩墓，未清理。2座有拔牙，4座有随葬品。

甲区M31，地层关系是甲区T12③→甲区M31→甲区T12生土。长2.40米，宽0.60米，深0.30米。35～40岁女性，头向东，骨架较凌乱，保存不好，有拔牙。无随葬品。填土为黑褐色。

甲区M46，地层关系是甲区T9③→甲区M46→甲区T9生土。长2.30米，宽0.62米，深0.25米。成年女性，头向东，仰身直肢一次葬，骨架较乱，被M41（丙类墓）叠压、扰动。随葬1件穿孔石器。

甲区M47，地层关系是甲区T9③→甲区M47→甲区T9生土。长2.20米，宽0.65米，浅穴。男性，头向西，仰身直肢一次葬，上肢较凌乱，下肢正常。无随葬品。

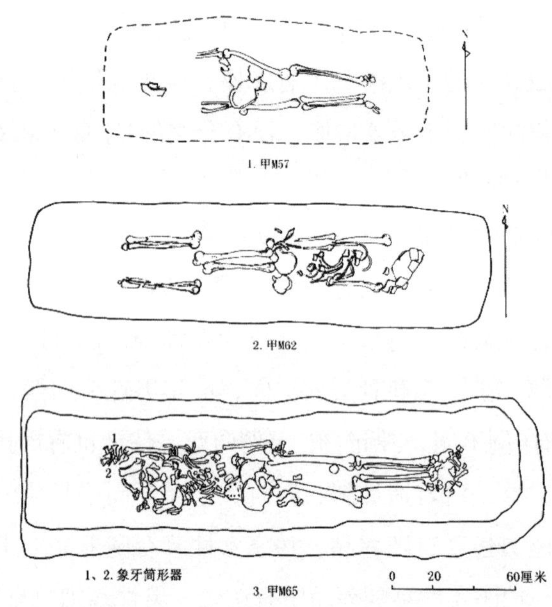

1. 甲区M57；2. 甲区M62；3. 甲区M65

图7-3 甲区墓葬平面图（依杨式挺）

甲区M48，地层关系是甲区T9③→甲区M48→甲区T9生土。长2.30米，宽0.52米，深0.40米，浅穴。50岁以上女性，头向东，仰身直肢一次葬，头骨完整，其他较破碎，被M67（丙类墓）叠压打破。随葬1件陶纺轮及1件梯形磨光石锛。

甲区M58，地层关系是甲区T1③→甲区M58→甲区T1生土。长0.80米，

宽0.40米。5～6岁小孩墓。骨架保存较好，已长出2个臼齿。无随葬品。

甲区M61，地层关系是甲区T10③→甲区M61→甲区T10生土。长1.10米，宽0.40米。性别不明，骨架没保存。可能是小孩墓。被M53（乙类墓）叠压，未及清理。

甲区M62，地层关系是甲区T1③→甲区M62→甲区M65。长2.40米，宽0.58米，深0.35～0.40米。25岁以上女性，头向东，骨架保存不好，凌乱，头骨被压扁，股骨并合在中间。被M13（丙类墓）、M59（乙类墓）叠压，本墓又叠压M65（甲类墓）。随葬1件穿孔石器（图7–3：2）。

甲区M65，地层关系是甲区M62→甲区M65→甲区T1生土。坑口长2.63米，坑底长2.48米，宽0.77～0.84米，深0.50米。25岁以上男性，头向西，头骨基本保存完好，下身肢骨较完整，上肢骨和头骨较凌乱。有拔牙。被M59（乙类墓）、M62（甲类墓）叠压。头顶上有一对磨光精致的象牙筒形器（束发器），出土时十分破碎（图7–3：3）。

乙区M8，地层关系是乙区T6③→乙区M8→乙区T6生土。长0.90米，宽0.45米，深0.19米。小孩墓。头向东，仰身直肢，头骨压碎，下肢残缺。无随葬品。

二、乙类墓

地层关系是②→乙类墓→③，共20座，其中男性墓7座，女性墓8座，小孩墓5座。8座有拔牙，5座有随葬品。

甲区M22，地层关系是甲区M21（丙类墓）→甲区M22→甲区T4③。长2.20米，宽0.53米，深0.14米。45～50岁男性，头向西，头骨已碎，上身骨架较乱，下肢保存较好，有拔牙。被M21（丙类墓）叠压。随葬1件有肩有段石锛（图7–8：2）。

甲区M25，地层关系是甲区T10②→甲区M25→甲区T10③。长2.20米，宽0.60～0.65米，深0.30米。30岁以上男性，头向西，仰身直肢一次葬。骨架保存较好，骶骨不见，有拔牙。手腕处随葬1件象牙环和1件弧形带凹槽

象牙头饰。

甲区M27，地层关系是甲区T4②→甲区M27→甲区T4③。长1米，宽0.40米，深0.12米。小孩墓，头向不明。骨架保存不好。无随葬品。填土为贝壳和黄砂土。

甲区M30，地层关系是甲区T12②→甲区M30→甲区T12③。长1.15米，宽0.40米，深约0.20米。小孩墓，头向不明。骨架保存很差，仅存头骨。无随葬品。

甲区M33，地层关系是甲区M32（丙类墓）→甲区M33→甲区T3③。长2.05米，宽0.54米，深0.25米。25～30岁男性，头向西，仰身直肢一次葬。骨架基本完好，头骨被压扁，腰椎骨松散，有拔牙。被M32（丙类墓）叠压。随葬1件骨镞和1件小石锛（图7–8：4）。

甲区M38，地层关系是甲区T11②→甲区M38→甲区T11③。长1.90米，宽0.60米，深0.10米。成年女性，头向不明，被近代墓破坏。保存下身及上身骨架。被M29（丁类墓）、M35（丙类墓）叠压或打破。无随葬品。

甲区M39，地层关系是甲区T11②→甲区M39→甲区T11③。长1.36米，宽0.50米，深0.15米。小孩墓，头向东。骨架保存不好。无随葬品。打破了③层的红烧土，填土主要是小贝壳。

甲区M50，地层关系是甲区T9②→甲区M50→甲区T9③。长2.10米，宽0.50米。女性，头向东。骨架保存不好，仅见头颅骨。被M49（丁类墓）叠压。无随葬品。

甲区M52，地层关系是甲区T10②→甲区M52→甲区T10③。长2.02米，宽0.60米。男性，头向西。骨架保存不好。被M68（丙类墓）叠压。无随葬品。

甲区M53，地层关系是甲区T10②→甲区M53→甲区T10③。长2米，宽0.60米，深0.36米。女性，头向东。骨架保存较好。无随葬品。

甲区M54，地层关系是甲区T10②→甲区M54→甲区T10③。长2.16米，宽0.60～0.64米，深0.32米。30～35岁女性，头向东，头骨被压扁，上肢骨、脊椎骨散乱，胫骨、腓骨位置不正常，有拔牙。随葬1件玉环和1件陶纺轮（图7–7：3）。

甲区M55，地层关系是甲区T10②→甲区M55→甲区T10③。长2.12米，宽0.60米。45～50岁女性，仰身直肢一次葬，头向东，面向偏北，骨架基本完整，右腿骨搭在左腿骨，下肢凌乱叠在一起，有拔牙。无随葬品（图7-7：4）。

甲区M56，地层关系是甲区T1②→甲区M56→甲区T1③。长2.20米，宽0.60米。男性，头向西。被M9（丁类墓）打破，本墓又打破了M58（甲类墓）和M62（甲类墓）。无随葬品。

甲区M59，地层关系是甲区T1②→甲区M59→甲区T1③。长2.20米，宽0.55米。男性，头向西。叠压M62（甲类墓）。无随葬品。

甲区M60，地层关系是甲区T1-T5②→甲区M60→甲区T1-T5③。长1.95米，宽0.50米以上。50岁以上女性，头向东，有拔牙。随葬1件陶纺轮。

甲区M63，地层关系是甲区T1②→甲区M63→甲区T1③。长2.20米，宽0.70米。22～25岁男性，头向西，有拔牙。无随葬品。

甲区M69，地层关系是甲区T9②→甲区M69→甲区T9③。长2米，宽0.60米。成年女性，头向东。叠压和打破M47（甲类墓）。无随葬品。

乙区M2，地层关系是乙区T4②→乙区M2→乙区T4③。长1.50米，宽0.58米。45岁以上女性，头向东，头颅破碎，颌骨保存较好，上肢骨、脊椎骨和盆骨散乱，下肢股骨交错，有拔牙。无随葬品（图7-4：1）。

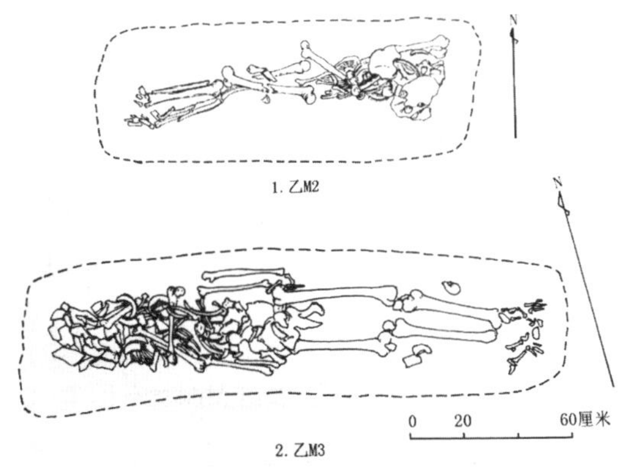

1. 乙区M2；2. 乙区M3

图7-4　乙区墓葬平面图（依杨式挺）

乙区M5，地层关系是乙区T2②→乙区M5→乙区T2③。墓坑尺寸不详。2岁以上小孩墓。乳齿的第二臼齿已长出，骨架为乱骨一堆，右手在盆骨下。无随葬品。

乙区M7，地层关系是乙区T7②→乙区M7→乙区T7③。长1.20米，宽0.33米。2岁以上小孩墓。仰身直肢，尚存部分额骨，头骨被压碎。无随葬品。

三、丙类墓

地层关系是①→丙类墓→②，共29座，其中男性墓15座，女性墓12座，小孩墓1座，未判断性别的1座。6座有拔牙，13座有随葬品。

甲区M1，地层关系是甲区T1①→甲区M1→甲区T1②。长2.40米，宽0.70～0.78米，深0.28米。50岁以上女性，头向东，骨架基本完整，头骨较坚实，下颌骨在颈椎骨、锁骨上，腰脊椎骨散开。身旁一堆鱼骨。打破了M5（丙类墓），随葬2件黑皮陶圈足盘、方格纹夹砂圈足罐。填土灰黑色，中有印纹陶片和一块猪颌骨（图7–5：1）。

甲区M3，地层关系是甲区T1①→甲区M3→甲区T1②。长2.10米，宽0.55米。墓向274º。成年男性，头向西，仰身直肢一次葬，上身骨架不见，下肢保存正常。无随葬品。填土灰黑色。

甲区M4，地层关系是甲区T1①→甲区M4→甲区T1②。长2.24米，宽0.58米，深0.12米。成年男性，头向西，仰身直肢一次葬，骨架保存较好。随葬1件彩陶圈足罐，还有夹砂陶罐残片。填土褐黑色。

甲区M5，地层关系是甲区T1①→甲区M5→甲区T1②。残长1.50米，宽0.55米。40岁以上女性，头向东，面向北，仰身直肢一次葬，位置基本正常，骨架保存不好，腐朽较严重。被M2（丁类墓）打破。无随葬品。填土灰黑色。

甲区M6，地层关系是甲区T1①→甲区M6→甲区T1②。长2.10米，宽0.60米。35～40岁男性，头向西，面向南，仰身直肢一次葬，骨架基本完好，头骨坚实，位置正常，有拔牙。随葬1件有孔骨针（图7–5：2）。

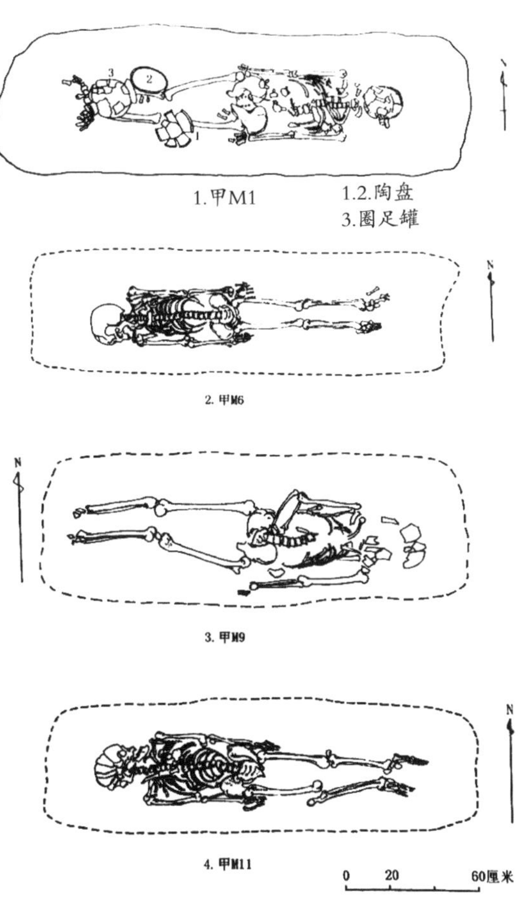

1. 甲区M1；2. 甲区M6；3. 甲区M9；4. 甲区M11

图7-5　甲区墓葬平面图二（依杨式挺）

甲区M7，地层关系是甲区T1-T5①→甲区M7→甲区T1-T5②。残长1米，宽0.50米，深0.15米。成年男性，头向西，面向北，仰身直肢一次葬，头骨被压扁，下颌骨及盆骨以上完整，下肢骨不见。无随葬品。填土中以贝壳为主。

甲区M10，地层关系是甲区T1①→甲区M10→甲区T1②。长1.40米，宽0.50米，深约0.13米。4～7岁小孩墓，头向西，仰身直肢一次葬，骨架保存不好，上身较清楚。无随葬品。

甲区M12，地层关系是甲区T1①→甲区M12→甲区T1②。长2.05米，宽1.30米。唯一的两个女性的合葬墓，一在南边，为40～45岁，面向南，有拔牙；一在北边，为35～45岁，面向北。头均向东。骨架较乱，但位置正常。随葬1件彩陶小罐、1件小石锛和1件陶纺轮。填土含贝壳，有少量黑土。

甲区M13，地层关系是甲区T1①→甲区M13→甲区T1②。长2.10米，宽0.50米。35～40岁女性，头向东，骨架保存不好，头骨被压扁，右手骨、肋骨较乱，右胫骨、腓骨腐朽缺失。叠压M62（甲类墓）。右下肢旁有一块猪上颌骨（图7–6：1）。

甲区M14，地层关系是甲区T9①→甲区M14→甲区T9②。长2米，宽0.57米，深0.16米。成年女性，头向东，仰身直肢一次葬。骨架保存不好，头骨尚存。随葬1件陶纺轮及1件陶圈足。

甲区M15，地层关系是甲区T2①→甲区M15→甲区T2②。长2.35米，宽0.65米，残深0.26米。22～28岁男性，头向西，骨架保存较好，全身骨架位置正常。随葬1件小型梯形石锛（图7–6：2）。打破红烧土硬面。

甲区M16，地层关系是甲区T6①→甲区M16→甲区T6②。残长1.20米，宽0.50米。女性，头向东，仰身直肢一次葬。骨架保存较好，位置基本正常，上身较窄。被近代墓打破。无随葬品（图7–6：3）。

甲区M18，地层关系是甲区T1①→甲区M18→甲区T1②。长2米，宽0.50米，深约0.13米。成年男性，头向西，骨架保存不好，残缺。被M2叠压（丁类墓）。随葬1件石锛和1件陶纺轮。

甲区M19，地层关系是甲区T9①→甲区M19→甲区T9②。长2.10米，宽0.54米，深约0.14米。25岁以上男性，头向西，有拔牙，仰身直肢一次葬。骨架保存较好。随葬1件方格纹折肩陶罐和1件残石镞。填土褐黑色。

甲区M21，地层关系是甲区T4①→甲区M21→甲区T4②。长2.05米，宽0.53米，深0.14米。35～40岁女性，头向东，仰身直肢一次葬。骨架位置正常，但保存不好，头骨被压扁，上肢尺骨、桡骨、下肢胫骨、腓骨等腐朽，有拔牙。叠压M22（乙类墓）。打破红烧土面。在盆骨上随葬1件陶纺

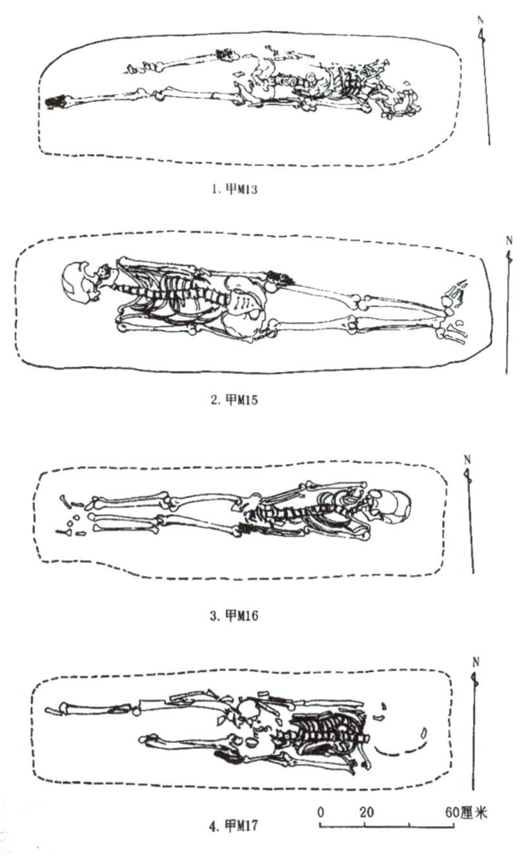

1. 甲区M13；2. 甲区M15；3. 甲区M16；4. 甲区M17
图7-6　甲区墓葬平面图三（依杨式挺）

轮（图7-8：1）。

甲区M24，地层关系是甲区T9①→甲区M24→甲区T9②。长2.12米，宽0.50米。成年男性，头向西，仰身直肢一次葬。骨架保存较好，下肢骨不见，有拔牙。随葬1件圈足小陶罐，头顶随葬1件水晶玦。

甲区M32，地层关系是甲区T3①→甲区M32→甲区T3②。长2.10米，宽0.52米，深0.14米。35岁以上女性，头向东，仰身直肢一次葬。骨架保存基本完好，骨骼较坚硬。叠压M33（乙类墓）。无随葬品。

甲区M34，地层关系是甲区T11①→甲区M34→甲区T11②。长1.85米，

宽0.50～0.60米，深0.10米。成年女性，头向东，骨架基本腐朽，下肢及趾骨清楚。被M35（丙类墓）叠压。随葬1件陶纺轮及陶器口沿残片（图7-7：1）。

甲区M35，地层关系是甲区T11①→甲区M35→甲区T11②。长2米，宽0.50米，深0.08米。成年女性，头向东，仰身直肢一次葬。骨架残缺，腐朽，仅存腿骨。被M44（丁类墓）叠压，本墓又叠压M38（乙类墓）、M34（丙类墓）。无随葬品。填土黑褐色。

甲区M37，地层关系是甲区T11①→甲区M35→甲区T11②。长1.80米，宽0.50米，深0.11米。成年女性，头向东。骨架保存还好。随葬1件小石锛。填土黑褐色。

甲区M41，地层关系是甲区T9①→甲区M41→甲区T9②。长2.10米，宽0.60米，深0.25～0.40米。成年男性，头向西，仰身直肢一次葬。骨架较凌乱。叠压M46（甲类墓）。填土黑褐色。

甲区M42，地层关系是甲区T9①→甲区M42→甲区T9②。长1.90米，宽0.52米，深0.18米。成年男性，头向西。只见部分骨骼，其余腐朽、残缺。叠压M69（乙类墓）。

甲区M43，地层关系是甲区T9①→甲区M43→甲区T9②。残长0.80米，宽0.53米。成年男性，头向西。仅存头骨。被近代墓打破。

甲区M45，地层关系是甲区T9①→甲区M45→甲区T9②。长2.20米，宽0.60米。成年男性，头向西。仅见头颅骨。打破M62（甲类墓）。

甲区M57，地层关系是甲区T1①→甲区M57→甲区T1②。长1.70米，宽0.65米。成年男性，头向西，直肢葬。骨架上身保存不好，头骨仅存一块颌骨，上肢、椎骨和盆骨残缺不存，下肢股骨、胫骨、腓骨及掌骨位置正常，保存较好。无随葬品（图7-3：1）。

甲区M67，地层关系是甲区T9①→甲区M67→甲区T1②。长2.10米，宽0.55米。男性，头向西。打破M48（甲类墓）。

甲区M68，地层关系是甲区T10①→甲区M68→甲区T10②。长2.10米，

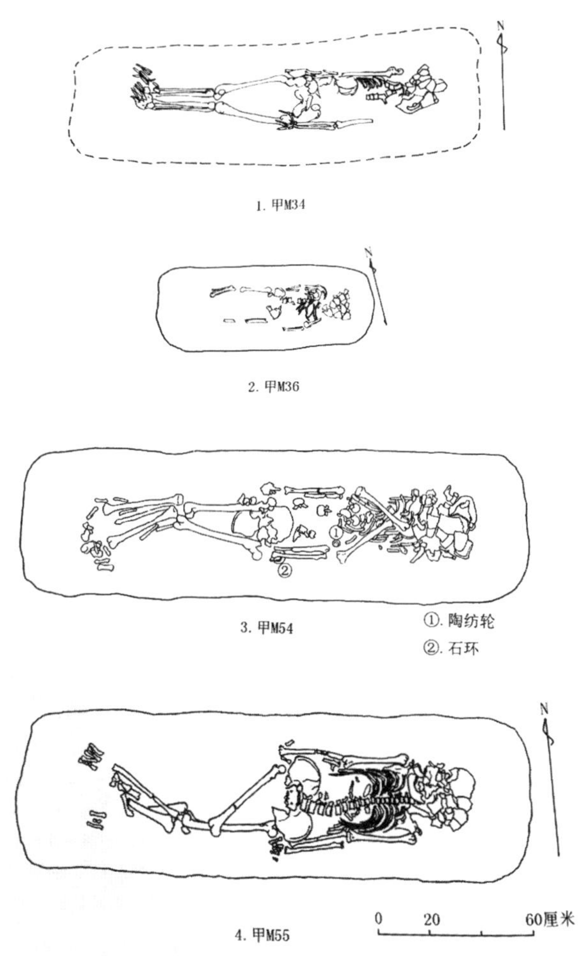

1. 甲区M34；2. 甲区M36；3. 甲区M54；4. 甲区M55

图7-7　甲区墓葬平面图四（依杨式挺）

宽0.60米。女性，头向东，仰身直肢一次葬。骨架保存不好，头骨破碎，下肢骨保存尚好。随葬1件陶纺轮。

乙区M3，地层关系是乙区T2①→乙区M3→乙区T2②。长2.10米，宽0.45～0.50米。25～30岁男性，头向西，仰身直肢。第三臼齿已长出，有拔牙。头骨和上肢骨较乱，肱骨交叉于胸前，脊椎骨凌乱，下肢位置正常，应是人为将各部分骨块重新安排。无随葬品（图7-4：2）。

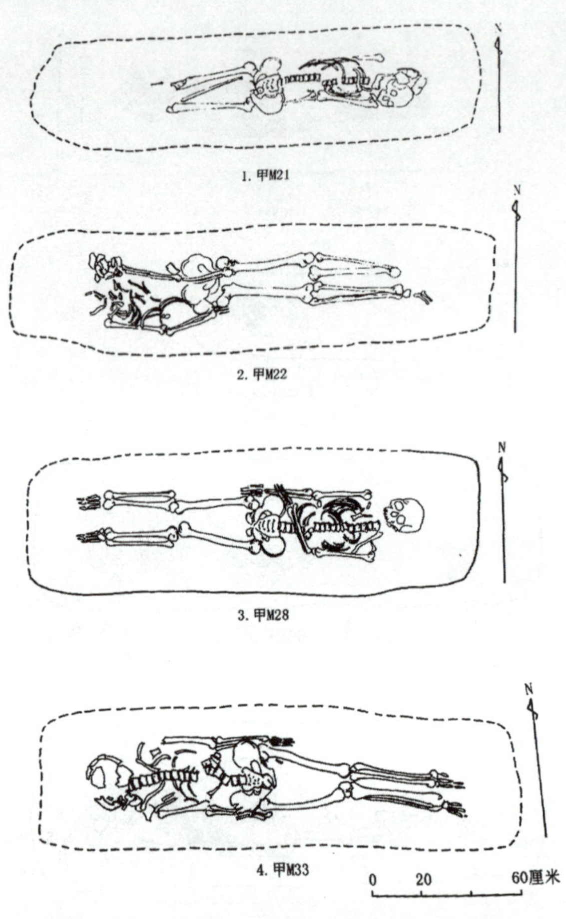

1. 甲区M21；2. 甲区M22；3. 甲区M28；4. 甲区M33
图7-8　甲区墓葬平面图五（依杨式挺）

乙区M10，地层关系是乙区南断崖①→乙区M10→乙区南断崖②。长2.50米。性别未明，头向东，仰身直肢。骨架保存较好。未作清理。无随葬品。

四、丁类墓

地层关系是①→丁类墓→②，共17座。其中男性墓3座，女性墓9座，小孩墓5座。3座有拔牙，7座有随葬品。严格地说，丁类墓与丙类墓其实是

基本相同的，地层关系一样，埋藏情况也相类。

甲区M2，地层关系是甲区T1①→甲区M2→甲区T1②。长1.70米，宽0.60米。18～22岁女性，墓向80º，头向东，面朝天，偏北，仰身直肢一次葬。骨架上身可见，下身腐朽。打破M18（丙类墓）。随葬1件陶纺轮。填土灰黑色。

甲区M8，地层关系是甲区T1①→甲区M8→甲区T1②。长1.30米，宽0.40米，深0.15米。6～7岁小孩墓，面向北，仰身直肢一次葬。开始长第一个臼齿，骨架保存较好，基本正常。无随葬品。填土黑色，含贝壳。

甲区M9，地层关系是甲区T1①→甲区M9→甲区T1②。长2.10米，宽0.70米，深0.28米。40岁女性，头向东，仰身直肢一次葬。头骨被压碎，骨架腐朽，颈椎骨散乱，右手尺骨、桡骨置于腰椎骨上，盆骨与下肢骨基本保存。随葬1件陶纺轮（图7–5：3）。

甲区M11，地层关系是甲区T1①→甲区M11→甲区T1②。长2.05米，宽0.58米。45岁以上男性，头向西，面向北，仰身直肢一次葬。整具骨架基本完整，头骨略有破裂。有拔牙。打破M63（乙类墓）无随葬品（图7–5：4）。

甲区M17，地层关系是甲区T5①→甲区M17→甲区T5②。长1.95米，宽0.50米。成年女性，头向东，仰身直肢一次葬。头骨保存不好，下肢不齐，左胫骨、腓骨和趾骨等腐朽。无随葬品（图7–6：4）。

甲区M20，地层关系是甲区T9①→甲区M20→甲区T9②。长1.80米，宽0.60～0.65米，深0.12米。成年女性，头向东。仅存头骨、肢骨。随葬1件绳纹联裆陶鬲足。打破红烧土硬面。

甲区M23，地层关系是甲区T9–T10①→甲区M23→甲区T9–T10②。长2米，宽0.60～0.64米，深0.16米。30岁以上女性，头向东，仰身直肢一次葬。骨架保存较好，下肢并拢。有拔牙。随葬1件黑皮圈足小陶罐。打破红烧土。

甲区M28，地层关系是甲区T4①→甲区M28→甲区T4②。长2米，宽0.60米，深0.20米。30岁以上女性，头向东，仰身直肢一次葬。骨架保存较好，下颌脱开，左手交于右手上，下肢基本完整，有拔牙。叠压M21（丙类

墓）、M22（乙类墓）。随葬1件小石锛（图7–8：3）。填土为黑色。

甲区M29，地层关系是甲区T11①→甲区M29→甲区T11②。长2.10米，宽0.56米，深0.16～0.20米。成年男性，头向西。骨架保存较好，骨骼坚硬。叠压M38（乙类墓）和打破M44（丁类墓）。无随葬品。

甲区M36，地层关系是甲区T11①→甲区M36→甲区T11②。长1.10米，宽0.40米，深0.08米。2岁以上小孩墓，头向东偏南17º，骨架腐朽，头被压碎，骨架散乱，上下肢残缺。无随葬品（图7–7：2）。填土黑褐色。

甲区M40，地层关系是甲区T9①→甲区M40→甲区T9②。长2米，宽0.50米，深0.10米。成年女性，头向东，仰身直肢一次葬。骨架不全。无随葬品。

甲区M44，地层关系是甲区T11①→甲区M44→甲区T11②。长1.30米，宽0.50米，深0.15米。小孩墓。骨架凌乱。叠压M435（丙类墓）。无随葬品。

甲区M49，地层关系是甲区T9①→甲区M49→甲区T9②。长1.80米，宽0.46米，深0.30米。成年女性，头向东，仰身直肢一次葬。骨架位置基本正常，保存较好，头骨压扁破碎，上身骨骼保存，右股骨与腓骨、胫骨脱离。叠压M50（乙类墓）。随葬1件陶纺轮。打破②层红烧土。

甲区M51，地层关系是甲区T2①→甲区M51→甲区T2②。长2.10米，宽0.70米，深0.20米。男性，头向西，仰身直肢一次葬。骨架保存较好。无随葬品。填土黑褐色，含红烧土碎块。

甲区M64，地层关系是甲区T9①→甲区M64→甲区T9②。长1.45米，宽0.40米。小孩墓。骨架情况不明。无随葬品。

甲区M66，地层关系是甲区T2①→甲区M66→甲区T2②。残长0.80米，宽0.50米。小孩墓。骨架情况不明。被近代墓破坏。无随葬品。

乙区M6，地层关系是乙区T7①→乙区M6→乙区T7②。长1.65米，宽0.50米。成年女性，头向不明，仰身直肢。头骨压碎，其他保存较好，基本正常。随葬1件陶纺轮和1件骨镞。

五、没有分类的1座墓

为M26，地层关系是甲区T4①→甲区M26→甲区T4②。是一个圆形坑，直径0.90米，深0.18～0.20米。成年女性，头向不明。坑内人骨散乱成堆，头颅骨颅顶朝上，肢骨十多段，还有锁骨、肋骨、脊椎骨、盆骨和趾骨等，保存尚好。无随葬品。填土黑褐色，杂有小贝壳、夹砂绳纹陶片和狗的下颌骨等，是否遗弃人骨的坑穴，尚难断定。

据测量，河宕遗址居民的成年男性平均身高为166.13厘米，成年女性平均身高为153.66厘米，属于蒙古人种的南部边缘类型，与华北、东北地区同时代的人类相比较，身高略为矮小。其葬俗，报告书认为多数是仰身直肢一次葬，但鉴定意见认为："这批人骨在地层中保存情况很差，头骨几乎全部压挤变形，许多骨骼残缺不全，有的各部分骨骼的排列次序离开了人体的自然排列位置，在个别墓中还能清楚地观察到被人为将各部分骨块重新安排的现象（乙区M3即是这种墓葬的典型）。因此，这些墓中人骨紊乱无序和残缺的现象除可能有动物的扰乱因素外，主要还是由迁葬习俗引起的。"[①]即是说，河宕遗址墓葬中的这种现象，多数是因为二次葬（迁葬）所造成的。这其实是一种误解。岭南地区的新石器时代二次葬（迁葬），可见于石峡文化墓葬[②]和封开杏花乌骚岭墓葬[③]、鹿尾村墓葬[④]，人骨迁

① 广东省博物馆、佛山市博物馆：《佛山河宕遗址——1977年冬至1978年夏发掘报告》［附录三：《广东佛山河宕新石器时代晚期墓葬人骨》（韩康信、潘其峰），载《人类学学报》1982年（1）1］，广州：广东人民出版社，2006年，第176—189页。

② 广东省文物考古研究所、广东省博物馆等：《石峡遗址——1973—1978年考古发掘报告》，北京：文物出版社，2014年，第1—607页。

③ 广东省文物考古研究所等：《封开县乌骚岭新石器时代墓葬群发掘简报》，载《文物》1991（11），第1—7页。

④ 杨式挺等：《广东封开县杏花河两岸古遗址调查与试掘》，载《考古学集刊》（6），北京：中国社会科学出版社，1989年，第63—82页。

葬后置于墓穴的东南隅。而河宕遗址的墓葬是因为年代久远引起人骨的腐朽、移位所造成，贝壳使一部分遗骨得以保存，而另有部分则已缺失。河宕遗址墓葬中的成年男性头向西，成年女性头向东，报告书认为“可能是表示这些男女来自不同的氏族，是族外婚的标志之一”。其实，这是河宕居民族群的标志，并非是族外婚，而是男女性别不同的表现。

较大区别的是M26，为成年女性，坑内人骨散乱成堆，应属拣骨二次葬，加上是圆形的坑穴，这是一种特殊的葬例，与石峡文化的二次葬不同。可能是非正常死亡后，再取回来在本氏族埋葬，故头向不明，也无随葬品。

拔牙习俗是十分令人关注的事情（图7–9）。在76座墓葬中，可供观察的22例成年标本，拔牙的有19例，未拔牙的3例。在墓葬中拔牙的比例是25%，在可供观察的22例成年标本中，拔牙的比例更高，达86.4%。拔牙中，男性的10例，女性9例，可见男女性是基本相当的。未拔牙的均为女性。拔牙的特点是严格限制于上牙，一般是拔除双侧或单侧的第二上门齿，但也有拔除第一上门齿的，如M31。河宕新石器时代居民的拔牙风俗是很强烈的，出现率达很高，与中国东部半月形文化圈的习俗相类，应不是偶然的。南海区的灶岗遗址、鱿鱼岗遗址[①]、香港马湾岛东湾仔北遗址[②]及广州增城区金兰寺遗址[③]都有这种拔牙习俗，对探讨中国沿海民族的起源和迁徙有重要意义。

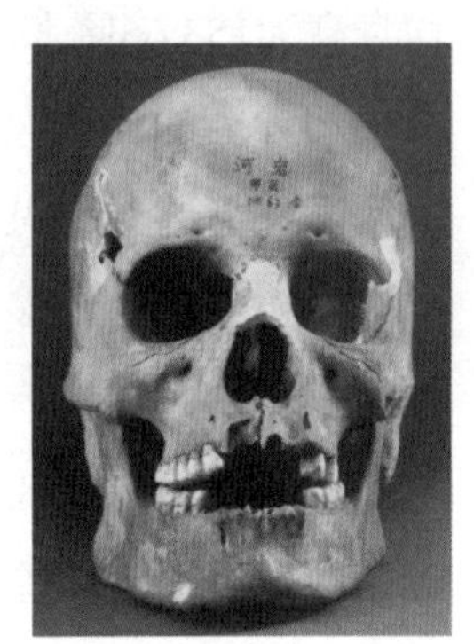

图7–9　拔牙人头骨（M63）（依杨式挺）

---

① 杨式梃：《略论我国东部沿海史前居民的拔牙习俗》，载《越文化实勘研究论文集》（一），北京：中华书局，2005年，第47—58页。

② 韩康信等：《香港马湾岛东湾仔北史前遗址出土人骨鉴定》，载《考古》1999（6），第1—25页。

③ 吴新智：《广东增城金兰寺遗址新石器时代人类头骨》，载《古脊椎动物与古人类》1978（3），第201—204页。

第三节　出土文物分析

河宕遗址出土文物有陶器、石器、骨牙器等。分述如下：

一、陶器

出土各类陶片共4万余片，约有近20件完整器或复原器，此外，还有123件陶纺轮。陶器有夹砂和泥质两种，夹砂陶器又分粗砂和细砂两种，前者多为炊器圜底釜，后者多为储盛器圈足罐或圜底罐，此外，还有鼎和支座。泥质陶器则有罐、圈足罐、盂、钵、豆、盘等，器类不多。夹砂陶约占25.8%，泥质陶约占74.2%，泥质陶又分软陶（35.6%）、硬陶（23.9%）、磨光陶（14.5）和彩陶（0.2）。夹砂陶的纹样有绳纹、条纹、曲折纹、大方格纹、云雷与曲折组合纹、编织纹、叶脉纹、复线方格凸点纹、凸弦纹、梯格纹、鱼鳞纹、圆点纹、划纹及附加堆纹等。泥质陶的纹样有条纹、曲折纹、云雷与曲折组合纹、方格纹、小方格纹、编织纹、叶脉纹、叶脉与编织组合纹、圆点纹、复线方格凸点纹、梯格纹、鱼鳞纹、凸弦纹、划纹及附加堆纹等，另外还有镂孔装饰。磨光陶除素面者外，仅见镂孔装饰。而彩陶则有条彩和施陶衣两种。可以说，印纹陶在这里十分发达，种类多达30种，出现了组合纹。印纹较深而清晰，线条粗疏、宽大（图7-10～14）。此外，刻划纹也有水波纹的多种纹样（图7-15）。

这里以完整器或复原器为主要者叙述：

釜　这是河宕遗址的主要炊煮器，多为夹砂陶，胎壁一般较厚。有的器形较大，口径达30~40厘米，可能用于煮食贝类动物。完整者仅见于1976年试掘时的甲区第③层。沿面有各种刻划纹。侈口，宽沿，沿面有突棱，方唇，扁圆腹，圜底。器腹拍印宽条纹。器表为黄褐色，有烟炱的地方呈黑褐色。试掘③所出的陶釜，敛口，宽沿外侈，沿面有突棱，方唇，扁圆

图7-10　河宕遗址③层陶片纹饰（依杨式挺）

图7-11　河宕遗址③层陶片纹饰（依杨式挺）

图7-12　河宕遗址③层陶片纹饰

图7-13　河宕遗址②层陶片纹饰

腹，圜底。口径17.5厘米，高14.5厘米（图7-16：6）。釜的器表多拍绳纹，也有的拍菱形方格纹、长方格纹、大方格纹、条纹或曲折纹等。有的

器形较宽大，口径多在30厘米左右。分两型：A型为折沿、削肩。B型为盘口，广肩。

罐　盛储器。多为泥质陶，多数已残，可见口部，大致有直口和侈口两类，饰各种印纹。完整者可见甲M19：1，泥质陶，胎较薄，侈口，沿面较宽，溜肩近折，深腹，圜凹底。腹部装饰规整精美的方格纹。口径12厘米，高17.6厘米（图7-16：7）。

圈足罐　盛储器。多为泥质陶，少量为夹砂陶，火候较高，胎壁较薄。完整者可见于甲T1③和试掘时的第③层及墓葬随葬品。多为几何印纹的曲折纹、间断曲折纹或斜方格纹，少量彩陶或素面。

图7-14　河宕遗址②层陶片纹饰（依杨式挺）

图7-15　河宕遗址③层陶釜沿面刻划纹（依杨式挺）

甲T1③出1件为泥质软陶，器表橙红色，素面。侈口，折唇，圆深腹，喇叭形高圈足，足端外撇较甚。上腹有修整过的痕迹。口径10厘米，高13.5厘米，足径11厘米（图7-17：1）。

甲区试掘③所出的圈足罐，泥质软陶，器表橙黄色，肩部磨光，器腹饰规整的曲折纹。大口，尖唇，束颈，折肩，深腹，下接圈足，足部一周

突棱。口径12厘米，高18.4厘米，足径10厘米（图7–17：2）。

甲M1：3，夹砂黑陶，胎较厚。侈口，沿面较高，鼓腹，下为圈足。器身拍印斜方格纹（图7–16：3）。

甲M4：1，泥质磨光彩陶，器表橙黄色。侈口，高领，略作圆唇，圆深腹，下接喇叭形圈足，足端外撇较甚。圈足表面有3条纵向的黄色条彩。口径11.5厘米，高20.8厘米，足径13厘米（图7–16：4）。

甲M12：2，泥质彩陶。尖唇，束颈，垂腹，下腹折收，高圈足，喇叭形圈足，足端外撇较甚。口沿三点赭红色彩，腹部一条纵向条彩。口沿内刻划“||”符号。口径10厘米，高11厘米，足径9.5厘米（图7–16：8）。

甲M24：1，泥质陶，橘红色，磨光，素面。侈口，短颈，圆腹，下接喇叭形高圈足，端足外撇较甚，上腹似罐形。口径7.4厘米，高12.5厘米，足径8厘米（图7–16：5）。

遗址的②层还出有同类圈足罐。

器形不完整的圈足罐，有的口较小，有的颈部有突棱，器表则各种纹饰均有。

需要指出的是，报告书中的圈足罐，其中有的在圈足中镂孔，应属圈足盘类，圈足也较宽。一般来说，圈足较宽的罐类，器腹多有印纹；而豆类的圈足都会较细一些。

圈足盘　盛食器。泥质陶，数量不多，均素面。分两型：

A型　甲T2③H10出1件，泥质白陶，形制精致。敛口，折沿，深盘，下接喇叭形圈足，足部两个长方形小镂孔，有一道突棱。口径29厘米，高14.5厘米，足径17.5厘米（图7–17：3）。这类陶盘数量很少。

B型　甲M1出土两件泥质黑皮磨光陶圈足盘，微敞口，尖唇，浅盘，圈足较宽，外腹可见修整痕迹。

甲M1：1，口径21厘米，高8.8厘米，足径15厘米（图7–16：1）；

甲M1：2，口径23厘米，高9.3厘米，足径16厘米（图7–16：2）。

豆　盛食器。泥质陶，数量稍多。器表多磨光，橙黄色或橙红色，也

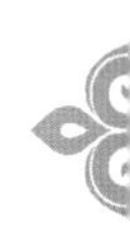

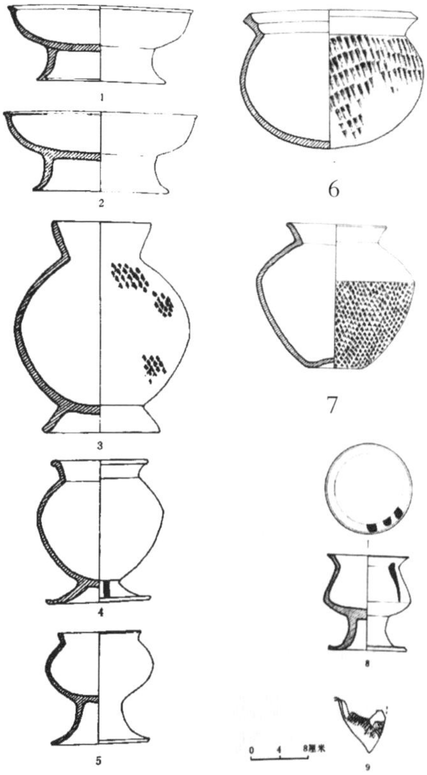

8

1–5　　9

图7–16　河宕遗址陶器（依杨式挺）
1、2. B型黑皮陶圈足盘（甲M1：1、2）；3、4、5、8. 圈足罐（甲M1：3、甲M4：1、甲M24：1、甲M12：2）；6. 釜（甲区试掘③）；7. 折肩凹底罐（甲M19：1）；9. 鬲足（甲M20：1）

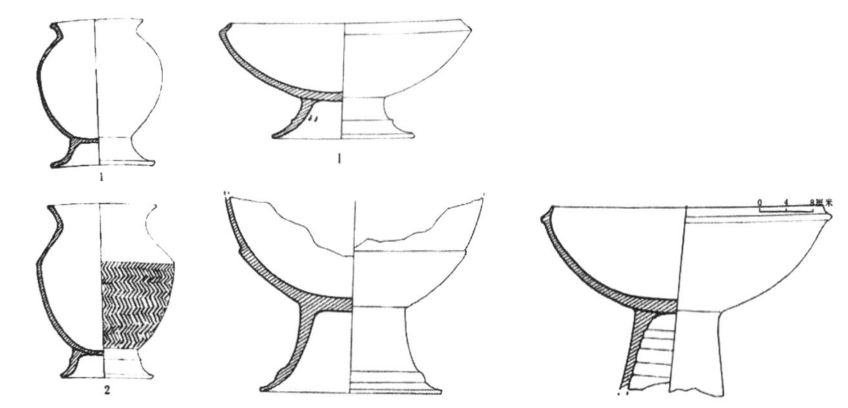

1、2　　3、4　　5

图7–17　河宕遗址陶器（依杨式挺）
1、2. 圈足罐（甲T1③、甲区试掘③）；3. A型圈足盘（甲T2③H10）；4、5. A、B型豆（甲T11–T12③、甲T2③）

有黑皮，素面。多敛口，深腹。分两型：

A型　甲T11–T12③出1件，口残缺，腹部一周突棱，下接喇叭形高圈足，足端外撇，足部也有突棱。残高16厘米，足径14.6厘米（图7–17：4）。

B型　甲T2③出1件，下接高圈足，把较细，口径23厘米，残高15厘米。这两个豆，一个圈足可以复原，另一个口部可以复原（图7–17：5）。

盂　盛器。泥质陶，数量很少。甲T11③H2出1件，灰色素面。小口近敛，短颈，扁圆腹，圜平底。口部对称两个小孔。口径7.4厘米，高6.4厘米（图7–18：5）。

钵　盛器。泥质陶，数量不多，底多残缺，可能是圜平底。泥质，器表红色。甲T3③H1出1件，器表磨光，圆唇，直口，口沿外一周折出，饰一周赭红色宽带彩，深腹。口径19厘米。

鼎　炊煮器。仅见2件鼎足，夹砂陶，可分两型：

A型　甲T1③出1件是宽扁形，尤如粤北石峡文化的三足盘鼎（图7–18：1）；

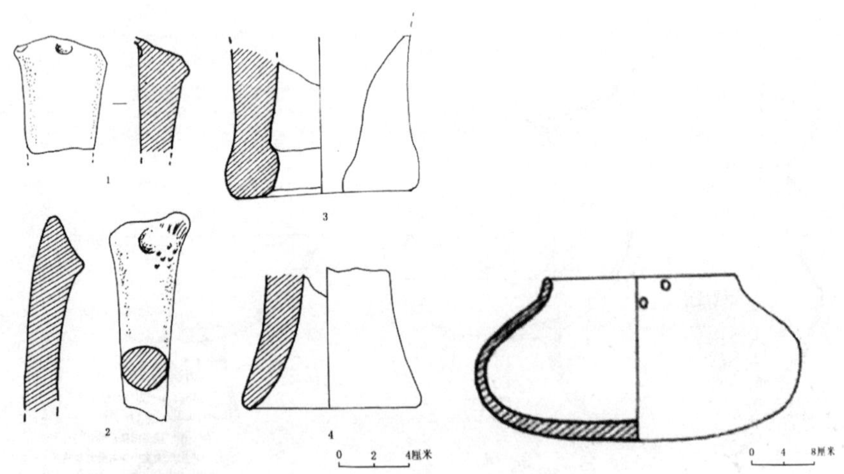

图7–18　陶器（依杨式挺）

1、2. 鼎足（甲T1③；采集）；3、4. 支座（甲T11③H6、甲T9②）；5. 盂（甲T11③H2）

B型　采集品，圆锥形，属常见的鼎类（图7–18：2）。

可以说，这是粤北因素在珠江三角洲地区的体现。

支座　炊煮器。夹砂陶，亦分两种：

甲T11③H6出1件，胎壁厚，筒形，上身较直，下腹微收，残高7.2厘米，足径11厘米（图7–18：3）；

甲T9②，上身直，足端外撇，残高8厘米，足径10.4厘米（图7–18：4）。

支座是粤东因素在珠江三角洲地区的体现。

鬲足　炊煮器。夹砂陶，仅见于M20，内侧至联裆外呈红黑色，应为烧火所至。袋足，较肥矮，足尖无锥状实足，联裆已残，表面有抹平绳纹痕迹。残高8厘米（图7–16：9）。

纺轮　工具用器。泥质陶为多，少量为夹砂陶。平面圆形，可分4种；一是斗笠形，二是梯形，三是算珠形，四是棋子形。

斗笠形　此类不多。甲T10③，顶面弧起，底面平整，底部刻十字弧形花纹。底径3.6厘米，最厚1.3厘米（图7–19：1）。

梯形　较多。主要见于③层。甲T10③出1件，截面为梯形，上小下大，底部刻十字弧形花纹。底径3.4厘米，厚0.7厘米（图7–19：2）；还有一种，多见于②层，墓葬中亦主要见于丙类墓和丁类墓。面小略凹，截面

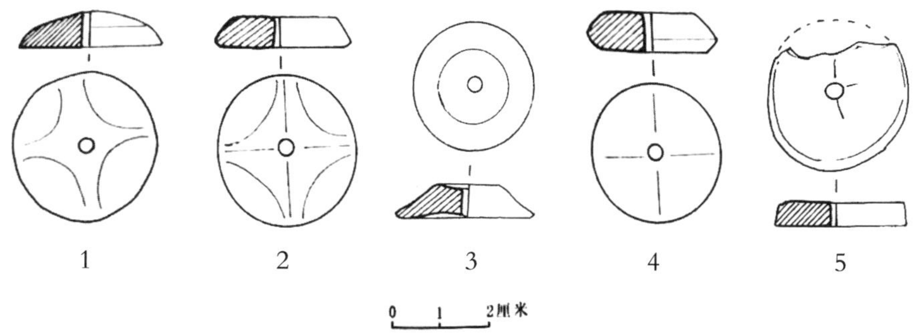

图7–19　陶纺轮（依杨式挺）
1. 甲T10③；2. 甲T10③；3. 甲T2②西扩方；4. 甲T10③；5. 甲T2②

两侧略作弧形内凹，底较宽。甲T2②西扩方出1件，上下两面内凹，上径1.6厘米，底径3.5厘米，最厚0.75厘米（图7–19：3）。

算珠形　此类也少。甲T10③出1件，截面中间大，有折棱，两面略小，呈算珠形，底部划十字。面径2.3厘米，底径2.8厘米，厚0.9厘米（图7–19：4）。

棋子形　这类较少。甲T2②出1件，截面为两面平整，边缘残损，两侧较直，薄体。直径3.3厘米，厚0.55厘米（图7–19：5）。

河宕遗址可见到70件陶器上有刻划符号，计41种，有62件陶器出现在③层，只有8件陶器出现在②层，刻划的位置多在圈足盘和豆的圈足内，少数在圈足外。有少数刻划在罐的折肩上和圈足内，或口沿的沿面。绝大多数是刻划单个符号，如：

｜或一（12个）、‖或＝（8个）、｜｜｜（3个）、

｜｜｜｜、×或＋（3个）、（2个）、（2个）、

（2个）、

等。这些符号，有很多是广东先秦时期遗址可以见到的，但也有少量符号很少见到。其中部分是属于数字，有部分已有指事意义，像象形文字一样，如，像鱼网；，像水；等，似乎有指事含义，也有一些属合文，如。

二、石器

有锛、斧、凿、铲、镞、矛、砺石和装饰品的环、管等，共600多件。锛类是数量最多的一种，有90多件。石器中，属西樵山霏细岩石器的有40多件，说明受西樵山石器的影响很大。石锛有长身、梯形、双肩、有段和有肩有段多种。有段石锛是来自粤东和粤北地区的因素。

长身锛　数量较少。

甲区T5③出1件，砾石磨制，弧顶，偏锋，背面隆起，下身收入成刃。

长10.2厘米，刃宽6.5厘米，厚3.3厘米（图7-20：1）；

甲区T5②出1件，砂岩，通体磨光，直身，略作梯形，弧顶，平刃，偏锋，刃部经使用已钝。长7.5厘米，刃宽4.5厘米，厚2.2厘米（图7-20：2）。

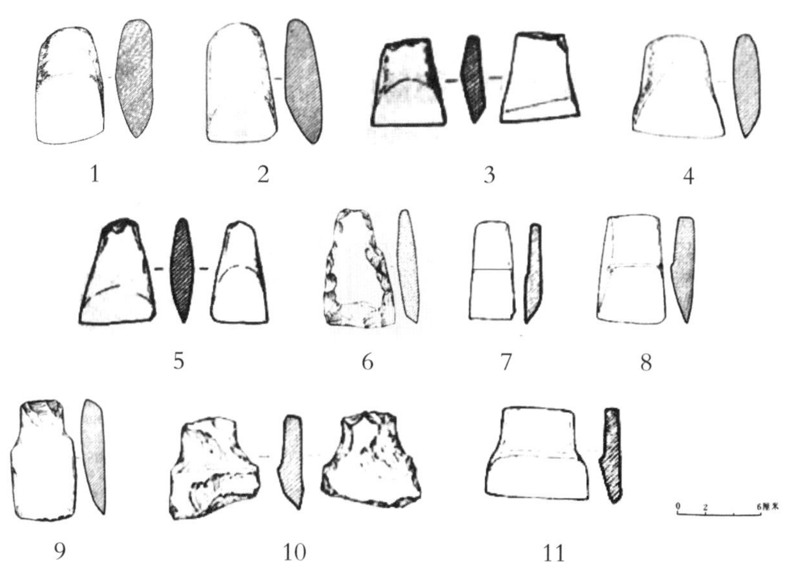

图7-20　石锛（依杨式挺）

1、2. 长身锛（甲T5③、甲T5②）；3、4、5. 梯形锛（甲T1③、甲T2③、乙T3②）；6、9. 双肩锛（甲T11③、乙T3②）；7、8. 有段锛（乙T7②、甲T10③）；10、11. 有肩有段锛（乙T5②、甲T2③）

梯形锛　数量较多。

甲区T1③出1件，器较小，背面微隆，下身收入成刃，平刃，偏锋。长2.7厘米，刃宽2.6厘米，厚0.7厘米（图7-20：3）；

甲区T2③出1件，器略小，上端较窄，一面隆起，近双面刃，平刃，偏锋。长4.2厘米，刃宽3.2厘米，厚0.9厘米（图7-20：4）；

乙区T3②出1件，顶部微弧，直身，一面磨出三角形斜面，平刃，偏锋。长5.2厘米，刃宽4.7厘米，厚1.5厘米（图7-20：5）。

双肩锛　霏细岩占相当数量。

甲区T11③出1件，霏细岩，双肩不突出，器边缘多见打制疤痕，两面加磨，是一件未完成磨制的石器。平刃，偏锋。长7.4厘米，柄高2.8厘米，刃宽4.5厘米，厚1.2厘米（图7–20：6）；

乙区T3②出1件，霏细岩，顶平直，斜肩，长身，平刃略弧，偏锋。长8.2厘米，柄高3.2厘米，刃宽4厘米，厚1.5厘米（图7–20：9）。

有段锛　数量不多。

甲区T10③出1件，全器呈梯形，磨制较好，中间有段，上为柄端。长6.1厘米，柄高2.6厘米，刃宽4.1厘米，厚1.6厘米（图7–20：8）；

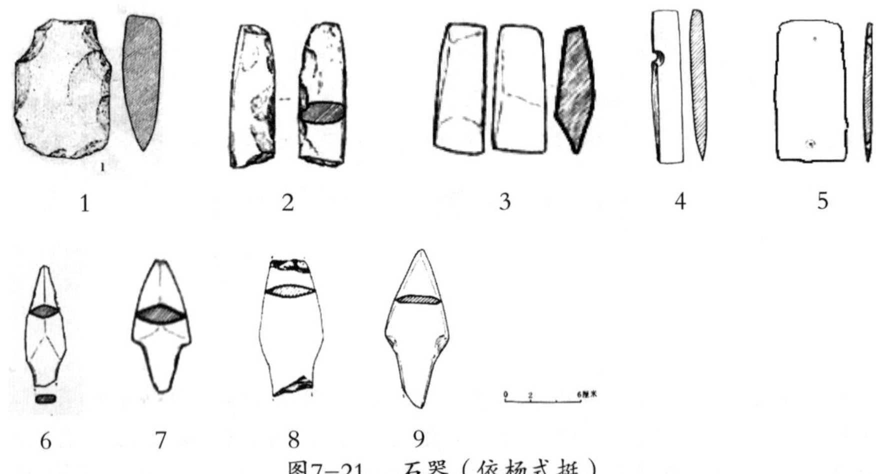

图7–21　石器（依杨式挺）

1. 斧（试掘③）；2、3. 凿（试掘③、甲T3②）；4、5. 铲（乙T2—T5②、乙T1—T2③）；6、7. 镞（甲T2③、甲T9②）；8、9. 矛（乙T1②H10、甲T6③）

乙区T7②出1件，整体器较小，平面近长方形，通体磨光，中间有段，上为柄端。长3.6厘米，刃宽1.8厘米，厚0.7厘米（图7–20：7）。

有肩有段锛，数量少。甲区T2③出1件，玉石质，略透明。双肩，有段，平顶，平刃，偏锋。长3.3厘米，柄高1.7厘米，刃宽5厘米，厚0.7厘米（图7–20：11）；乙区T5②出1件，霏细岩，器身尚见打制痕迹，斜肩，中间有段，上端为柄，下为刃面，偏锋，刃崩损。长3.5厘米，柄高1.7厘米，

刃宽3.7厘米，厚0.7厘米（图7–20：10）。

斧　数量很少，见于③层。试掘③出1件，为坯体，器身略有加磨，顶端微凹，双肩近溜，直身，弧刃，正锋。长8.4厘米，柄高2.5厘米，刃宽5.3厘米，厚2.5厘米（图7–21：1）。

凿　数量很少。

试掘③出1件，长条形，两面加磨，刃部残。残长6.7厘米，宽2厘米，厚1.1厘米（图7–21：2）；

甲区T3②出1件，器小，磨制，略作梯形，偏锋，弧刃。长3.7厘米，刃宽1.5厘米，厚1.1厘米（图7–21：3）。

铲　数量少。

乙区T1—T2③出1件，玉石质，磨制精致，拟为礼器。长方体，平刃，上下各有一穿，单面钻。长6厘米，宽3厘米，厚0.5厘米（图7–21：5）；

乙区T2—T5②出1件，磨制较细，长条形，上部穿一孔，单面钻，裂为两半，此为一边，偏锋。长12.3厘米，残宽2.3厘米，厚0.6厘米（图7–21：4）。

镞　石镞的数量少于骨镞。有宽叶体和三棱体两种。

宽叶体　2件。

甲区T2③出1件，磨光较好，宽叶形扁体，棱脊，铤部略残。残长6厘米，最宽2厘米，厚0.7厘米（图7–20：6）；

甲区T9②出1件，霏细岩，宽叶体，锋缺损。长4.7厘米，最宽2.1厘米，铤长1.7厘米（图7–20：7）。

三棱体　1件（试掘③）窄身，短铤。长4厘米，最宽1厘米，铤长1厘米。

矛　数量不多，扁宽体，前出锐锋，两侧有刃。

甲区T6③出1件，磨光较精，柄较宽，略残。残长11.4厘米，最宽4.6厘米，厚0.5厘米，柄残长4厘米（图7–21：9）。

乙区T1②H10出1件，通体磨光，锋与柄已残。残长6.5厘米，最宽3.1厘

米，柄残长1.5厘米（图7-21：8）。

管珠　仅见1件（甲区T5③），玉石，长管形，中穿孔。长约1.5厘米（图7-23）。

环玦类　有水晶或石质，数量少，多已残。但可见石芯10多件。

三、骨、牙器

有骨器凿、铲、镞、梭、锥、针、匕；牙器有环、筒形器、头饰等。

（一）骨器

凿　仅见4件。乙区T7③出1件，磨制，近似长身锛，上小下大，平顶，平刃，偏锋。长5厘米，刃宽1.8厘米，厚0.75厘米（图7-22：1）。

铲　仅见乙区T5③，上端残，长身扁体，一面较平，一面加磨成弧面，弧刃，偏锋。残长11厘米，宽5厘米，厚1厘米（图7-22：2）。

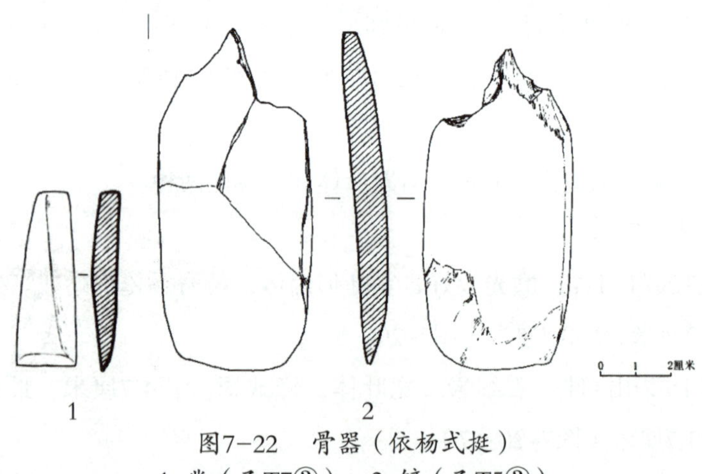

图7-22　骨器（依杨式挺）
1. 凿（乙T7③）；2. 铲（乙T5③）

镞　有宽叶体、椭圆体、三棱体和四棱体多种，共计25件。

宽叶体　出于甲区T4—T12③，扁体，两侧有刃，锋已残损，扁长铤，残长6.2厘米，最宽2.4厘米，铤长2.6厘米（图7-24：1）。

椭圆体　出于甲区T4③，长身，叶部与铤的截面均作椭圆体，长5.5厘

米，叶径0.8厘米（图7–24：4）。

三棱体　数量最多，有18件。甲区T5③出1件，磨制精细，长身，器身与铤部明显，圆铤。长6.2厘米，最宽1.3厘米，铤长1.6厘米（图7–24：2）。

四棱体　出于甲区T2③，长身，叶前端为四棱体，后端为近圆形，圆铤。长6.5厘米，最宽1.4厘米，铤长1.3厘米（图7–24：6）。

梭　数量很少，甲区T11—T12③H22出1件，通体磨光，长身，首端两个圆孔，末端尖圆。长13厘米，最宽1.3厘米（图7–24：5）。

图7–23　石管珠（甲区T5③）（依杨式挺）

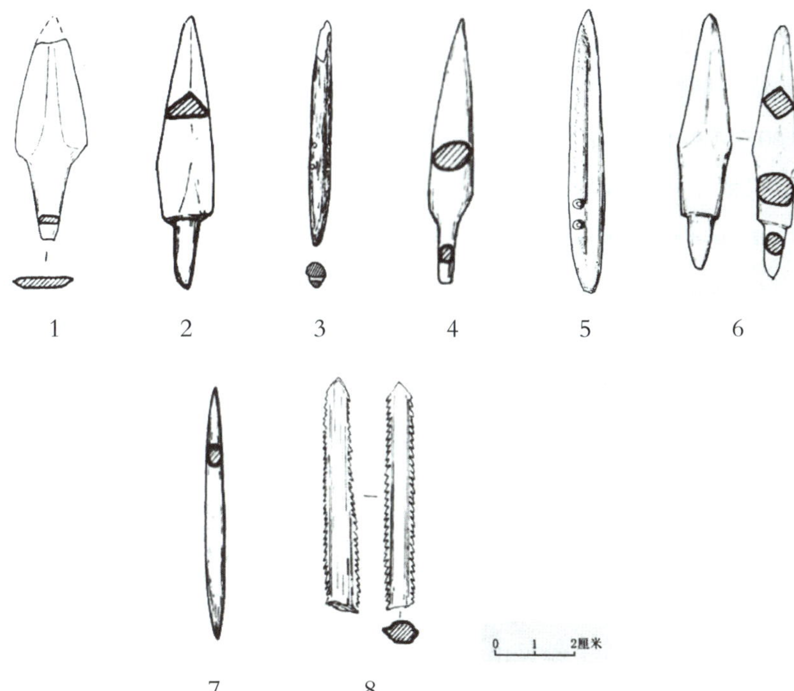

图7–24　骨器（依杨式挺）

1、2、4、6. 镞（甲T4—T12③、甲T5③、甲T4③、甲T2③）；3. 针（③）；5. 梭（甲T11—T12③H22）；7. 锥（试掘③）；8. 匕（甲③）

锥　试掘③出1件，长身，柱体，一端略大，一端略小，两头尖。长5厘米，最宽0.45厘米（图7–24：7）。

针　③层出1件。形态与骨锥相同。一端有两小孔，锋端缺损。残长6厘米（图7–24：3）。

匕　甲区③层出1件，长条形椭圆体，后端残，有尖锋，两侧锯形倒刺状，有加磨痕迹。残长5.3厘米，宽0.7厘米（图7–24：8）。

（二）象牙器

甲区M25出环和饰物共2件；甲区M65出一对筒形器。

环　1件（甲区M25：1），或称镯，在成年男性手腕骨位置出土。磨制精致，可见象牙纹理。截面成圆角长方形。外径11.4厘米，肉宽2.2厘米，肉厚1.3厘米（图7–26：1；图7–27：2）。

头饰　1件（甲区M25：2），表面磨光，可见象牙纹理。置于头部，似为头饰，呈长条弧形，外侧一端有凹槽，形制奇特。通长9厘米，宽2.4厘米，厚0.6厘米（图7–27：1；图7–28）。

筒形器　1对（甲区M65：1、2）。在成年男性的头颅顶上出土1对管形器，象牙材质，磨光精致，薄如蛋壳，口小，平沿，座大，足外撇，亚腰形，似为束发器，或称为冠饰。高7.8厘米，口外径6厘米，座外径8.3厘米，厚0.15～0.2厘米（图7–26：2；图7–27：3）。

（三）蚝壳器

仅蚝壳铲一种，均在河宕河西村狮子桥北遗址采集，距河宕遗址约1公里。

这类蚝壳铲有2件，加磨。采集1，上端残，宽体，中间两个穿孔，弧刃，偏锋。残长17厘米，体宽10厘米，厚0.7～1.5厘米（图7–25：1；图7–29：1）；采集2，上端呈山字形，略有残损，宽体，中间两个穿孔，刃部残，偏锋。残长15厘米，体宽9.5厘米，厚0.5～1.3厘米（图7–25：2；图7–29：2）。共存陶器（片）、石器及动物遗骨、贝壳等，与河宕遗址基本相同，文化面貌与年代也应相当。

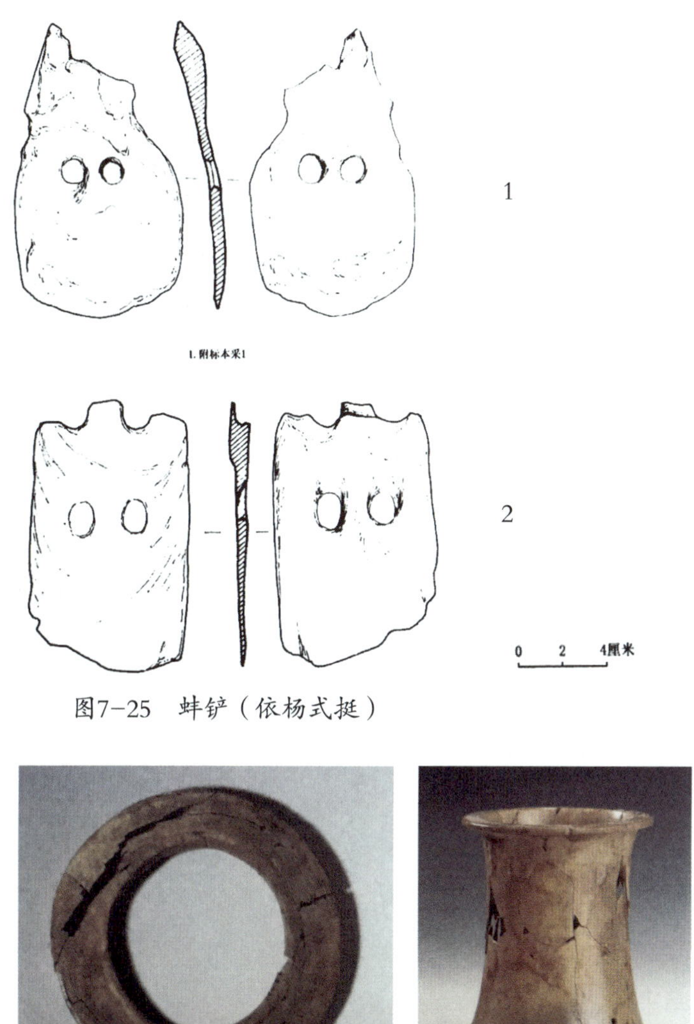

图7-25　蚌铲（依杨式挺）

1　　2

图7-26　象牙器

1. 环（甲M25：1）；2. 筒形器（甲M65：1）（依杨式挺）

图7-27 象牙器（依杨式挺）
1. 头饰（甲M25：2）；2. 环（甲M25：1）；3. 筒形器（甲M65：1）

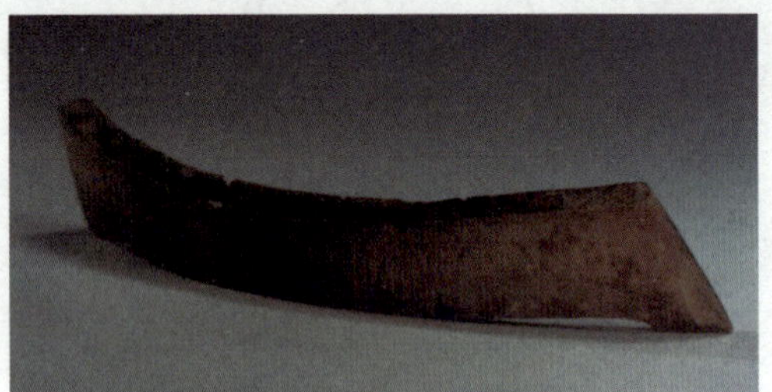

图7-28 象牙头饰（甲M25：2）（依杨式挺）

四、动物遗骸

在遗址中出土许多动物遗骨和贝类壳体，包括哺乳动物、爬行动物、鱼类和贝类。

1. 哺乳动物

有亚洲象、水牛、水鹿、梅花鹿、麂、野猪、狗、獾类、猕猴等。

2. 爬行动物

有马来鳄、鳖类等。

3. 鱼类

有硬头海鲶（赤鱼）、青鱼（草鱼、黑鲩）、鲤科等。

4. 贝类

有丽蚌、兰蚬（河蚬）、近江牡蛎（蚝）、僧帽牡蛎、螺、珍珠贝、蛭等。

这些动物遗骸如下有几个特点：

（1）兽类标本数量大而种类少，由此也说明附近的兽类不多，尤其是

猛兽类基本绝迹。

（2）有人工饲养的种类，以猪最为明显。

（3）绝大多数种类的生活习性是喜水，可以说是在水边生活。

（4）多数种类的标本属老年或幼年，青壮年者少，这说明狩猎时的环境。①

据此可判断，这时期的古代人类基本上是选择定居的。

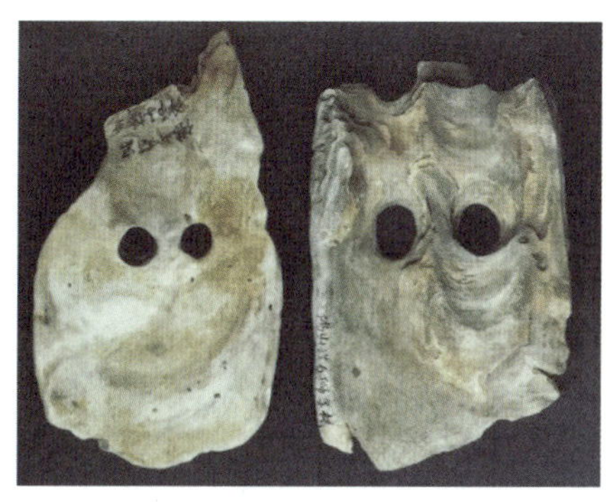

图7-29　蚌铲（依杨式挺）
1、2. 河宕河西村狮子桥北遗址采集

第四节　分期与年代

一、分期

按河宕遗址文化层与墓葬的关系，可将遗址分为两期。出土的文化遗物，也相应地分属于其中。

我们知道，各类墓是以地层单位加以划分的，甲类墓最早，在③层下，打破生土；乙类墓在②层下，打破③层；丙类墓和丁类墓最晚，在①

① 张镇洪：《佛山河宕遗址出土部分脊椎动物遗骨的鉴定意见》，载广东省博物馆、佛山市博物馆：《佛山河宕遗址——1977年冬至1978年夏发掘报告》，广东人民出版社，2006年，第174—175页。

层下，打破②层。

有几组墓葬存在叠压、打破关系，为年代的早晚提供了依据：

M2（丁类墓）→M18（丙类墓）→M5（丙类墓）→M65（甲类墓）；

M40（丁类墓）→M41（丙类墓）→M46（甲类墓）；

M29（丁类墓）→M44（丁类墓）→M35（丙类墓）→M38（乙类墓）。

由此，这里将地层、单位及遗物分为两期。

第一期的遗迹单位有甲、乙两区的③层、房址F1～F6和甲区的灰坑T1H11、T2H1、T2H10、T3H1、T10H1、T10H2、T10H6、T10H7、T11H1、T11H2、T11H4、T11H6、T11H7、T12H22，乙区的灰坑T1H1、T2H1、T2H4、T7H4、T7H5。灰坑共19个。

墓葬有甲区的甲类墓M31（女）、M46（女）、M47（男）、M48（女）、M58（儿童）、M61、M62（女）、M65（男）和乙区的甲类墓M8（儿童）共9座，其中甲区M61未能分辨属男性抑或女性还是儿童；甲区的乙类墓M22（男）、M25（男）、M27（儿童）、M30（儿童）、M33（男）、M38（女）、M39（儿童）、M50（女）、M52（男）、M53（女）、M54（女）、M55（女）、M56（男）、M59（男）、M60（女）、M63（男）、M69（女），乙区的乙类墓M2（女）、M5（儿童）、M7（儿童）共20座。属第一期的墓葬共29座。

属于第一期的文化遗物：

陶器：试掘③所出的陶釜、圈足陶罐（甲T1③、试掘③），陶圈足盘（甲T2H10），陶豆（甲T11－T12③、甲T11－T12③），陶盂（甲T11H2），陶钵（甲T3H1），陶支座（甲T11H6），斗笠形陶纺轮（甲T10③），梯形陶纺轮（甲T2③），算珠形陶纺轮（甲T10③）；

石器：长身石锛（甲T5③），梯形石锛（甲T1③、甲T2③），双肩石锛（甲T1③），有段石锛（甲T10③），有肩有段石锛（甲T2③），石斧（试掘③），石凿（试掘③），石铲（乙T1—T2③），宽叶体石镞（甲

T2③），三棱体石镞（试掘③），石矛（甲T6③），玉石管（甲T5③）；

骨牙器：骨凿（乙T7③），骨铲（乙T5③），宽叶体骨镞（甲T4—T12③），椭圆体骨镞（甲T4③），三棱体骨镞（甲T5③），四棱体骨镞（甲T2③），骨梭（甲T11—T12H22），骨锥（试掘③），骨匕（甲③层）；象牙环（甲M25：1），象牙头饰（甲M25：2），象牙筒形器（甲M65：1、2）。

第二期的遗迹单位有甲、乙两区的②层和甲区的灰坑T10H3、T10H4，乙区的灰坑T2H10、T5H1、T5H2、T5H3、T6H1。灰坑共7个。

墓葬有甲区的丙类墓M1（女）、M3（男）、M4（男）、M5（女）、M6（男）、M7（男）、M10（儿童）、M12（女）、M13（女）、M14（女）、M15（男）、M16（女）、M18（男）、M19（男）、M21（女）、M24（男）、M32（女）、M34（女）、M35（女）、M37（女）、M41（男）、M42（男）、M43（男）、M45（男）、M57（男）、M67（男）、M68（女）和乙区的丙类墓M3（男）、M10共29座，其中M10未能分辨属男性抑或女性还是儿童。甲区的丁类墓M2（女）、M8（儿童）、M9（女）、M11（男）、M17（女）、M20（女）、M23（女）、M28（女）、M29（男）、M36（儿童）、M40（女）、M44（儿童）、M49（女）、M51（男）、M64（儿童）、M66（儿童）和乙区的丁类墓M6（女）共17座。此外，还有甲区M26（女）未能分辨属那一类墓，按地层关系亦划属此期墓葬。属第二期的墓葬共47座。

属于第二期的文化遗物：

陶器：陶罐（M19：1），圈足陶罐（甲M1：3、甲M4：1、甲M12：2、甲M24：1），陶圈足盘（甲M1：1、2），陶鬲足（M20），梯形陶纺轮（甲T2②西扩方），棋子形陶纺轮（甲T2②）；

石器：长身石锛（甲T5②），梯形石锛（乙T3②），双肩石锛（乙T3②），有段石锛（乙T7②），有肩有段石锛（乙T5②），石凿（甲T3②），石铲（乙T2—T5②），宽叶体石镞（甲T9②），石矛（乙

T1H10）。

以文化遗物来看，陶釜、圈足陶罐、陶圈足盘、陶豆等，第一期与第二期都有，只是形制有所不同，因多破碎，未能用完整器来体现。其中第二期所见的黑皮陶圈足盘，是第一期未见的。在东莞村头遗址，黑皮陶圈足盘是常见之物，可见此期与东莞村头遗址有文化上的接触。陶盂、陶钵数量太少，未能将两期的这类器物区别。陶支座虽然数量少，属粤东因素，这类器物第二期不见，也不是本地因素，应是粤东地区的传播。斗笠形陶纺轮和算珠形陶纺轮也是第二期不见之物，梯形陶纺轮则是两期都常见的，只有棋子形陶纺轮是第二期才出现，这是两期的区别。石锛、石凿、石铲和石矛、宽叶体石镞方面，我们可以看到两期之间的演变关系。因第二期没有分别出骨器，我们无从比较，但可知第一期的骨器制作是比较多的，尤其是各式骨镞和牙器（束发筒形牙器），使我们知道第一期的骨牙器生产达到了很高的水平。

二、年代

河宕遗址有四个碳十四测年数据，都是以贝壳作标本的。其中一个是属于第一期（乙T6H1贝壳标本），为距今4905±150年，树轮校正为5500±165年；其余三个是第二期的，甲M1的贝壳标本为距今5020±100年，树轮校正为5630±100年；甲M11填土的贝壳标本为距今4910±100年，树轮校正为5500±125年；甲M12的贝壳标本为距今5085±100年，树轮校正为5705±128年。这四个数据，属第二期的略早于第一期，这种倒置现象令我们感到困惑，因此，也只作讨论年代时的参考。

比较研究可知，河宕遗址与三水区银洲遗址的文化面貌有很多相同之处，尤其是出土的遗物，器形、器类和陶器纹样都有相同的[①]；与东莞村头

---

① 广东省文物考古研究所等：《广东三水市银州贝丘遗址发掘简报》，载《考古》2000（6），第24—36页。

遗址[①]有文化上的接触，其年代也较为接近。东莞村头遗址的一组碳十四测年数据为距今4175±55年至3635±70年之间，而南海区鱿鱼岗遗址[②]第二期的两个碳十四测年数据（树轮校正）为距今3455±150年和3840±125，鱿鱼岗遗址的文化特征与河宕遗址相类，因此，这些数据是可以使用的。考虑到河宕遗址已出现较为发达的几何印纹陶，也有一些不大规整的云雷纹，我们认为，珠江三角洲史前遗址调查组关于"河宕遗址的年代跨度似乎不大"，"是探讨珠江三角洲地区夏商时期文化的重要遗址"[③]的意见是值得重视的。有理由推测，河宕遗址的绝对年代，第一期为距今4500～4000年，第二期为距今4000～3500年。第一期文化为新石器时代晚期的早一阶段；第二期在新石器时代晚期的晚一阶段，绝对年代在夏代以内，最晚在商代之初，属于广东新石器时代末期。

第五节　小　结

游客云：佛山群址珠西岸，女东男西头相望；
　　　　骨蚌牙角齐聚首，拔牙符号看河宕。

河宕遗址是珠江三角洲地区首次进行的有一定规模的考古发掘，随后才有东莞村头遗址、高明古椰遗址等地的大规模发掘。在20世纪的八九十

---

① 邱立诚等：《东莞村头遗址发掘的初步收获》，载《广东省博物馆馆刊》1991（2），第70—76页；广东省文物考古研究所：《东莞村头遗址第二次发掘简报》，载《文物》2000（9），第25—34页。

② 广东省文物考古研究所等：《广东南海市鱿鱼岗贝丘遗址的发掘》，载《考古》1997年（6），第65—76页。

③ 珠江三角洲史前遗址调查组：《珠江三角洲史前遗址调查》，载《考古学研究》（四），北京：科学出版社，2000年，第379—380页。

年代曾进行了南海鱿鱼岗遗址和三水银洲遗址的发掘，也获得了相类的考古遗迹、实物和墓葬资料，可以说，河宕遗址的发掘，为探寻珠江三角洲地区的古代文化面貌奠定了基础。鉴于其与周边遗址的文化关系，河宕遗址具有显著的代表性和典型性，发现者定名为“河宕文化”。

河宕遗址中的拔牙习俗，是目前广东发现最多的一处，在增城金兰寺遗址①、南海灶岗遗址②、鱿鱼岗遗址③和香港马湾岛东湾仔北遗址④也有发现，表示自中国东部地区半月形的拔牙文化圈，其南部已在珠江三角洲地区有所流行，并越过珠江河到达了珠江的西岸。就其人种而言，他们属于蒙古人南亚种，男性墓头向西，女性墓头向东，其族属为百越人中的一支是无可疑义的。此外，河宕遗址是一处居住与埋葬同处一地的遗存，众多的动物遗骸和贝类食物说明遗址居民的生活，而居住则毫无疑问是地面式的房屋。发现的70多座墓葬，也说明遗址居民选择就近埋葬的方式，这也是文明程度较低的表现。值得指出的是，灶岗遗址的墓葬是东南向，鱿鱼岗遗址与银洲遗址基本为东向，这与河宕遗址有相同之处，也有不同之处。河宕遗址的男性墓头向西，女性墓头向东，这种独特的葬俗在其他遗址中是基本不见的，而这正是河宕遗址有别于其他遗址的特别之处。从陶器、石器基本相同的情况看，这几处遗址的居民都属于同一个族群，而在同族间来源于不尽相同的群体，有可能是同一族属而种姓间的差异，这对

---

① 吴新智：《广东增城金兰寺遗址新石器时代人类头骨》，载《古脊椎动物与古人类》1978年（16）1，第201—204页。

② 广东省博物馆：《广东南海县灶岗遗址发掘简报》，载《考古》1984（3），第203—212页。

③ 广东省文物考古研究所等：《广东南海市鱿鱼岗贝丘遗址的发掘》，载《考古》1997（6），第65—76页。

④ 韩康信等：《香港马湾东湾仔史前人骨鉴定》，载《考古》1999年（6），第1—25页；曾骐：《东湾仔拔牙——兼论我国东南沿海拔牙习俗文化区》，载《广东省文物考古研究所建所十周年文集》，广州：岭南美术出版社，2001年，第95—102页。

于了解越人之间的不同点应有所帮助。

河宕遗址也是佛山地区发掘规模最大的一处先秦时期遗址，受考古技术的制约，其时尚未流行浮选法，也未收集植物遗存，因此，对于河宕遗址的居民来说，采食的贝类保存了埋葬的人骨和各种动物骨骼，包括鱼类、爬行类和兽类等十多种，但狩猎猛兽类是很少的，更多的是人类饲养的动物，如猪。故此，河宕遗址居民采食贝类与狩猎是不争的事实。但对于河宕遗址居民吃的是何种植物则不太明了。从高明古椰遗址中，我们得到启发，他们也会有园圃性的农业，也会采食一些坚果以及蔬菜类植物，这从石器和陶器的种类可以看出端倪。

以河宕遗址出土的陶器观察，几何印纹已十分发达，共有30多种，出现不大规整的云雷纹和S纹，可以认为是夔纹的雏形，这是已进入文明社会的标志。虽然仍属新石器时代，但河宕遗址的晚期已进入青铜文化的萌发阶段。陶器中，鼎、豆、盘、釜、罐是基本组合，这在同期文化中是常见的。男子随葬器物主要是石锛，女子随葬器物主要是陶纺轮，这是社会氏族的基本分工。随葬品的多寡，则是贫富的分界线，河宕遗址很好地体现了这一点。再者，遗址中还有彩陶的孑余，那些点彩和划彩正是彩陶的遗留。而40多种刻划符号的存在，其中已有象形字和指事字的出现，这为探讨广东区域内的早期文字增添了资料。

河宕遗址的陶器相当丰富多彩，其特点是：

（1）印纹陶十分发达，纹饰多样，富于变化，多为复合纹，也有单一纹。

（2）印纹较深而清晰，线条结构较为粗疏，如曲折纹、方格纹、复线交叉方格纹及编织纹、叶脉纹，比其他一些遗址的同类纹饰粗疏宽大。

（3）盛行圈足器和圜底器，缺乏三足器和平底器。

（4）磨光陶占有一定比例，还有少量彩陶和施陶衣的陶器。

（5）陶色较为驳杂，包括少量的白陶。

（6）夹砂陶和软陶、硬陶同时并存。

（7）夹砂粗陶、泥质印纹软陶、泥质印纹硬陶、黑皮陶、白陶、磨光红陶经佛山陶瓷研究所测定，证明其制陶工艺采取了拉坯成型的轮制技术。

（8）吸水率分别为10.56（夹砂粗陶）、15.87（泥质印纹软陶）、2.38（泥质印纹硬陶）、13.39（黑皮陶）、17.22（白陶）、17.83（磨光红陶）。

（9）烧成温度（估计数）为<1000℃（夹砂粗陶）、1000℃~1100℃（泥质印纹陶）、1000℃~1100℃（白陶）、<900℃（磨光红陶）。

还需注意到，磨光红陶的陶土中含有铁、钙、镁、钾、钠等，起助熔作用的氧化物高达10%强，磨光红陶的二氧化硅（SiO_2）占66.30%，氧化铝（Al_2O_3）占19.29%，氧化铁（Fe_2O_3）占7.01%，吸水率达17.83%。说明其烧成温度较低，吸水率较大，远未烧结（一般陶器烧结时吸水率少于3%）。再者，含有较强的着色剂——氧化铁达7%，而在氧化气氛烧结时应是深咖啡色，但该陶片的样品只是呈淡泥红色，也说明远未烧结，故而认为其烧成技术是低下的。磨光红陶均无釉，说明未懂釉料技术。3件样品各自的厚度均相同，证明陶片胎壁厚度相当匀称，其中两件器表有水平横向拉坯手指痕，说明是用“陶车”拉坯成型，已会制造掌握和使用简单机械制作陶器，因而成型设备与工艺技术有一定的水平。

如果从数量更多的夹砂陶釜，以及印纹精美的陶器口沿或圈足上（如罐、盘、豆）的轮旋痕迹看，河宕遗址的陶器已经使用“陶车”这类转动机械，那么，陶器上出现“轮制”技术的证据就更加充分和自信了，从理论上来说，佛山石湾陶瓷研究所所作的河宕遗址使用“陶车”拉坯成型和“轮制”技术的鉴定意见十分珍贵。

泥质陶中的软陶，据圜底罐和圈足罐等陶器制品的化验分析报告，二氧化硅（SiO_2）占68.96%，氧化铝（Al_2O_3）占19.24%，氧化铁（Fe_2O_3）占5.30%，吸水率达15.87%。估计烧成温度与磨光红陶相差不大，在800℃~900℃之间。工艺条件与磨光红陶近似，由此而分析印纹软陶也是拉坯成型的。

河宕遗址中的白陶，主要见于印纹精致的圜底罐、圈足罐、圈足上镂孔的盘、豆以及夹砂陶圜底釜中，含二氧化硅（SiO_2）占71.62%，氧化铝（Al_2O_3）占20.56%，氧化铁（Fe_2O_3）只占3.50%，吸水率达17.22%。化验分析报告指出，白陶坯料较磨光红陶好，含铁较少，成品较白。烧成温度与磨光红陶相近，但仍属于泥质陶中的软陶。可以说，这是广东出土白陶器的下限。以前曾在深圳咸头岭遗址①及中山南蓢龙穴、石岐白水井遗址②等地发现了新石器时代中期的白陶器。

佛山石湾陶瓷研究所的化验分析报告还认为，河宕遗址中的泥质陶出现有“硬陶”，据此，在分类统计中，结果发现在③层已有“硬陶”的出现，比例甚至大于②层，2件泥质印纹“硬陶”的样品，吸水率为2%~3.8%，一件的烧成温度在1000ºC左右，另一件的烧成温度在1100ºC以上。这一现象，再次肯定了广东新石器时代至青铜时代存在着“砂、软、硬”的发展规律。以往不见“硬陶”的化验鉴定数据，因此，河宕遗址出土“硬陶”的化验报告极为珍贵。

河宕遗址中属于泥质陶的“黑皮陶器”，器形有圈足罐和盘、豆，因为表面是黑色的，有的还加上磨光，胎质是深灰色或浅灰黄色，并不是真正意义上的黑陶，故称之为“黑皮陶”。据化验分析报告，取样加热到970ºC，其“黑皮”变深咖啡色并有网状小裂纹。“黑皮”并非釉料，是含大量有机物和氧化铁（包括锰）的泥土粘上去而形成。烧成温度约1000ºC，吸水率为13.39%，大于夹砂粗陶和印纹硬陶，小于红陶、白陶和印纹软陶。

陶器上的刻划符号在岭南地区出现于夏商之际，也即距今4000 ~ 3500年间，商周时得到很快的发展，而繁盛于两周时期。到汉初始，刻划符号

---

① 深圳市文物考古鉴定所：《深圳咸头岭——2006年发掘报告》，北京：文物出版社，2013年，第1—274页。

② 杨式挺等：《广东先秦考古》，广州：广东人民出版社，2015年，第323页。

逐步为汉字所取代，东汉及后已仅为偶见。刻划符号源自于岭北的传播而产生，也同样因来自岭北的汉字传入而消失。刻划陶符在珠江三角洲乃至岭南地区，使用时间也有一千多年，随即由于秦汉统一中国而中止了陶符在岭南的继续发展，汉以后已极少见到，但其意义仍然存在。百越族中，各族群的语言当然有多种多样，但先秦及汉使用陶符与陶文已是客观的事实。岭南地区的刻划陶符，显示了岭北与中原文化逐步向南影响、渗透的事实。这类符号随着夏商王朝的势力向南推进而出现于岭南，作为一种文字功能，它在推动岭南社会文明的进步、使岭南诸越出现众多小方国方面起了不可低估的重要作用。至汉代，陶符与汉字共存了相当一段时间，陶符才基本消失，体现了政治势力对文字使用的影响。随着秦汉王朝推行文字统一的政策，陶文最后消失于岭南。只是在湖南江永县出现的女书[①]，使秦汉时期尚可见到的刻划符号有所保留和延续，这可说是在特殊情况下的某种孑遗，或者可以说，女书是先秦中国刻划符号的一面镜子。

河宕遗址陶器上最早出现的刻划符号不是陶工的随意行为，这是可以肯定的。从目前所见，距今8000年前后的陕西省老官台白家遗址彩陶器上见有若干这类刻划符号，此后的陕西宝鸡北首岭、甘肃省大地湾遗址的陶器上彩绘十余种符号，这说明此类符号应蕴含了特定的意思，虽然形体刻划大多不工整，显然为陶工所刻，但似乎都应是特意而为，无论是记数或是指事，只要是有了约定俗成，那就具有了当时当地的社会意义。如果我们把“结绳记事”作为文字出现之前的萌发阶段，那刻划陶符的出现就应是文字的起源阶段。陶器作为文字、符号的载体，它的出现就是应运而生了。

综观岭南珠江三角洲地区新石器时代晚期的刻划符号，我们认为与中原地区大量流行的刻划陶符是同源的，功能也是相同的，即包含有数字、

---

① 李荆林：《女书与史前陶文研究》，珠海：珠海出版社1995年，第1—345页。

指事以及象形字多种。早在多年以前，陕西半坡遗址博物馆的王志俊先生在研究仰韶文化的刻划符号时[①]就提出一部分符号是数字，一部分符号是象形文字，与商周甲骨文是一脉相承，这个观点是客观的，也是科学的。文字是记录语言的符号，河宕遗址居民陶器上的符号，也应是语言的反映，因而也同样是当地居民语言的表述，这种符号可视为文字的一种。

再者，河宕遗址中甲M25与M65均为男性，有拔牙现象，随葬品中，M25有象牙环和象牙头饰；M65有一对象牙筒形器，这对筒形器疑为束发器具。从随葬品看，这是很特别的器具，用象牙来制作饰品，需要很多的劳动力，因此，这两座墓虽然随葬品不多，但应是有一定权力的人物，所以才随葬日常使用的象牙器。可以认为，河宕遗址是一处大型部落，M25与M65的墓主很可能是掌握权力的部落首领，属于该部落的上层人物（酋长）。遗址中的墓向为东西向，这在珠江三角洲地区是很常见的，但男子头向西，女子头向东，则是很特殊的一种葬式，是河宕遗址的地方特点，也是一种特例，由此而估计该遗址的居民属于有别于其他遗址居民的一个氏族种姓，酋长掌握了生产和生活资料，也就掌握了分配权和埋葬权，居住的地方和随葬品的数量多寡及种类是依附这种权力来使用或获得。

河宕文化与西樵山文化的关系很值得注意。在河宕遗址的石器材料中，有几十件是用西樵山出产的霏细岩制作的，说明河宕遗址居民也使用西樵山双肩石器，这是两个考古学文化之间的交往与接触，两个地点距离很近，它们所发生的关系使我们领略到西樵山文化对外所产生的影响。

河宕遗址的重要发现得到了国内外考古学界和历史学界的高度关注。1992年，北京大学考古学家李伯谦教授在《广东咸头岭一类遗存浅识》[②]一文中，已把河宕遗址命名为“河宕文化”，四十多年来，河宕遗址已得到

---

① 王志俊：《关中地区仰韶文化刻划符号综述》，《考古与文物》1980（3），第14页。

② 李伯谦：《广东咸头岭一类遗存浅识》，载《东南文化》，1992年3、4期合刊，第45—49页。

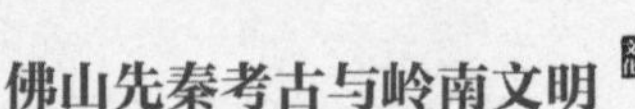

了考古学家的共识，也得到国内文博界的认同。如果说，古椰遗址代表了佛山地区乃至珠江三角洲腹地的新石器时代晚期早一阶段文化，那么，河宕遗址则是这一地区新石器时代晚期晚一阶段文化的代表。在这一时空的诸遗址范围内，河宕文化具有显著的典型性和代表性。

河宕文化的主要特点是生产工具以中小型有肩石器为主体，有相当发达的几何印纹陶器及刻划符号，骨器、蚝蚌器及象牙器颇具特色。墓葬流行仰身直肢单人一次葬，青年男女生前普遍实施人工拔牙习俗。河宕遗址发掘报告发表后，得到了学术界的重视和关注，遗址范围也得到当地政府的保护，关键的问题是如何开发和利用，使这处重要的遗址活化起来。

第八章 相关遗存的研究

佛山地区已发现属于周代以前的遗址为数不少，特别是南海区，发现的地点有五十多处[①]，在大同圩等地的西樵山周围，可见许多贝丘遗址[②]。分布在佛山各区发现用西樵山霏细岩制作的石器地点也有数十处[③]。据地质资料，在距今8000年左右，海进到达东莞麻涌、广州黄埔、佛山东侧一线。潮水沿河道的溯源影响还要深入一些。在距今6000年，海进达到最高峰，海岸线向北推进到南海九江—西樵山东麓—广州葵涌—黄埔—东莞赤岭峡口一带，潮汐影响更为深远，海进淹没了大片低洼地带，今日的顺德及南海之东南部分成为汪洋。直至距今6000年以来，淤积作用发展，陆地向南延伸，海岸线后退，珠江三角洲的西北侧成陆比较发育。距今4000年，海岸线退至番禺南，到汉代则退至顺德大良、陈村附近[④]。但距今3500年顺德龙江一带应已成陆。佛山地区中，除本文已介绍的遗址之外，主要地点有高明区的覆船岗，三水区的把门岗，南海区西樵山的镇头、富贤村[⑤]，丹灶通心岗、船埋岗、蚬壳岗、南庄邓岗[⑥]和顺德的左滩麻祖岗[⑦]等遗

---

① 广东省博物馆：《广东南海县灶岗遗址发掘简报》附表，载《考古》1984（3），第203—212页。

② 曾骐：《珠江文明的灯塔——南海西樵山古遗址》附表五，广州：中山大学出版社，1995年，第92—96页。

③ 杨式挺：《试论西樵山文化》附表，载《考古学报》1985（1），第9—32页。

④ 珠江三角洲史前遗址调查组：《珠江三角洲史前遗址调查》，载《考古学研究》（四），北京：科学出版社，2000年，第356页。

⑤ 广东省博物馆：《广东南海县西樵山遗址》，载《考古》1983（12），第1085—1091页。

⑥ 珠江三角洲史前遗址调查组：《珠江三角洲史前遗址调查》，载《考古学研究》（四），北京：科学出版社，2000年，第355—403页。

⑦ 董平：《广东顺德麻祖岗调查与勘探工作报告》，载《岭南考古研究》（8），香港：中国评论学术出版社，2009年，第110—115页。

址，经调查或试掘，分述如下：

一、覆船岗遗址

位于高明区荷城街道上湾村东，古椰遗址的西北，在一处孤立的椭圆形丘岗南坡采集到贝壳和陶片，遗址面积约15000～20000平方米，相对高度约20米，属岗丘型（图8–1）。贝壳主要集中在岗的东南端500米范围内，陶器的陶质有夹砂陶和泥质陶，纹样可见绳纹、曲折纹、方格纹、漩涡纹和云雷纹，还有一些是素面的，可辨器形为釜、罐、圈足器等，圈足外撇（图8–2）。采集的贝壳多属河蚬，也有一些文蛤。这里距离古椰遗址不远，但年代可能晚于古椰遗址，约与三水银洲遗址较为接近，距今约为4000年。

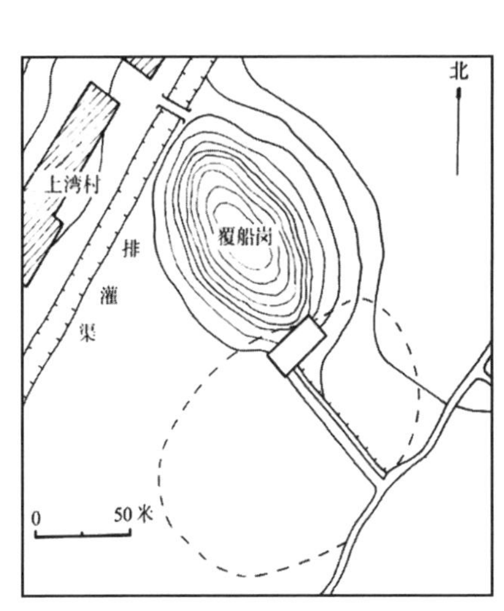

图8–1　高明覆船岗位置示意图（依赵辉）

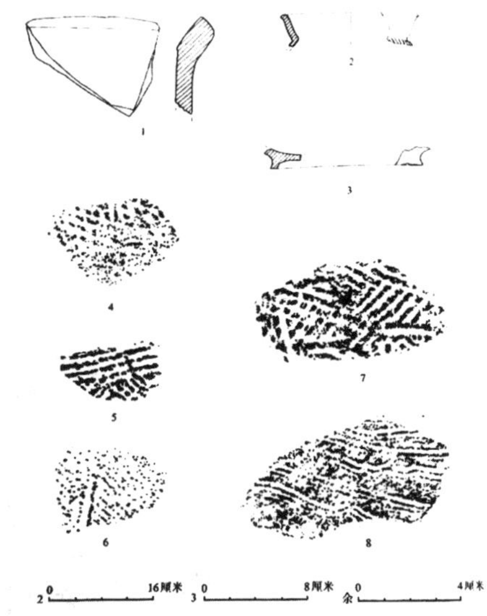

图8–2　高明覆船岗遗址陶片（依赵辉）
1. 罐口沿；2. 釜口沿；3. 圈足器；
4～8. 陶片纹饰

二、把门岗遗址

位于三水区白坭镇周村，海拔高度10.8米，相对高度约9米，属岗丘型。在银洲遗址西北约200米处，面积约13000平方米，岗的北部被一条机

耕路拦腰破坏（图8–3）。在岗顶发现的文化堆积较薄，有陶片和红烧土。在岗的东坡和东北缓坡上，有成片的贝壳堆积，厚20～30厘米，以蚬为主。发现有两座墓葬，均为土坑，打破贝壳层。

M1　有人骨和素面凹底陶罐，较为完整，尺寸不明。

M2　开口与贝壳层面，人骨腐朽，仰身直肢，大致为东北—西南向，深0.4米，长1.5米，推测属儿童墓。随葬品4件，分别为：陶罐1件，小口，双折肩，弧腹，凹底，口沿对称双孔，肩上饰刺点纹；口径8厘米，高13.2厘米；陶圈足盘1件，圆唇，深盘，大圈足，足端外撇，足根与足沿各有5～6周弦纹，口径20厘米，高11厘米；斗笠形和梯形陶纺轮各1件。

遗址中发现的陶器纹饰与银洲遗址相同，以罐和圈足盘的形态及陶片纹饰，估计年代为距今3800年前后。

三、西樵山镇头遗址

位于南海西樵山西南坡（图8–4），又称为象岗，曾编为第七地点。山坡下即为佛子庙遗址，为区别两处遗址，特分别叙述。在镇头遗址遍地霏细岩石片中，可采集到打制或磨制的双肩石器、石球和砺石。在山顶斜坡上（倾角约28º~29 º）约600平方米贝丘堆积进行了试掘，共21平方米。堆积厚0.4～1.4米，出土贝壳和一些遗物，包括石器、石片和陶片。

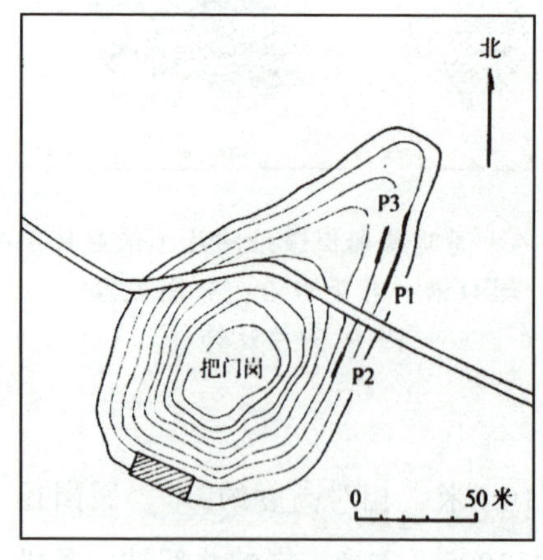

图8–3　三水把门岗遗址示意图
（依赵辉）

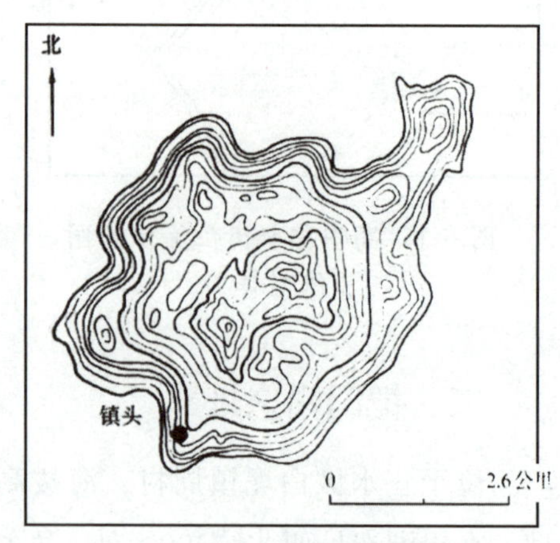

图8–4　南海镇头遗址示意图
（依赵辉）

（一）石器与石片

石器。有手斧、尖状器、刮削器、双肩斧、双肩锛、梯形锛、凿和砺石等。

手斧　椭圆形或三角形，周边较薄，多数两面打制。长度不到10厘米。

尖状器　或称“蠔蛎啄”，一端尖锐，一端厚，用于取食蚝肉。

刮削器　呈牛角状，弯内有短浅崩口。

双肩斧　数量最多，达80多件，多为次品或废品，其柄部或双肩、两侧、刃口均有缺损，因而弃之不取。按其加工程度，可分为初步成形（20件）、基本成形（21件）、完全成形（10件）三类，另有一些仅存柄、肩部或刃部的残件。从完全成形的器物看，有长身、短身和椭圆体三种，肩部大都近乎直角。

双肩锛　单面刃，刃口有使用崩疤。

梯形锛　长方梯形，单面刃。多为霏细岩，1件为砂岩。

凿　窄身，长条形，单面刃。

砺石　砂岩，长方形，有磨砺疤痕。

石片。是制作石器时剥落下来的废片，多为长条形或椭圆形。2厘米以上者共出土8445件。一般是5厘米以下，不见第二步加工。

（二）陶片

共出土108片。多为夹砂陶，火候较低，器形仅可辨釜，敞口、折沿。纹饰多为绳纹，也有一些是划纹和素面。值得注意的是一件圈足器残片，其上拍印曲折纹（图8-5）。

此外，在文化层中还有一些火烧泥块以及种属不明的动物骨骼。贝壳则仅见河蚬一种。

镇头遗址是打制双肩石器的工场，其地形地貌并不适宜家居生活。故在遗址中有许多碎石屑、石核以及半成品。曾对贝壳进行碳十四年代测定，第二层年代距今为5050±100，第三层年代距今为5470±100[①]，表示镇

① 《放射性碳素测定年代报告（七）》，载《考古》1980（4），第372—377页。

头遗址至少有几百年的跨度。后者与灶岗遗址的测定年代较为接近，两者均出现曲折纹，似乎两处遗址的年代也相近。

四、西樵山富贤村遗址

富贤村遗址在西樵山的南面，曾编十一地点。宽约150米，长约500米，范围颇大。用探沟法对地层进行了划分，第三层为文化层，最厚40厘米（图8–6）。石片很多，多数长2～4厘米。

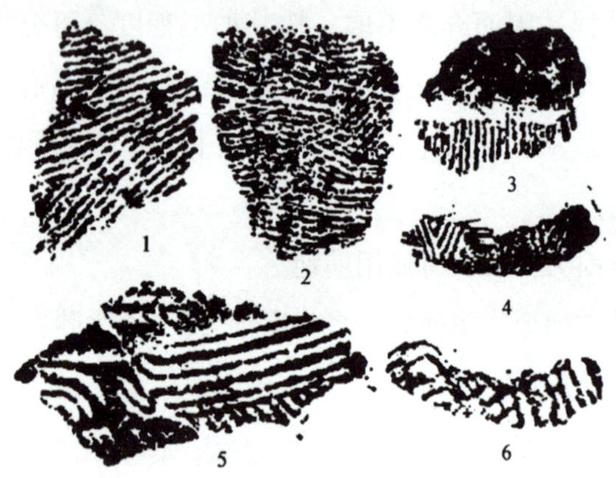

图8–5 陶片纹饰（依何纪生）

1～3. 绳纹；4、6. 曲折纹；5. 叶脉纹（1–4，西樵山镇头遗址；5，西樵山富贤村遗址；6，南海灶岗遗址）

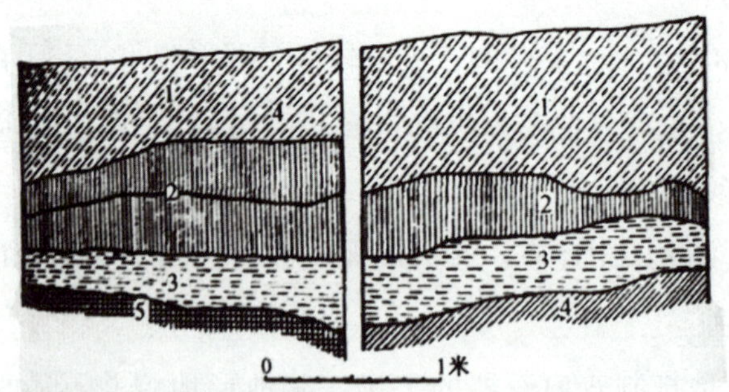

图8–6 西樵山富贤村遗址T5、T4探沟剖面图（依何纪生）

1. 表土层；2. 扰乱层；3. 文化层；4、5. 灰黄土或黄土（生土层）

在文化层出土两件打制的双肩石器和一件拍印叶脉纹夹砂陶片。富贤

村遗址可能是制作双肩石器的先民们短期居住的地方，故遗址面积虽然较大，但文化层较薄，遗物多是石片，陶器少，年代跨度也比较大，自西樵山制作双肩石器始，至结束止，大概从新石器时代中期至商代早期。富贤村遗址没有测定年代，相信估计年代应不会有大的问题。

五、通心岗遗址

位于南海区丹灶镇良登村，西距银洲遗址约10公里，是一处直径60～70米的小丘岗，属岗丘型。西南不远处为船埋岗，有迹象表明很可能是一处较大型遗址中的两个地点（图8–7）。

据1981年的考古探沟表明，通心岗遗址的地层中，①层深35～40厘米；②层为疏松的灰土层，已被扰乱，厚22～33厘米，夹有个体很小的蚬壳和陶片；③层为较松的灰褐土层，厚38～44厘米，杂有蚬壳、红烧土和陶片；④层为灰土层，夹贝壳，蚬壳个体大，并有少量文蛤和陶片；⑤层为黄白色粘土层，厚7～11厘米，含红烧土末和陶釜残片。下为灰色青膏泥状生土。

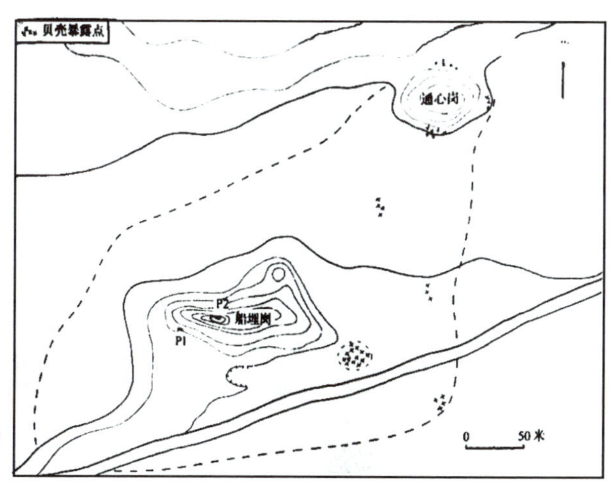

图8–7　南海通心岗与船埋岗示意图（依赵辉）

通心岗遗址的岗顶曾发现人骨，估计是墓地，因此，通心岗与银洲遗

址、鱿鱼岗遗址的布局有一定的相似之处。此外，距东坡及东南坡不远的鱼塘底部也可看到贝壳堆积，由此判断，遗址面积不仅限于丘岗的范围。通心岗发现的陶片纹样有绳纹、条纹、曲折纹、长方格纹、云雷纹等（图8-8），可辨器形有釜、罐、圈足罐，折肩罐是肩部素面，腹部饰云雷纹。据此，年代下限为距今3500年。此外，还采集有细石器，应与西樵山的细石器有一定的文化关系。

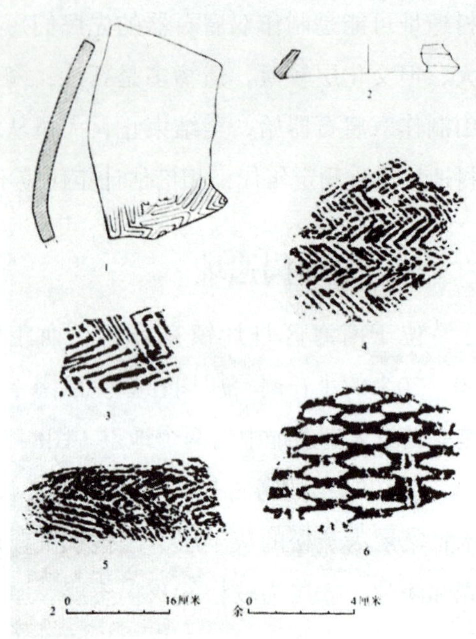

图8-8　南海通心岗遗址陶片（依赵辉）
1. 折腹陶罐残片；2. 罐圈足；3～6. 陶片纹饰

六、船埋岗遗址

与通心岗同样，也位于南海区丹灶镇良登村、通心岗的西南方向约180米，即为船埋岗的东缘，后者是平面不规则的岗丘，属岗丘型。东西长约160米，南北最宽处为100米，岗的最高处在西部，高差约为8米，周围是农田、鱼塘，地势平坦。船埋岗的南面有一条近年所开东西向较直的河道，为修筑河堤而取土，可能在一定程度上破坏了岗地南侧的地形地貌。岗上虽无建筑，但附近居民为种植剑花而垒砌砖垛，严重扰动了原有的堆积。

据观察，1981年广东省博物馆曾对船埋岗遗址进行小规模的探坑试掘，其地层是：①层为扰土；②层为灰褐土，厚近1米，夹杂石块和少量蚬壳，还有饰曲折纹、云雷纹的陶片；③层为灰黑土贝壳层，厚约30厘米，夹有蚬壳，间见文蛤、石螺。

在岗地采集到的遗物有夹砂陶片和泥质陶片，夹砂陶器有釜和支座

的残件，纹饰简单，仅见绳纹。泥质陶器的纹饰复杂多样，曲折纹、编织纹、云雷纹等。可辨器形有叶脉纹折肩罐、曲折纹折腹陶罐，敛口深腹豆，直腰中空器座（图8-9）等，其年代与通心岗遗址相同。

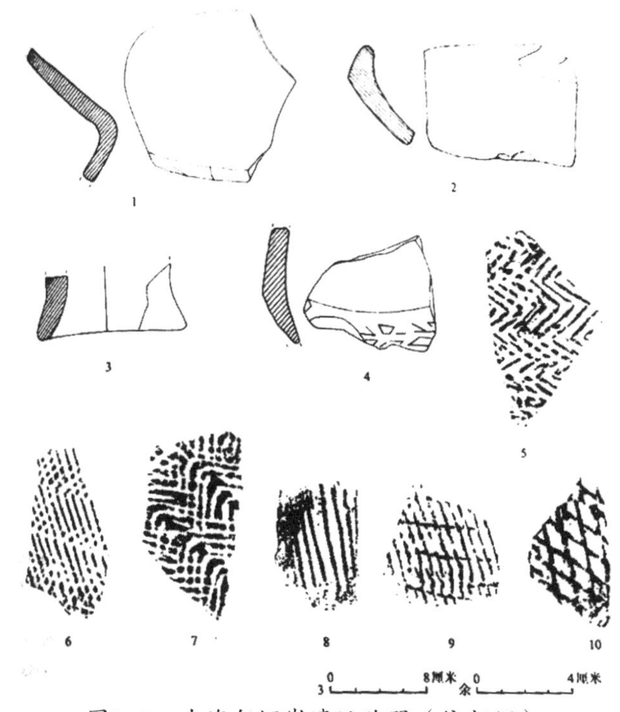

图8-9　南海船埋岗遗址陶器（依赵辉）
1. 罐口沿；2. 豆盘残片；3. 残支座；4. 折腹罐残片；5～10. 陶片纹饰

对遗址的调查表明，船埋岗遗址的分布范围颇大，在距岗地边缘东西100米，南北50米的范围内，地表均可见贝壳。在连接通心岗的小路两侧，也可见翻动出来的贝壳，局部还相当密集，估计船埋岗遗址有可能是与通心岗遗址文化堆积连续的一个整体。

七、邓岗遗存

遗址位于南海区南庄镇邓群村，与西樵山隔河相对。邓岗是一座条形的石灰岩孤山，东西长约350米，南北宽约120米，山势比较陡峭，周围地

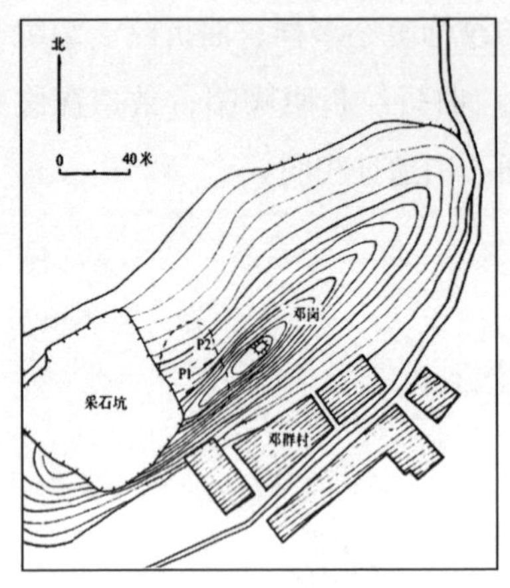

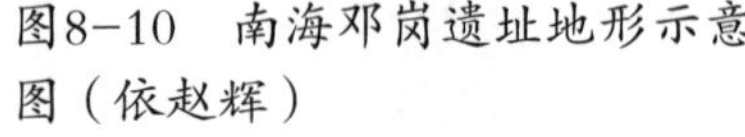
图8-10　南海邓岗遗址地形示意图（依赵辉）

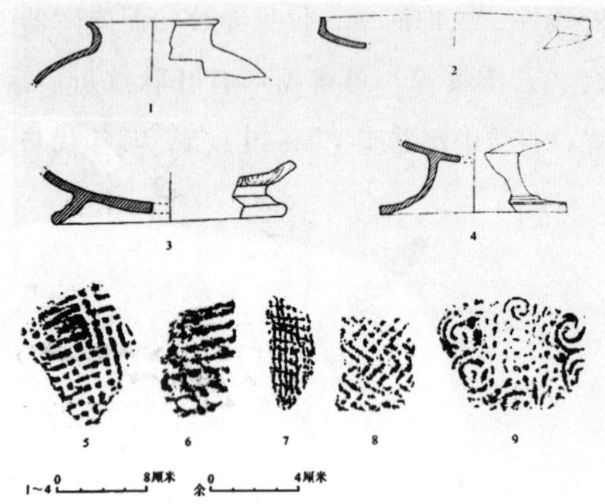

图8-11　南海邓岗遗址陶片（依赵辉）
1. 罐口肩残片；2. 豆盘；3，、4. 罐圈足；5~9. 陶片纹饰

势平坦。在山的西段有巨大的采石坑，石坑与山坡的制高点宽约60米，范围内发现有贝壳堆积和印纹陶片，属台地型，整体面积约2500平方米（图8-10）。据地层剖面观察，①层为灰黑土，厚约50厘米；②层夹杂很多贝壳，河蚬居多，厚10~15厘米；③层为灰褐色粘土，有密集的文蛤，大文蛤长10厘米。少量河蚬，并见陶片，可辨有圈足罐。采集陶片有泥质、夹砂两类，夹砂陶数量少，纹样只有绳纹一种，器形可辨有釜。泥质陶多，纹饰有条纹、曲折纹、长方格纹、漩涡纹、菱格纹等，有的素面，多数与船埋岗相同，但不见云雷纹。器形可辨有罐、圈足罐、豆等。圈足罐的器足有凸棱，大喇叭口；豆为直口、折腹浅盘（图8-11）。其年代可能比船埋岗遗址稍早一些，相当于银洲遗址第一期，即距今约3800年以前。

八、蚬壳岗遗存

在南海区丹灶镇苏村，这里有清朝末年戊戌变法领袖人物康有为的故居，遗址即在故居的水塘对岸一处不规则形丘岗（图8-12），岗顶相对高度29米，有大量的贝壳堆积，属岗丘型。贝壳堆积分布范围约为长180

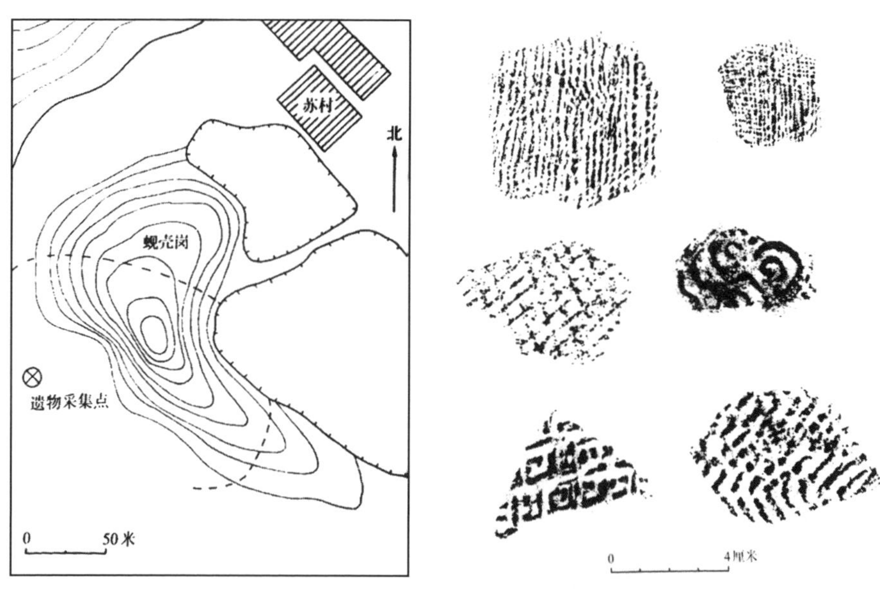

图8-12　南海蚬壳岗示意图（依赵辉）　图8-13　南海蚬壳岗遗址陶片（依赵辉）

米，宽80余米。岗顶部分尚可见厚40～50厘米的贝壳堆积，贝壳里面呈白色，无层理。主要是河蚬，偶见石螺。文化堆积年代较杂乱，近现代的陶瓷片夹杂其间，似经过后期严重扰乱。另在岗前西坡30米处也发现贝壳堆积，可知早期文化层延伸至岗前坡地。仅采集到6块陶片，夹砂陶纹样为绳纹，泥质陶纹样为大方格纹、小方格纹、曲折纹、卷云纹，云雷纹等（图8-13），年代相当于银洲遗址第一期与第二期之间。

九、麻祖岗遗址

位于顺德区龙江镇左滩龙田村西部，是一处低矮的小山岗，属岗丘型。2008年顺德区文物普查队在进行第三次全国文物普查时发现，推测遗址分布面积约为7000平方米，但相当部分已为鱼塘占用和破坏。经考古勘探，地层中的①至③层为汉、唐宋时期至近现代，厚56～92厘米；两件陶网坠出于第①与第③层，年代为汉时期（图8-15：17、18）；第④层有炭粒、石器和陶片，厚2～36厘米。陶片纹样有绳纹、篮纹、曲折纹、菱格

图8-14　顺德麻祖岗遗址陶片纹饰（依董平）

1、2、5、6、9. 绳纹；3、8. 菱格纹；4. 网格纹；7、12. 菱格凸点纹；10. 卷云纹；11. 云雷纹；13. 篮纹；14. 曲折纹

纹、菱格凸点纹、网格卷云纹、云雷纹等（图8-14）。

器形上，陶器可辨有釜和罐；石器可辨有锛、刀、镞和砺石。叙述如下：

（一）陶器

均为夹砂陶。

釜2件。一件（SLMTG2④：3），侈口，卷沿，圆唇较厚，饰粗绳纹（图8-15：1）；另一件（SLMTG2④：6），侈口，折沿，圆唇，饰粗绳纹（图8-15：2）。

罐　5件。一件（SLMTG2④：30），口残缺，折沿，素面（图8-15：5）；另一件（SLMTG2④：32），子母口，圆唇，素面（图8-15：3）；二件（SLMTG2④：35、18），卷沿近折，圆唇，肩部与口沿相接处饰绳纹（图8-15：4、7）；还有一件（SLMTG2④：42），口已残，直领，折沿，

器腹外撇成溜肩状（图8–15：9）。

（二）石器

有刀、锛、镞、砺石等。

刀　一件（SLMTG1①b：1），双面磨制，单面刃，器的一端为半圆形，另一端残缺。残长10厘米，宽4.5厘米，厚0.9厘米（图8–15：15）。

锛　一件（SLMTG2④：2），器体磨制光滑，单面刃，一端有一个残的圆形穿孔。残长3.8厘米，宽2.5厘米，厚0.7厘米（图8–15：16）。

镞　一件（SLMTG1③：7），柳叶状，剖面三棱形，残长3.4厘米（图8–15：20）。

砺石　一件（SLMTG2③：1），两端已残，四面加磨，上下有凹面。残长16厘米（图8–15：19）。

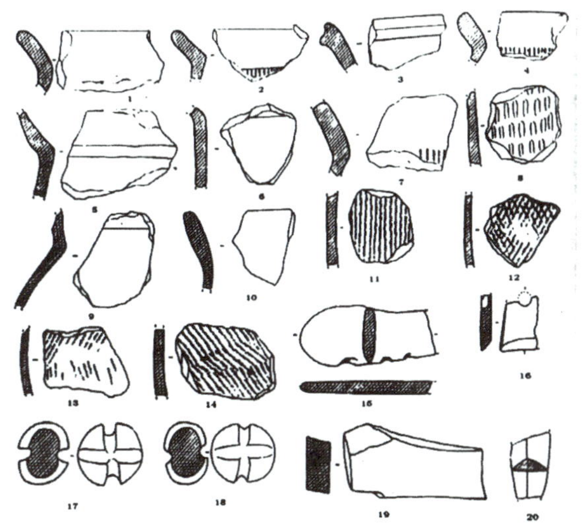

图8–15　顺德麻祖岗遗址出土遗物（依董平）

1、2. 陶釜口沿；3～7. 陶罐口沿；8. 篮纹陶片；9、10. 陶罐残片；11～14. 绳纹陶片；15. 石刀；16. 石锛；17、18. 陶网坠（汉时期）；19. 砺石；20. 石镞

麻祖岗遗址报告书认为第四层的年代在商时期，与河宕遗址二期文化大体同时，应属同一个考古学文化，这个富有意义的发现，将顺德人类活动的历史提前了一千多年，为研究珠江三角洲先秦历史和该地区古环境的

演变提供了新的资料。笔者认为，年代为距今3500年左右的商代早期，这已是顺德区最早的遗存了。

这几处遗存，可以认定属于新石器时代晚期，下限在商代早期，距今为5000～3500年。其中西樵山镇头遗址和富贤村遗址的上限可能在新石器时代中器，即距今约6000～5000年。这些遗存虽是调查，没有进行考古发掘，但其性质基本确定。它们是一个大时代中的遗址群落，其食物基本来源于采集和渔猎，仅有一点园圃式的农业，只是在商代后期，才发展盐业和农业，使生活面貌有很大的变化。可惜商代遗存在佛山地区还发现较少，我们对这时期的情况还了解得很不够。

还应提及的是，据调查，属于新石器时期的南海区西樵民乐的龙船田遗址、糖寮村遗址、吉赞后岗遗址，官山的滕冲岗遗址、简村遗址、绿洲村遗址，小塘的庄步村遗址、西门村遗址，丹灶苏村的三面岗遗址、观音庙口遗址、银河桥遗址、大市遗址，良登村的市口岗遗址，九江大同圩的昼夜岗前遗址、山柏村遗址，大沥的大圳遗址，禅城区张槎的石仔村遗址，澜石深村的石岗遗址，狮头山遗址等[1]，均可见同类的石器、陶器、骨器以及兽类、贝类遗骸，贝类中以蚬最多。其中吉赞后岗遗址、观音庙口遗址、银河桥遗址、绿洲村遗址、庄步村遗址、昼夜岗前遗址、山柏村遗址、石仔村遗址、狮头山遗址的遗骸中见有人骨，可知遗址中也有墓葬的存在，与灶岗遗址、鱿鱼岗遗址、三水银洲遗址、禅城河宕遗址等遗存是相同的，应是氏族公共墓地的反映。

学者云：相关遗存真不少，可经发掘不多了；

古时遗址今何在，只好简单来介绍。

---

① 莫稚、陈智亮：《广东珠江三角洲贝丘遗址》，载《南粤文物考古集》，北京：文物出版社，2003年，第237页。

第九章 两周时期

历史文化

周时期的发现主要是高明区的马麻岭，由广东省文物考古研究所对筹建中的广明高速公路调查时发现，因清理报告未编写，故在这里多叙述一些。此外还有一些零星的发现，如南海区的西周时期的铜戈与石戈、禅城区澜石等地的战国墓等。虽然发现尚少，但对于探讨秦汉以前佛山地区的两周文化是十分重要的资料。

第一节　高明马麻岭墓葬

马麻岭位于高明区西南的更合镇上新村，离高明城区（荷城）32公里。属台地型，在这里清理了西周时期的墓葬18座（图9-1、2）①。主要分布在广明高速公路线路范围内的山坡面上，中部分布较多。墓向基本呈东西向，多数低于90°，即头向西。因墓地土壤呈酸性，腐蚀性强，骨骼与葬具已经无存，个别墓底仅存薄薄的炭状黑色遗迹，似属棺木板灰。其中M1、M2、M3、M4、M5、M6、M7、M8、M9、M10、M11、M12、M13等13座墓有随葬品，M14、M15、M16、M17、M18等5座墓无随葬品。在相互关系上，只有M9打破了M13。推定这批墓葬基本上属同一时期。

一、墓葬

均为土坑竖穴墓，长方形，口与底大致相同；四壁稍微向内倾斜，壁面未经修平，比较粗糙；墓底平直。墓室上部多被破坏。现将部分墓葬分

---

① 郭顺利、邱立诚：《佛山市马麻岭周代墓地》，载《2007年中国考古年鉴》，北京：文物出版社，2008年，第364—365页。

述如下。

M1　墓向63°。墓口长220厘米，宽54～56厘米，墓坑深60～72厘米。随葬品有陶罐1件，原始瓷豆1件，铲形石礼器1件（图9-3）。

M2　墓向75°。墓口大底小，口长223厘米，底长210厘米，宽78厘米，墓坑残深50～70厘米。墓室上部有随葬品陶罐1件，墓底部有随葬品玉环1件（图9-4、5）。

M3　墓向105°。墓口大底小，口长210厘米，宽56厘米，底长206厘米，宽54厘米，墓坑深度已被破坏，残深10～15厘米。随葬品有原始瓷豆、玉玦各1件（图9-6）。

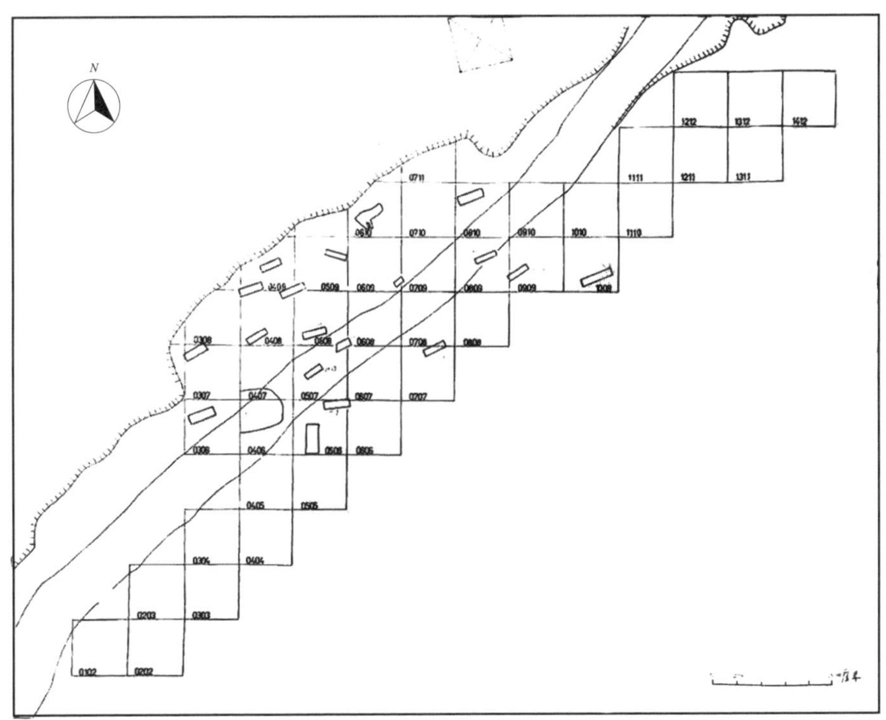

图9-1　高明马麻岭墓葬分布示意图（依郭顺利）

M8（T0306），M9、M13、M18（T0506），M17（T0307），M15（T0507），M16（T0707），M12（T0408），M2、M11（T0508），M6、M7（T0409），M10、M3（T0509），M5（T0609），M1（T0809），M14（T0909），M4（T0810）

图9–2　马麻岭墓地航拍图（依郭顺利）

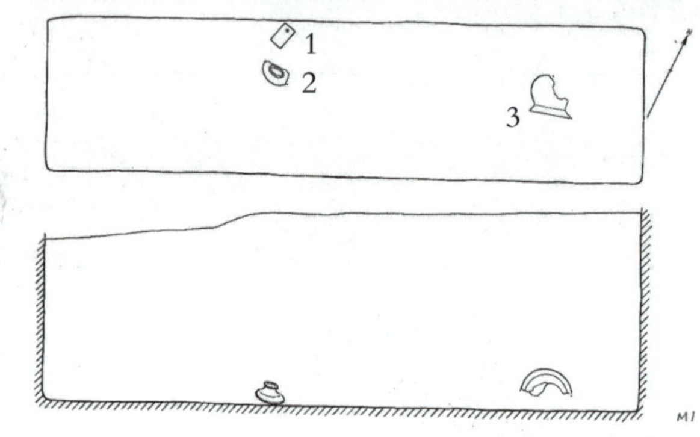

图9–3　马麻岭M1平、剖面图（依郭顺利）
1. 铲形石礼器；2. 原始瓷盂；3. 陶罐

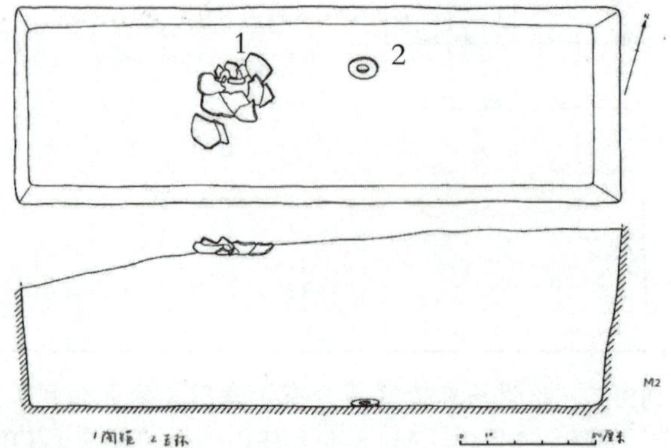

图9–4　马麻岭M2平、剖面图（依郭顺利）
1. 陶罐；2. 玉环

图9–5　马麻岭M2底部（依郭顺利）

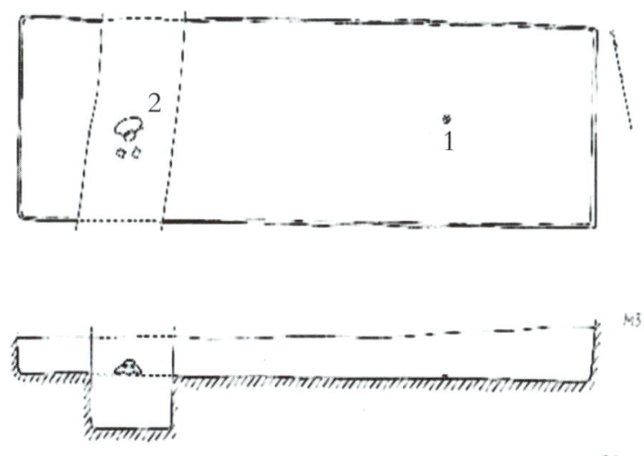

图9–6　马麻岭M3平、剖面图（依郭顺利）
1. 玉玦；2. 原始瓷豆

M4　墓向64°。墓口长240厘米，宽80厘米，墓坑残深60～70厘米。在墓室西部发现木棺板灰痕迹，宽54厘米，长度不明。墓室上部有随葬品陶罐2件，墓底部有随葬品管形玉串饰1件（组）（图9–7～9）。

M5　墓向57°。墓口残长100厘米，宽58厘米，墓坑残深20厘米。随葬品有玉玦1件（图9–10）。

M6　墓向64°。墓口长252厘米，宽84厘米，墓坑残深80厘米。墓室上部有随葬品陶罐2件，陶簋1件，原始瓷豆2件（图9–11）。

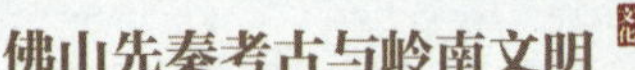

M7　墓向65°。墓口长208厘米，宽70厘米，墓坑残深35厘米。墓室上部有随葬品原始瓷豆1件（图9-12）。

M8　墓向69°。墓口长256厘米，宽96厘米，墓坑残深34厘米。墓室填土中有随葬品原始瓷豆2件，玉环1件（已破碎）（图9-13）。

M9　墓向85°。墓口长240厘米，宽64厘米，墓坑残深60厘米。墓室填土中有随葬品陶鹰形器1件、陶罐2件（图9-14、15）。

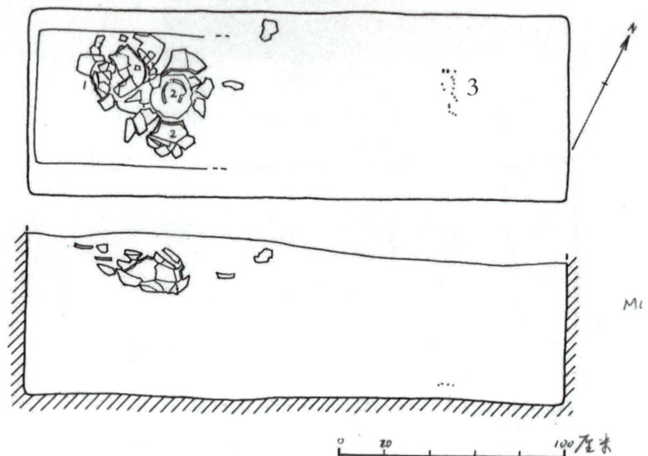

图9-7　马麻岭M4平、剖面图（依郭顺利）
1、2. 陶罐；3. 管形玉串饰

图9-8　马麻岭M4（依郭顺利）

图9-9　M4：3管形玉串饰（依郭顺利）

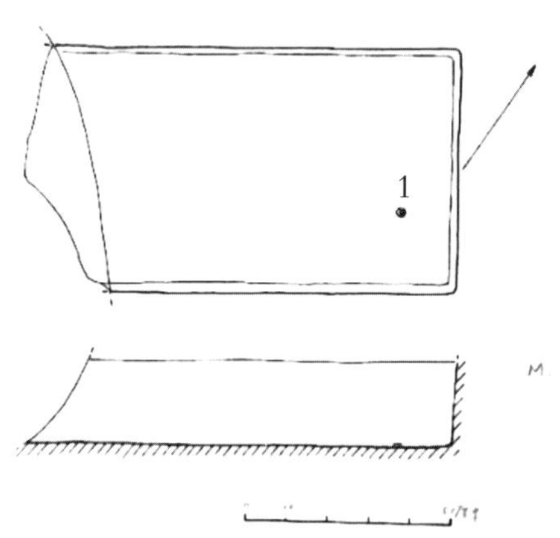

图9-10　马麻岭M5平、剖面图（依郭顺利）
1. 玉玦

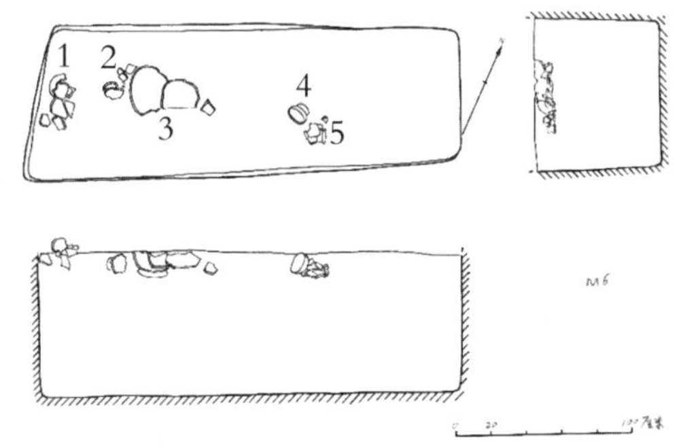

图9-11　马麻岭M6平、剖面图（依郭顺利）
1、5. 陶罐；2、4. 原始瓷豆；3. 陶簋

图9-12　马麻岭M7平、剖面图（依郭顺利）
1. 原始瓷豆

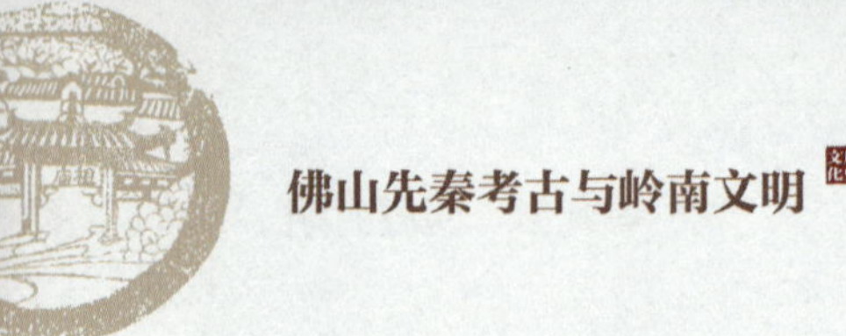

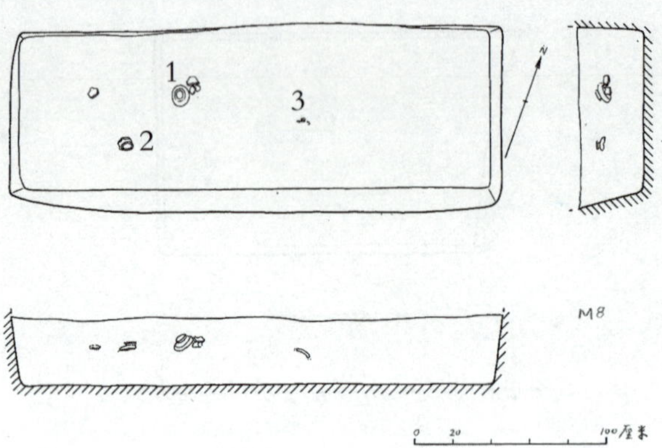

图9-13　马麻岭M8平、剖面图（依郭顺利）
1、2. 原始瓷豆；3. 玉环

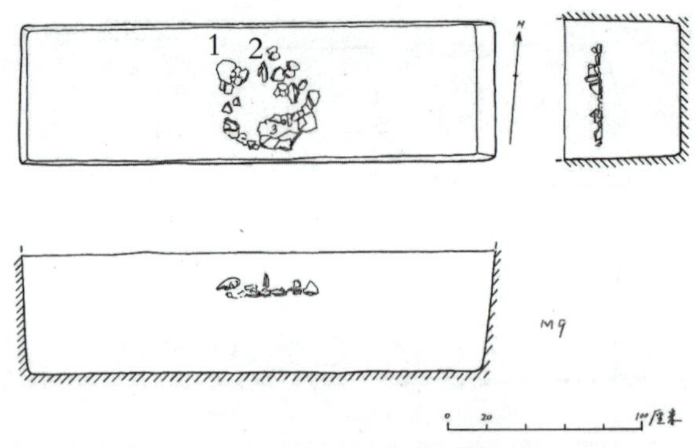

图9-14　马麻岭M9平、剖面图（依郭顺利）
1. 陶鹰形器；2、3. 陶罐

图9-15　M9陶鹰形器出土情况（依郭顺利）

M10　墓向65°。墓口长240厘米，宽70厘米，墓坑残深12～38厘米。随葬品有玉玦2件（图9-16）。

M11　墓向64°。墓口残长160厘米，宽70厘米，墓坑残深20厘米。墓室上部及填土中有随葬品陶罐2件（图9-17）。M13　被M9打破。墓向64°。墓口长220厘米，宽70厘米，墓坑残深15～90厘米。在墓室四周发现木棺板灰痕迹，最长的一处95厘米，宽10厘米。在底坑有随葬品玉环1件（图9-18）。

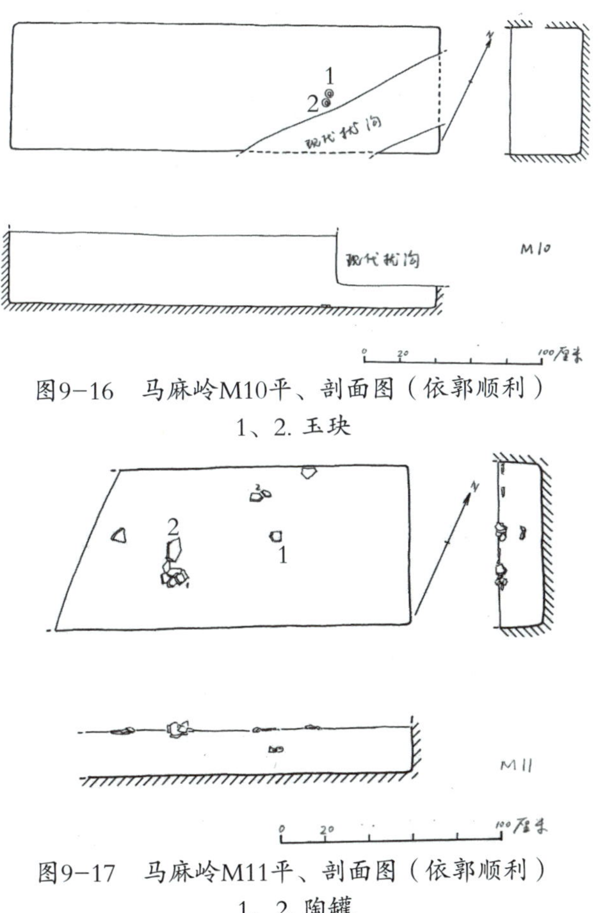

图9-16　马麻岭M10平、剖面图（依郭顺利）
1、2. 玉玦

图9-17　马麻岭M11平、剖面图（依郭顺利）
1、2. 陶罐

M15　墓向55° 。墓口长186厘米，宽43～53厘米，墓坑残深34～40厘米。无随葬品。

图9-18　马麻岭M13（被M9打破）（依郭顺利）
1. 玉环

二、随葬器物

墓葬的随葬品主要是陶罐和原始瓷豆，还有一些随身的玉器饰品。此外，与墓地同期的文化层中还出土了一些器物，有陶器和原始瓷器，应是墓葬的随葬器物。陶器多为泥质，火候高，纹饰有刻划的梳齿纹、水波纹、弦纹、篦点纹和拍印的方格纹、小方格纹、夔纹，凸块菱形纹、回字云雷纹等，多见组合纹饰，尤其是夔纹与方格组合纹，夔纹均为圆角，至少有四种纹样（图9-19、20），主要是罐类，其次是瓿、簋、豆、纺轮等。原始瓷豆则在外底圈足内有刻划符号（或文字），目前见到有六种。

（一）陶器

罐　18件。有鼓腹和垂腹两种。其中墓葬出土10件，地层出土8件。

鼓腹罐

M2：1，侈口，圆唇，折沿，沿面微弧，鼓腹，圜平底。内壁有制坯时

捏挤不到位遗留的凹窝和凸包，颈以下饰方格、弦纹与夔纹组合。口径14厘米，腹径24厘米，高18.4厘米（图9–21：9；图9–22：1）。

M4：2，侈口，方唇，折沿，鼓腹，下腹残。内壁有遗留捏挤坯胎时的印痕。器表饰方格、弦纹与菱格凸块组合等。口径14.4厘米，腹径23.5厘米，残高19.4厘米（图9–21：4；图9–22：2）。

M1：3，侈口，卷唇，折沿，鼓腹，底残。器表饰方格与夔纹组合。口径14.2厘米，残高10厘米（图9–21：2）。

T0709②：1，侈口，方唇略尖，折沿，鼓腹，下腹线。器表饰网格纹（图9–21：5）。

T0608①：1，侈口，方唇，折沿，鼓腹，下腹残。器表饰方格与弦纹。口径11.6厘米，残高5厘米（图9–21：7）。

T0609①：2，侈口，圆唇，下腹残。口径6厘米，残高5厘米。

T0806①：1，侈口，圆唇，折沿，沿面微弧，下腹残缺。饰方格纹、弦纹组合。口径15厘米，残高4厘米。

垂腹罐

M6：1，侈口，卷沿，腹壁较陡，圜底。腹饰弦纹、方格与夔纹组合。口径9.5厘米，高10.2厘米（图9–21：3）。

M4：1，侈口，折沿，沿面较陡，圜平底。腹饰弦纹、方格与夔纹组合。口径18厘米，高27.6厘米（图9–21：6）。

瓮　1件。T0406④：1，侈口，圆唇，折宽沿，沿面微弧，鼓腹，圜平底。沿外饰梳齿纹与方格组合，沿内饰刻划波浪纹，腹饰刻划曲折纹、弦纹，拍印方格与夔纹组合。口径62厘米，腹径80厘米，高84厘米（图9–21：1）。

簋　1件。M6：3，腹部泥质灰陶，圈足夹砂灰陶。直口，圆唇略向外展，弧腹较直，内收成圜底，喇叭形圈足。器表饰刻划弦纹与拍印方格纹组合。口径27.3厘米，足径17.5厘米，高17厘米（图9–21：10；图9–22：3）。

豆　3件。

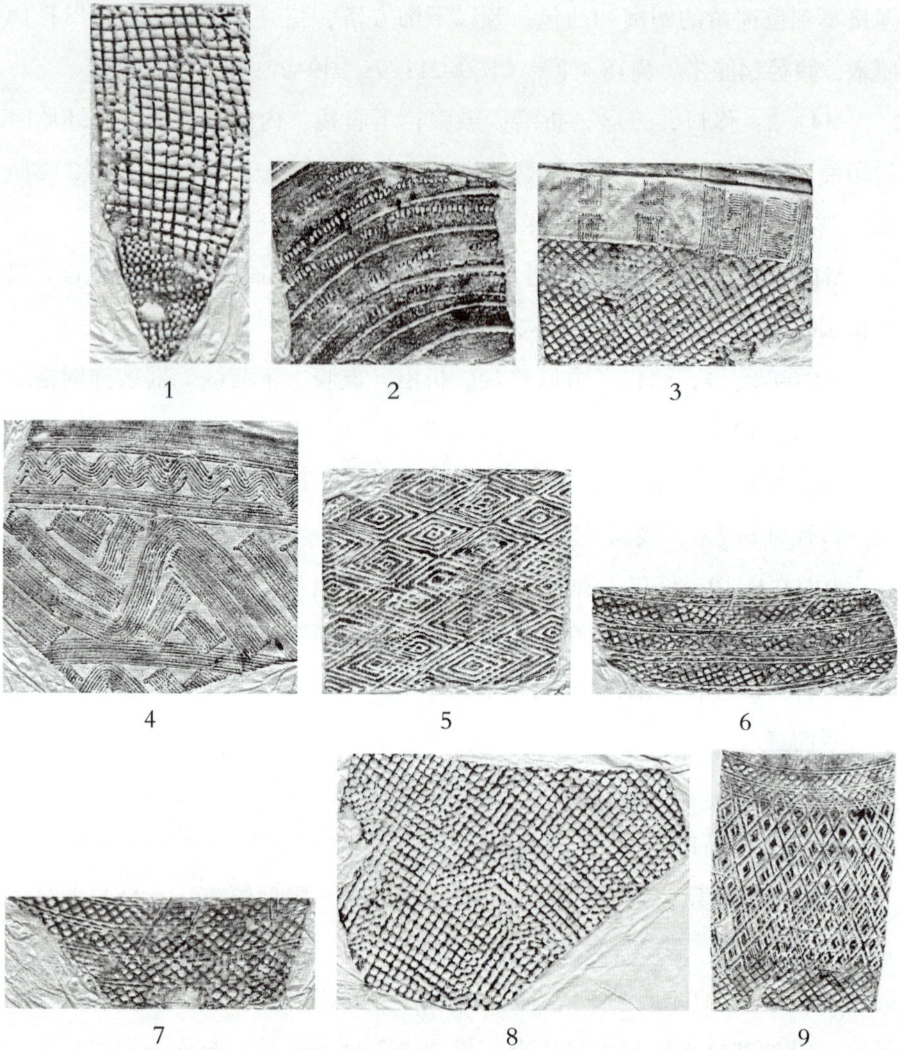

图9-19 马麻岭陶器纹饰拓片（依郭顺利）

1. 方格纹与小方格纹组合（M4：1）；2. 弦纹与篦点纹组合（T0405）；3. 梳齿纹与方格纹组合（T0406）；4. 刻划梳齿水波纹与弦纹组合（T0407）；5. 回形云雷纹（T0407）；6、7. 方格纹与弦纹组合（T0608、T0609）；8. 方格纹（T0810）；9. 方格、弦纹与凸块菱形纹组合（M4：2）

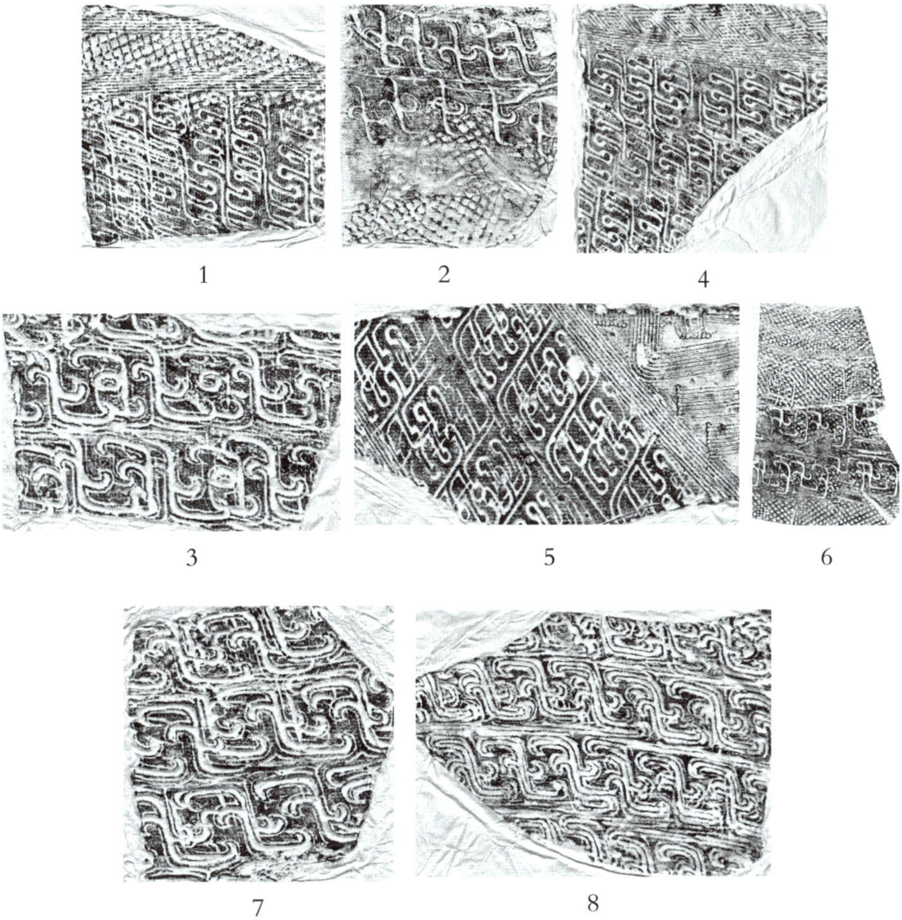

图9-20　马麻岭陶器纹饰拓片（依郭顺利）

1、6. 方格、弦纹与夔纹组合（T0407、马采）；2. 夔纹与方格纹组合（M1：3）；3. 回形、弦纹与夔纹组合（T0406）；4、7、8. 夔纹（T0810、T0810、M4：1）；5. 刻划水波、弦纹与拍印夔纹组合（T0406）

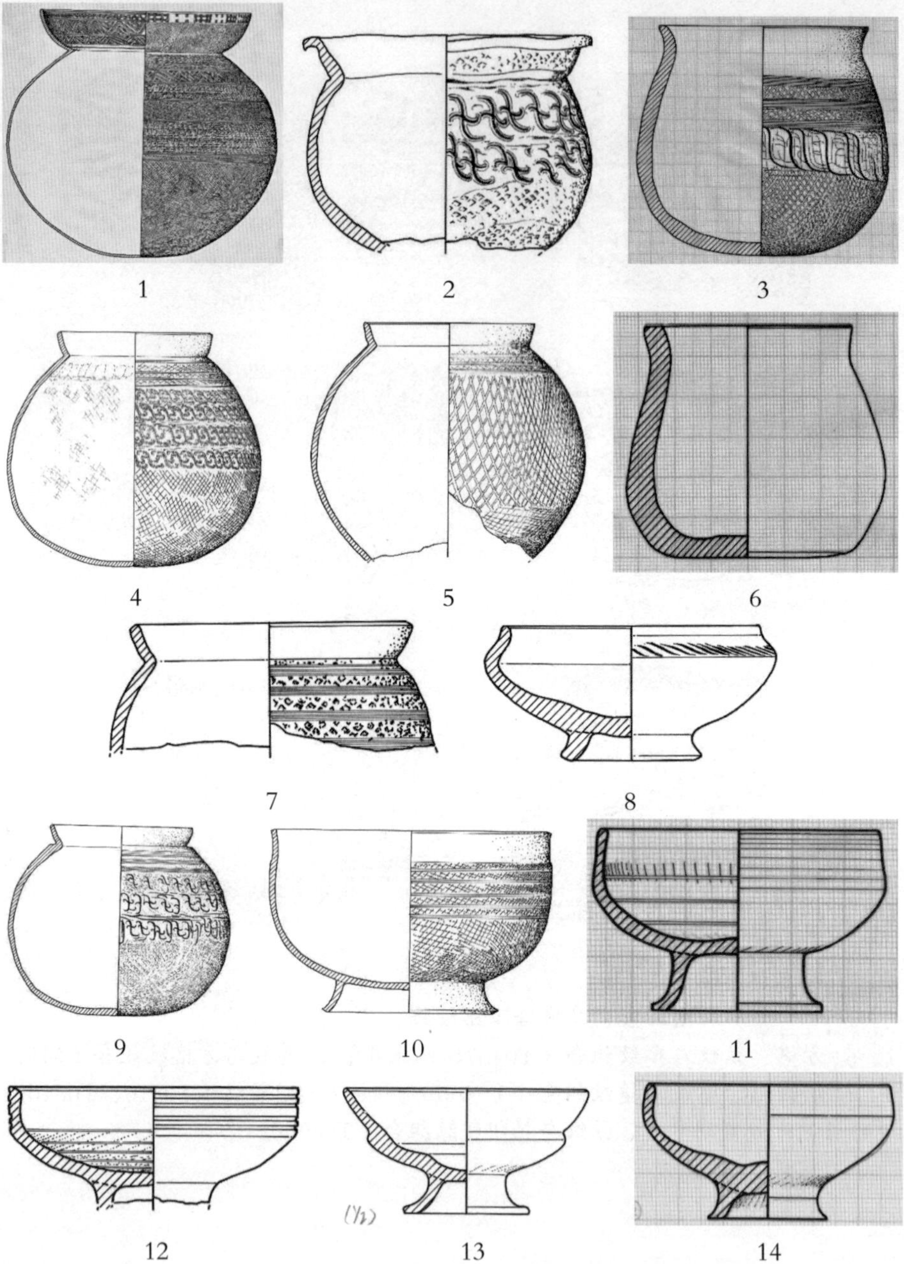

图9-21　马麻岭墓葬陶器及原始瓷器（依郭顺利）

1. 陶瓮（T0406）；2、4、5、7、9. 鼓腹陶罐（M1：3、M4：2、T0507、T0709、T0608、M2：1）；3、6. 垂腹圜底陶罐（M6：1、M4：1）；8. 原始瓷盂（M1：2、T0709）；10. 陶簋（M6：3）；11、12、14. 原始瓷豆（M8：2、T0607、T0710）；13. 陶豆（T0406）。

图9-22　马麻岭墓葬陶器及原始瓷器（依郭顺利）

1、2. 陶罐（M2：1、M4：2）；3. 陶簋（M6：3）：4. 原始瓷盂（M1：2）；5、6. 原始瓷豆（M3：2、T0507）；7、8. 陶豆（T0406、M12：1）

M12：1，敞口，折腹，下为喇叭形圈足。足内底刻划七道梳齿纹为符号。口径12.7厘米，高6.5厘米（图9-22：8；图9-23：6）。

T0406④：1，圆唇，敞口，曲折腹，喇叭形圈足。器表下腹饰蓖点纹。口径12.1厘米，高6.5厘米（图9-21：13；图9-22：7）。

鹰形器　1件。M9：1，泥质灰陶，中空。有头及身体的一部分，尾端残缺。头部有较尖的鸟喙，器身背面拱起，刻划羽毛形纹样，两侧略张呈双翼状。宽11.8厘米，残长10.6厘米（图9-23：7；图9-24：1、2）。

纺轮　1件。T0709①：1，算珠形，直径3.2厘米，高2.2厘米。

（二）原始瓷器

有豆、盂等。

豆　14件。其中墓葬出土7件，地层出土7件。均为刻划纹，施豆绿色青釉。

T0507②：1，灰白色胎，敛口，圆唇，直壁，折腹。喇叭形圈足，足外缘刮削，足内底有刻划符号。盘内有积釉现象，饰蓖点纹、弦纹。口径9.2厘米，高5.2厘米（图9-23：1）。

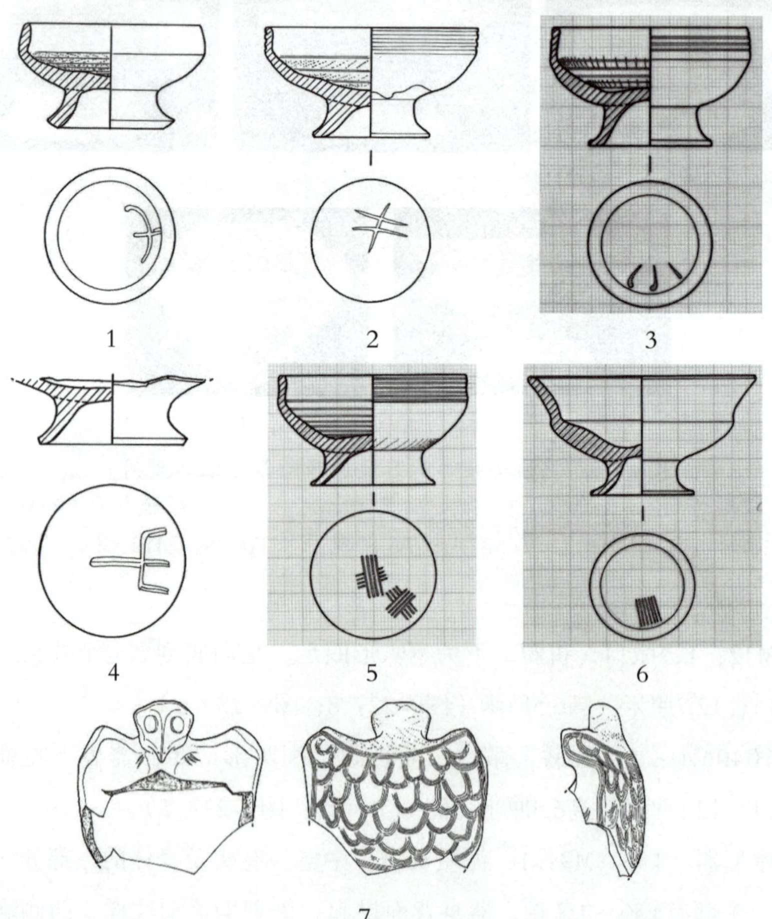

图9-23　马麻岭墓葬遗物（依郭顺利）

1～5. 原始瓷豆及刻划符号（T0507、M3：2、M8：1、T0506、M6：4）；6. 陶豆及刻划符号（M12：1）；7. 陶鹰形器（M9：1）

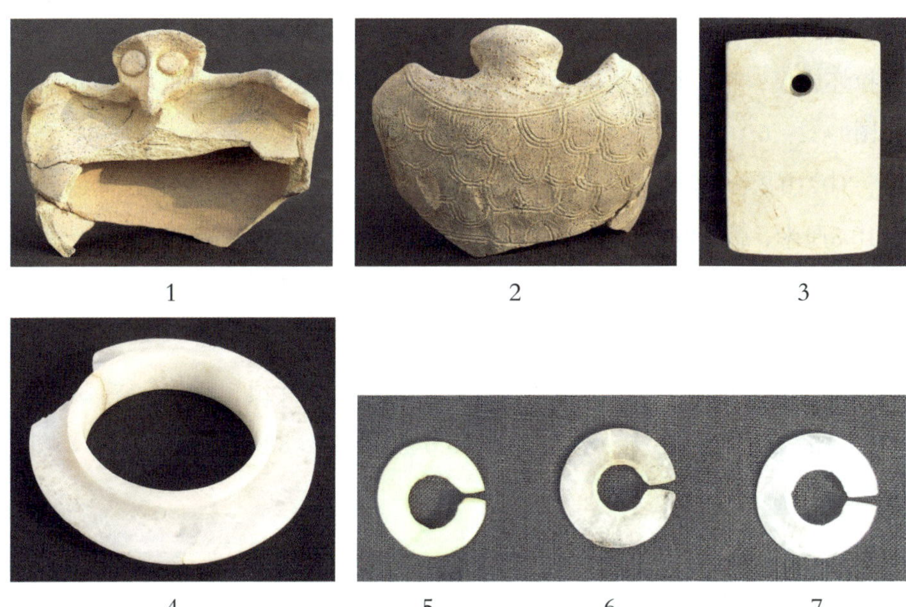

图9–24　马麻岭墓葬遗物（依郭顺利）

1、2. 陶鹰形器正背面（M9：1）；3. 铲形石礼器（M1：1）；4. 玉环（M2：2）；5～7. 玉玦（M3：1、M5：1、M10：2）

M3：2，灰白色胎，直口微敛，圆唇，直壁，钵形腹。喇叭形圈足，足内底有刻划符号。青釉有少许剥落，盘内有积釉现象。饰蓖点纹、弦纹。口径10.8厘米，高5.5厘米（图9–22：5；图9–23：2）。

M6：4，灰白色胎，圆唇，敛口，直壁，折腹，喇叭形圈足，足内底有梳齿“十”形刻划符号。青釉大部分剥落。饰弦纹、蓖点纹（图9–23：5）。

M8：1，直口微敛，圆唇，折腹，喇叭形圈足。盘内刻划数道弦纹及两周竖纹，器表上腹有刻划数周弦纹。足内底有刻划符号。口径10厘米，高6厘米（图9–23：3）。

M8：2，口微敛，钵形腹微折，喇叭形圈足。盘内三周弦纹及一周竖纹，器表数周弦纹。口径10.5厘米，高6.7厘米（图9–21：11）。

T0506⑤：1，灰白色胎。上腹残缺，喇叭形圈足。内底有刻划一个“叉”形符号。足径3.3厘米，残高2.8厘米（图9–23：4；图9–25）。

T0507⑤：1，灰白色胎。敛口微侈，方唇，折肩，弧腹内收，腹壁留有拉坯旋痕，喇叭形圈足较矮。肩饰弦纹与篦点纹。口径14厘米，高6厘米（图9-22：6）。

T0710②：1，口微敛，折弧腹，喇叭形圈足较矮。施豆绿色青釉。口径10.8厘米，高5.8厘米（图9-21：14）。T0607④：1，直口，折腹，盘内刻划弦纹与篦点组合，器表上腹刻划数周弦纹。圈足已残。口径11.4厘米，残高4.3厘米（图9-21：12）。

盂　1件（M1：2），侈口，圆唇，卷沿，束颈，垂腹。施酱色青釉，口沿内表面有旋纹、篦点。口径5.6厘米，高5.8厘米（图9-21：8；图9-22：4）。

（三）玉、石器

铲形石礼器　1件（M1：1），青灰色，呈长方体，通体磨光，无锋刃，上端中间有一个双面穿孔，直径1厘米。长10.3厘米，宽6.6厘米，上厚0.8厘米、下厚0.5厘米（图9-24：3；图9-26：1）。

玉环　2件。截面呈T形。M2：2，白色，石英岩，光泽度较佳，圆环状，外径10厘米，内径5厘米，肉厚0.5厘米（图9-24：4；图9-26：5）；M13：1，白色，透闪石，风化严重，易碎，外径10.2厘米，内径5厘米，肉厚0.5厘米。

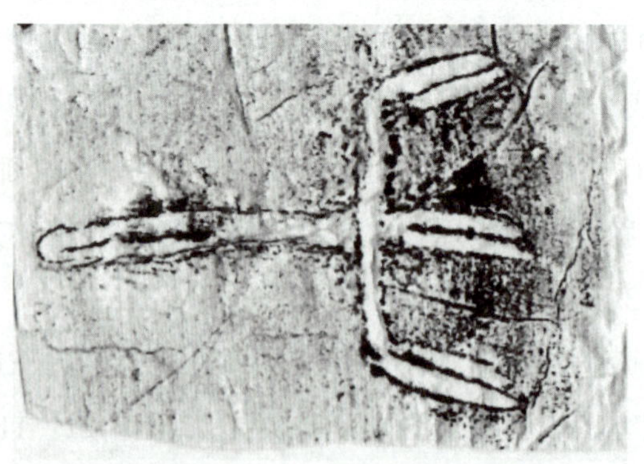

图9-25　马麻岭墓葬原始瓷豆上的刻划符号（T0506）（依郭顺利）

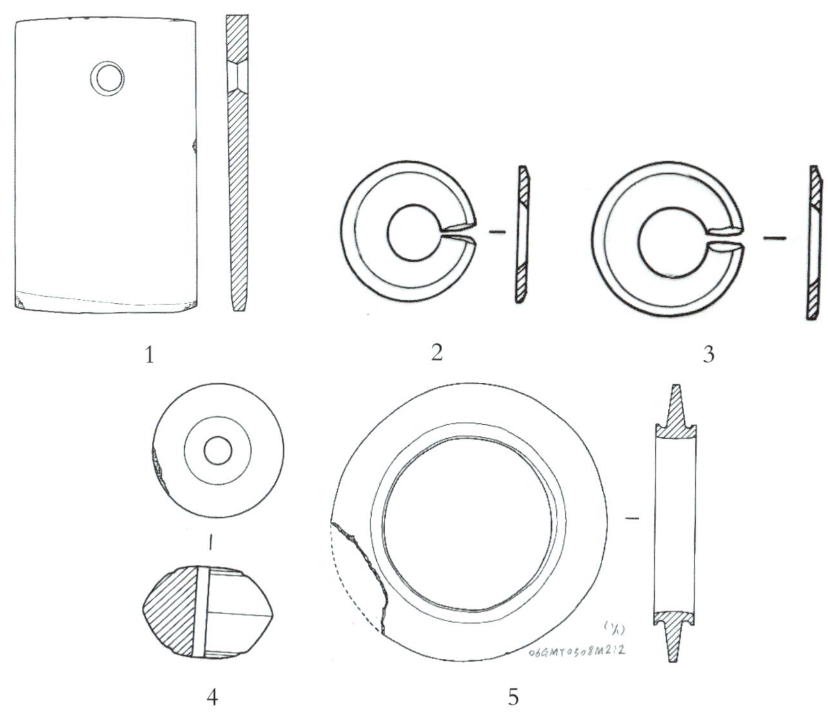

图9–26　马麻岭墓葬遗物（依郭顺利）
1. 铲形石礼器（M1：1）；2、3. 玉玦（M5：1、M3：1）；4. 陶纺轮（T0709）；5，玉环（M2：2）

玉玦　5件，墓葬出土。玦略作喇叭形。M3：1，黄白色砂岩。外径2.1厘米，内径0.9厘米，肉厚0.15厘米（图9–24：5；图9–26：3）；M5：1，白色石英石，光泽度好。外径2.2厘米，内径1厘米，肉厚0.2厘米（图9–24：6；图9–26：2）；M10：2，灰白色板岩。外径2.5厘米，内径1.3厘米，肉厚0.25厘米（图9–24：7）。

管形玉串饰　1件（M4：3），共32枚。青白色，器小。长0.6～0.9厘米，宽0.4～0.6厘米，肉厚0.08～0.1厘米（图9–27）。

马麻岭的发掘说明，在一千平方米的范围内，清理墓葬18座，这是一处中小型的墓地，墓主人应是同一族群的居民。马麻岭墓地出土的遗物以

原始瓷器（豆）和饰夔纹的陶器（罐）为主要特点，这与博罗县横岭山周时期墓葬的情况基本相同，马麻岭的原始瓷豆形制主要是直壁、弧腹，折腹豆较少；陶罐多为圜底或圜平底，仅一件小盂为平底。这类器物的年代一般认为在西周后期，下限似在春秋早期。马麻岭墓葬的葬俗是玦环类玉石器在身边，陶瓷器等则在墓坑填土的上部，这或许是粤北新石器时代晚期石峡文化墓葬[①]二次葬使用一次葬器物埋于墓坑填土之上的遗风，这种葬俗与其他地区同时期墓葬有一些差别。马麻岭墓葬基本为东西向的葬俗，也与佛山地区新石器时代的做法一脉相承，是同一族群或族属而不同种姓的表现，与以山势为排列、墓向不一的粤东浮滨文化葬俗（商周时期）有较大的差异。

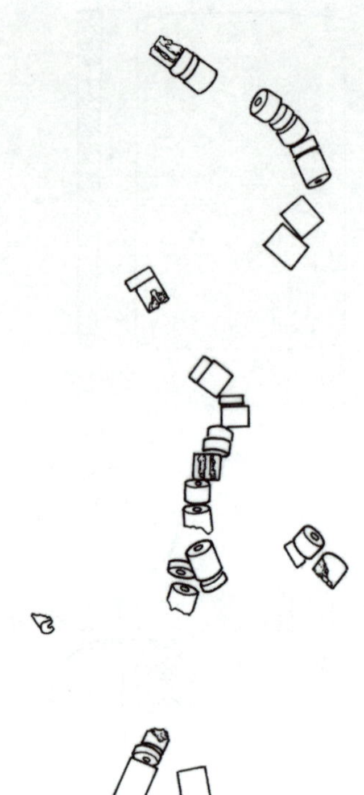

图9-27　马麻岭墓葬的管形玉串饰（M4：3）

高明马麻岭周时期墓地与广东省博罗县罗阳镇横岭山商周时期墓地[②]之间有十分密切的文化关系，两地均可见原始瓷器，而且在博罗园洲镇梅花墩、龙溪镇银岗还有这个时期烧造原始瓷器的窑穴[③]，对于了解这时期原始瓷器及陶器的生产，建立和完善岭南地区先秦考古编年体系有重要意义。

---

① 广东省文物考古研究所等：《石峡遗址》，北京：文物出版社，2014年，第1—607页。

② 广东省文物考古研究所等：《博罗横岭山》，北京：科学出版社，2005年，第1—428页。

③ 广东省文物考古研究所等：《广东博罗县园洲梅花墩窑址的发掘》，《考古》1998（7），第28—44页；广东省文物考古研究所：《广东博罗银岗遗址发掘简报》，载《文物》1998（7），第17—30页；《广东博罗银岗遗址第二次发掘》，载《文物》2000（6），第4—16页。

梅花墩龙窑较之以往的窑穴显示了规模大、升降温快、能达到较高的温度以及可以维持还原气氛的优点，陶瓷器的烧成温度超过了1200℃，这是广东地区陶瓷生产史上的一次重大变革。梅花墩窑的原始瓷器产量很少，轮制为主，手制为辅，显得更为规整。胎质细密，胎色灰白，是使用风化程度较高的瓷石（高岭土）原料制作，烧成温度为1270℃，施釉属石灰—碱釉，与商周时期普遍使用的石灰釉有所区别，釉色青绿，色泽较深，光泽度不好，釉层不均匀，常不到器底。梅花墩窑中有一些原始瓷器碎片出土时是与陶器碎片粘连在一起，说明原始瓷器与陶器是同窑烧造。梅花墩窑生产大量火候高、纹饰精美的陶器和少量高品质的原始瓷器，表明这时期陶瓷器烧造工艺与窑炉技术较前有了显著的进步。发掘者认为梅花墩窑的年代为春秋早期，依笔者看，高明马麻岭墓葬的原始瓷器在博罗梅花墩窑均可见到。如敛口豆和折腹豆，形制上基本相同，豆的内壁也同见有篦点纹；豆的足底也常见刻划符号；折腹豆主要见于东江下游及珠江三角洲地区，其他地区少见。陶器流行夔纹与方格纹组合纹、云雷与方格、曲折纹组合。因此，不排除马麻岭墓葬的原始瓷器是产自博罗园洲梅花墩窑或龙溪银岗窑。

银岗遗址也是一处烧造陶瓷器的窑址，与梅花墩窑属同一考古学文化。可分为两期。银岗遗址一期文化的年代与梅花墩窑较为接近，即相当于东周前期（春秋时期）；二期文化年代在东周后期，目前已发现有4座窑炉，均为龙窑，结构与梅花墩窑基本相同，但两期文化的窑炉尚未能分辨。不过，从两期文化的陶瓷器形态及其烧造技术来分析，还是有相当程度的差异。第一期文化的陶器，以泥质陶为主，夹砂陶较少。多数泥质陶烧造火候较高，质地坚硬；制作方法以手制为主，轮制成形者较少，一般都是以慢轮修整陶器口沿，器壁的凹凸不平现象与内壁的麻点纹均同于梅花墩窑的陶器，陶器纹饰也同样以夔纹与方格纹组合纹、云雷与方格、曲折纹为特征；有少量原始瓷器施酱色釉（发掘者称“高温釉陶”）。银岗遗址二期文化的陶器夹砂陶的比例较一期为高，泥质陶中火候高、质地硬

的比例与一期基本相同；陶器内壁常见明显的轮旋纹，看来在压印纹样时已不需使用陶垫，器形较之前期要规整一些，说明制作技术已有明显的提高；陶器纹饰以压印单一纹样为主体，如米字纹、重方格交叉纹、方格纹等，组合纹多见刻划的篦点纹、水波纹、弦纹。有一些施酱色或青绿色釉的原始瓷器，数量较一期文化明显增多，流行刻划符号。对陶器进行理化性能分析表明，质地坚硬的陶器，烧成温度为1050～1150℃，均在还原气氛中烧成；质地较软者，烧成温度为870～950℃，属氧化气氛烧成。银岗遗址二期文化对陶器品质的改进及烧造原始瓷器的努力更成功一些，对原始瓷器的分析还表明，其物理性能和烧成情况的各项指标，与质地坚硬的陶器是完全相同的，区别仅在于有釉与无釉。这些原始瓷器的胎釉结合普遍欠佳，剥落明显，釉质均属于石灰釉，由于Fe_2O_3含量均大于5%，TiO_2含量大于1%，故色调偏黑，色度偏暗，多无光泽或光泽不强。总体观察，这些陶瓷器无论是质地坚硬或是质地较软，无论有釉或无釉，其坯体原料相同，化学成分相似，其物理性能的差别是由于烧成温度与气氛的不同所形成，而每个窑炉在每一次烧窑的过程中，坯件放置于窑床中的不同位置所受温度与气氛就不尽相同，由此，可以认为，同一期文化的陶瓷器有可能是同窑烧造的[①]。或者说，广东地区的周代原始瓷器是承继前时期的釉陶器发展而来的，虽然不排除其中有的是从其他省区传入，如揭东县面头岭战国墓群出土的匜[②]，与华东地区的戚家墩遗址、高庄战国墓所见原始瓷匜相同[③]，疑其为输入品。从马麻岭西周时期墓地出土原始瓷器来看，珠江三角

---

① 邓宏文：《广东博罗银岗遗址陶片化学成分、物理性能分析研究》，载《广东省文物考古研究所建所十周年文集》，广州：岭南美术出版社，2001年，第166—185页。

② 魏峻：《揭东县面头岭墓地发掘报告》，载《揭阳考古》，北京：科学出版社，2005年，第51—102页。

③ 上海市文物保管委员会：《上海市金山县戚家墩遗址发掘简报》，载《考古》1973（1），第16—24页；淮阴市博物馆：《淮阴高庄战国墓》《考古学报》1988（2），第189—232页。

洲地区自西周时期已生产原始瓷器应无疑问，很有可能就是来自于博罗园洲镇梅花墩窑址，这将把梅花墩窑址的年代提前至西周时期。

值得注意的是陶鹰形器的发现，这件陶制的鹰形器有可能是某件器物上的配件，也有可能是一件单独制品。这是一件陶制的雕塑品，双翅张开，背上刻划羽毛状似龟壳锦地纹；头部很像鸱鸮，体扁中空，似为装载液体的器具，因此，估计此器是某件酒器的配件。可以说，这是迄今为止佛山地区最早的一件陶雕制品。

玉器中的T形环，是岭南地区商时期的典型器，在马麻岭墓地也有发现，说明这类器物在岭南的珠江三角洲地区，流行年代到了周时期。

马麻岭西周时期墓地发掘表明，这一带区域还会有两周时期的墓葬和遗址存在，应加强对这一区域的考古调查和文物保护，寻找两周时期的人类居住遗址，相信会有更多和更为重要的发现。

第二节　其他遗存考察

两周时期的遗址与墓葬，目前的发现仍嫌太少。在南海区的里水北沙鹿眠村白坎建筑工地上发现一件西周铜戈，无胡，援上翘，上下单面有刃，中间棱脊，双肩，直内，后端穿一孔，长25.8厘米，宽5.3厘米（图9–28），与江门市新会区象边山遗址发现的石范较为接近[①]。这对合范长32厘米，宽11厘米，高12.8厘米，虽残碎，但可拼合，单边为半圆柱体，合则为圆柱体，为无胡戈，援略上扬，棱脊，两侧有刃，前出锐锋，长方形直内，双肩，肩侧中间有凸出的钉粒，应为穿孔之处（图9–29、30）。

① 广东省文物考古研究所：《广东出土先秦青铜器》，北京：科学出版社，2020年，第63、175页。

南海区博物馆曾采集到一件石戈[①]，援体扁平，前窄后宽，两侧有刃，前出三角锐锋，双肩有阑，阑后有直内，阑侧内部中间一穿。长27.8厘米，通宽7.8厘米（图9–31）。这件石戈与铜戈也很接近，与粤东“浮滨文化”的石戈完全一致，也应为商晚期至西周中期之器。

此外，在南海区大沥出土的一件曲折纹圜凹底陶大口尊（图9–32），高41厘米，口径33厘米，底径11厘米，腹径28厘米。曲折纹是粤中地区广泛流行于陶罐上的纹饰，不会用于“浮滨文化”的大口尊类。而圜凹底陶器也同样，只在“浮滨文化”中的方格纹陶罐上可以见到。这是一件既有本地圜凹底的陶器风格，又有粤东“浮滨文化”大口尊的陶器风貌，可说是受“浮滨文化”影响的本地陶器。

“浮滨文化”是粤东地区的考古学文化[②]，其内涵以釉陶器（原始瓷器）的尊、豆、壶和石器的戈、矛、凹刃锛组合为特点（图9–33、34），主要分布于粤东与闽西南地区，即西至广东普宁，北达大埔和福建南靖，东在福建龙海、长泰一线，广东南澳等岛屿也属其分布范围。总体观察，其地域范围横跨榕江、韩江、九龙江和晋江四个流域，核心地区在广东揭阳至福建漳州之间，广东的海丰、蕉岭和福建的永定、永春则属浮滨文化的外围地区。在博罗县横岭山商代墓葬（M248）及广州市增城区石滩围岭遗址、香港马湾岛东湾仔北商代墓葬和中山市翠亨都有发现[③]。因此，南海的这件铜戈和石戈，也应是受到“浮滨文化”的影响而流落此地。

---

① 梁惠颜主编：《南海区可移动文物普查精品图录》，广州：岭南美术出版社，2017年，第245页。

② 邱立诚：《再论浮滨文化》，载《饶宗颐学术研讨会论文集》，深圳：海天出版社，2007年，第10—21页。

③ 邱立诚：《广东先秦时期考古研究的新进展》，载《岭南考古研究》（2），广州：岭南美术出版社，2002年，第151—168页。

图9-28　南海里水青铜戈（南海区博物馆藏）

图9-29　新会象边山石范（合范一）（新会区博物馆藏）

图9-30　新会象边山石范（合范二）（新会区博物馆藏）

图9-31　南海区博物馆藏石戈（采集）

图9-32　佛山市博物馆藏叶脉纹陶大口尊（采集）

据调查，在顺德区的勒流龙眼村高约10米的永安岗发现一处贝丘遗址，面积长40米，宽25米。文化层厚0.3米。堆积中仅有少量的蚬、螺和乌蛳，含石锛、石镞、陶网坠和夔纹、米字纹、方格纹、绳纹陶片，可辨器形只有釜

一种[①]，还有二件大砖砾，河蚬、蚝、扇贝的壳体，应属春秋战国时期。

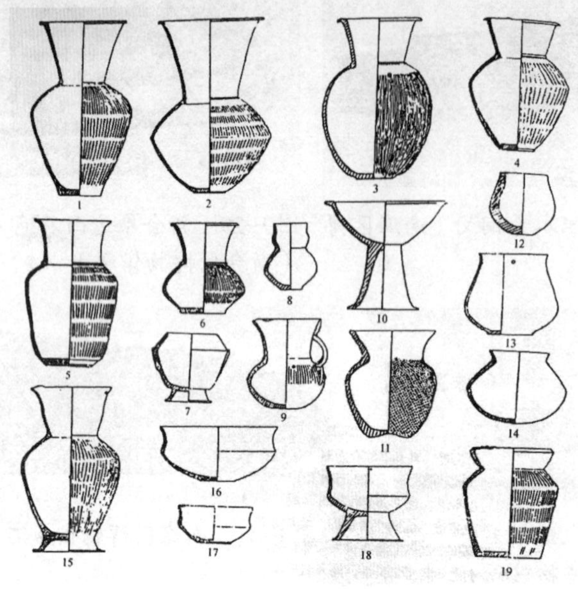

图9-33　浮滨文化的陶器（饶平）

1～3. 大口尊；4、5. 尊；6. 小尊；7～9、15. 壶；10、18. 豆；11、19. 罐；12，杯；13. 盂；14. 釜；16. 盆；17. 钵

此外，1974年在佛山（具体地点不详）出土的一件陶瓮，侈口，口沿外翻，溜肩，最大径在上部，收腹较甚，平底。肩至中腹拍印米字纹。口径25厘米，高45厘米（图9-35）。[②]应为战国晚期的墓葬随葬品，很可能是墓葬的腰坑所出土。"腰坑"在粤西西江流域地区的春秋战国墓中常见，一般认为是西瓯族接受岭北墓葬的一种葬俗，广州及粤北西汉时期的墓葬遗迹还有孑遗，即在墓坑的底部有一个方形或圆形的"坑穴"，里面埋藏

① 莫稚、陈智亮：《广东珠江三角洲贝丘遗址》，载《南粤文物考古集》，北京：文物出版社，2003年，第237页；杨式挺、何兆明：《广东顺德古文化遗址调查与发掘》，载《岭南考古研究》（14），香港：中国评论学术出版社，2015年，第35—55页。

② 广东省博物馆等：《广东出土先秦文物》，香港：香港中文大学文物馆，1984年，第292—293页。

一件较大的陶器或铜器，如粤西罗定市背夫山战国早期墓、广州西汉墓常见腰坑中埋藏一件较大的陶瓮（罐），粤北连州西汉木椁墓则可见腰坑中埋藏一件带木座和木盖的酒器铜罍。[①]

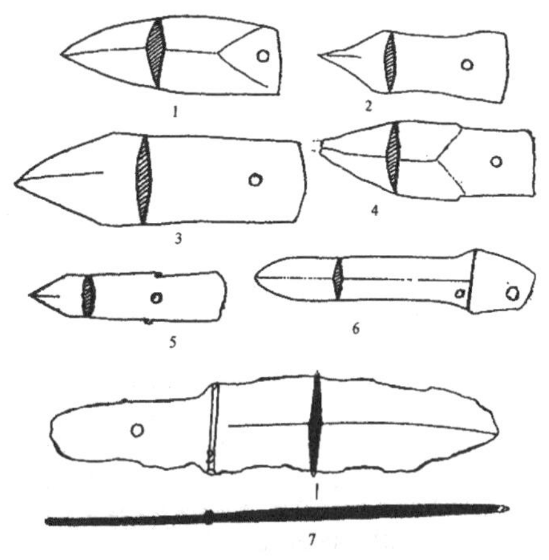

图9-34　浮滨文化的戈类（依邱立诚）
1～5. 石戈（广东饶平）；6. 铜戈（广东饶平）；7. 铜戈（福建漳州）

图9-35　佛山出土的米字纹陶瓮

腰坑葬俗在我国起源于新石器时代晚期，在北方地区的商和西周时期，这一葬俗文化极为流行。东周时期逐渐衰弱，战国以后消失。而岭南地区，东周时兴起，直至西汉前期的南越国，西汉后期才消失。在地域范围上，设置腰坑的墓葬是粤中、粤北和粤西地区。粤东地区尚未见到，这些差异或许也是百越先民中不同种姓的反映。这种葬俗也应是受到外地的影响而在当地兴起的一种宗教信仰仪式，它对当地居民有某些方面的思想

① 广东省博物馆等：《广东罗定背夫山战国墓》，载《考古》1986（3），第210—220页；广州市文管会：《广州汉墓》，北京：文物出版社，1981年，第30—32、67页；邱立诚、吴海贵：《连州市龙嘴竹仔墩西汉墓》，载《1996年中国考古学年鉴》，北京：文物出版社，1998年，第219—220页。

影响是必然的。

腰坑一般是指在墓底中央墓主腰部下的位置有意挖出的小坑，坑内殉牲或葬物，较高级的墓葬腰坑内还常见有殉人，是商代墓葬的主要特征之一。在湖北、湖南区域的楚地，墓葬设置腰坑的情况与关中地区不同，相对于关中地区而言，楚地受商文化的影响较小，墓葬中很少设置腰坑，因此，有学者认为，腰坑这种墓葬形制不属于楚文化。两广和云南等地到秦汉时还有少量腰坑墓外，其他地区一般在战国中、晚期以后都不再设置腰坑。

湖北的巴东县沿渡河发现西晋时期设有腰坑的墓葬，明显的是受殷商文化余波的影响所致，这是对中原地区殷商时期腰坑葬俗的继承和传播，也是殷商文化与巴文化交流的典型例证。从腰坑本身的规模和形制看，沿渡河墓葬发现的腰坑面积已经很小，长宽只有20厘米，似乎只具有象征意义而不具备实用价值。腰坑的形制仍承袭了殷周贵族所特有的正方形，以墓葬的结构和等级看，汉晋时期，三峡地区的腰坑墓已不再是权力和身份的象征，而是民间的一种丧葬习俗。从沿渡河地区的汉至六朝时期的墓葬情况看，其结构、形制与峡江干流地区相差不大，随葬器物则以大型陶器为主，少见铜器和青瓷器，一方面间接地反映出当时的经济发展状况，另一方面则说明至迟从汉代开始，沿渡河地区便成为连接巫山与兴山的水陆交通重地，历史上经济曾一度十分繁荣，因此，在这一地区发现腰坑墓便不足为奇了。我国西南地区的贵州、四川等地，不仅汉唐时期可见，甚至宋明时期还可见到腰坑墓，不过腰坑中埋藏的已不是殉牲、殉人，而是买地券、金银器或铜器。如明中期贵州遵义市的播州杨辉土司墓，在东室棺床下发现了一座腰坑，腰坑内放置墓券、铜镜、金银质地“四神”、铜锣等物，这是贵州地区最为完整的土司墓葬腰坑。杨辉墓被列为第八批全国重点文物保护单位，腰坑这一葬俗文化从社会的另一层面向我们真实地反映出中国先秦时期社会制度的某些方面。

需要指出，马麻岭墓葬中M13的底坑，与春秋时期才在岭南出现的腰坑

不同，这是需要辨别清楚的。腰坑所流行的制度与形式，看来西周时期这里的越人还没有接受。

再者，在西樵山佛子庙遗址也发现了夔纹陶片，说明两周时期，也有人类在南海西樵山一带活动。[①]

第三节　小　结

有道是：商周遗存小又少，佛人此时难寻找；
冲积成陆海进退，两周风物在营造。

大约在商后期至战国时期，佛山地区南部受全新世晚期之初（距今2500~2000年）的海进影响，大部分地区在海水浸泡之中，潮水仍可达北部径流较弱的小河谷，如官窑水、白坭河等地（图9-36）。[②]在佛山鲤鱼沙距今2030±30年的沉积层中，仍含有42.8%的咸水种化石硅藻。这类经过实测年代的含海相或海陆交互相的沉积物，可以看作是海进及其影响仍达本区的实证。冲积平原的成陆是珠江中游泥沙向河口渐次堆积的过程，也是不断改变河网平原生态环境的过程。[③]可以认为，距今2500年前，佛山地区的陆地尚未连接成片，呈现出丘陵众多、河网稠密、沼泽洼地遍布的地貌，当时多数仍为河口湾，海河的滨线似更偏北一些。此时人类活动减少，海侵面积较大，只有一些高地出露，故佛山地区的两周时期遗存也少了

---

① 广东省文物考古研究所等：《广东南海市西樵山佛子庙遗址的发掘》，载《考古》1999（7），第28—37页。

② 李平日、郑建生等：《广州地区第四纪地质》，广州：华南理工大学出版社，1989年，第150—151页。

③ 赵善德：《先秦秦汉时期岭南社会与文化考察》，广州：暨南大学出版社，2014年，第20页。

许多。

图9-36　佛山地区全新世晚期地理图（依李平日等）

1. 冲积平原；2. 冲积海积平原；3. 海积冲积平原；4. 无沉积区；5. 剥蚀侵蚀丘陵台地

高明区更合镇马麻岭西周墓地的分布也是在山岗的坡地上，马麻岭周代墓地的出现，应是受到粤北阳禺方国和粤东缚娄方国的影响，我们已知博罗横岭山墓地的存在，那里的原始瓷器显然是博罗银岗窑址或梅花墩窑址生产的，因此，马麻岭周代墓地的原始瓷器形制相同，也可能同样是博罗窑场所生产。横岭山墓地是一处管理有序的墓地，与马麻岭周代墓地不仅时间相近，墓葬的排列也是基本相同的，不同的是横岭山墓地已出现青铜器，而马麻岭墓地没有青铜器，一是可能埋葬人物的规格不够；二是可能墓地的时代略早。笔者认为这两方面的原因皆有，即马麻岭墓地属于西周略早时期，随葬人物的级别较低，这都导致马麻岭墓地虽然属于青铜时代的遗存，却缺乏青铜器随葬品。随葬的玉器及玉串珠，多少补充了这方面的遗憾，也即有些上层人物的女性随葬有玉器。

此外，南海区里水北沙鹿眠村的西周铜戈和采集的商周时期石戈，是该时期的孑遗之物。戈在岭南商周时期的出现，这是王权存在的象征，是文明制度物化的体现。在广东地区，出土石戈的地方颇多，据不完全的统

计，粤东的饶平、潮安、揭阳、普宁、揭西、海丰、梅县、大埔、蕉岭、兴宁、龙川、河源、惠阳，粤北的连平、始兴、南雄、乐昌、曲江、英德、连州，粤西的高要、封开，珠江三角洲的四会、广州、中山、珠海、东莞、深圳以及香港、澳门等地均有发现，根据各地出土石戈的情况和类型学推测，岭南地区的石戈，其年代上限是商时期，下限是春秋时期。以往认为岭南石戈是仿商周时期铜戈的，现在看来并不确切。岭南出现石戈的年代早于中原地区，故此有自己的发展源流，这是适应岭南地区社会发展的需要而出现的。苏秉琦先生曾说："韶关地区和汕头地区出土的石戈，从最原始的无阑戈到有阑戈，其发生发展的过程是中原所没有见过的。"[①]石戈首先是实用器，是部落、部族的兵器，因此，佛山地区之间的部落存在战争意识，这是必然的，并由此而产生青铜戈等兵器，顺德区勒流龙眼村的战国遗址和佛山的米字纹陶瓮也就顺此而出现。

① 苏秉琦、殷玮璋：《关于考古学文化的区系类型问题》，载《文物》1981（5），第10—17页。

结语

历史文化

第一节　佛山地区先秦人类历史之路

就目前的发现而言，佛山地区最早的人类是南海西樵山使用细石器的人们，距今大约为7000年。可以认为，他们是从华北地区辗转而来的一批人类，他们使用细石器与木柄、骨柄嵌合成切割及渔猎等复合工具，其间在迁徙的过程中，河南、四川、湖南、云南、贵州都留下了细石器的痕迹[①]。而在欧洲，这类文化通常是属于中石器时代，在中国，细石器的年代出现于旧石器时代，结束于新石器时代。高明古椰遗址二期文化出现的小石核，估计年代为4600～4300年。在湖南石门县皂市新石器时代遗址下层[②]，碳十四测年数据显示其年代在距今7000年左右，这与西樵山细石器文化的年代是基本同期的。无论怎样，他们所形成的文化传统，对于寻找佛山地区的早期人类是不能缺少的资料。考古学家贾兰坡曾经说过："人类任何一种进步文化都是在漫长的积累中形成和发展起来的，细石器也不例外。"[③]

对于广东地区来说，双肩石器遗存是西樵山文化的重要发现，也是十分重要的内容，主要年代在距今6000~4000年。西樵山的霏细岩是制造双肩石器的主要石料，而锦岩、虎头岩就是石料的主要产地。据不完全统计，出产西樵山石器的共有100多个地点，其中多数在珠江三角洲，清远、广宁、封开和郁南等地也有发现。

---

① 贾兰坡：《中国细石器的特征和它的传统、起源与分布》，载《古脊椎动物与古人类》1978年（16）2，第137—143页。

② 湖南省博物馆：《湖南石门县皂市下层新石器遗存》，载《考古》1986（1），第1—11页。

③ 贾兰坡等：《亚洲和北美洲的史前文化联系》，载中国太平洋历史学会编：《太平洋》。北京：海洋出版社，1985年，第43页。

就目前观察，珠江三角洲和粤西区是双肩石器的主要分布区，西樵山遗址则是这类有肩石器最大的制作场，它的输出影响覆盖了广东的大部分地区。广西也是有肩石器的主要分布区，它的出现与珠江三角洲地区是否同源尚有不同看法，而海南的有肩石器受到大陆的传播与影响则是毫无疑问的。考古学比较表明，广东、广西与海南三地的有肩石器，其中有十分相近的一部分，也有明显差异的部分，如海南以长身、弧刃的石铲为其特色，而广西则以宽体、舌形刃的大石铲为其特点，广东地区的舌形大石铲只是在近邻广西的地方有少量出土。这些不同点，正是其后形成南越、西瓯、骆越等越民族的地域基础。总的来说，有肩石器与有段石器在广东地区形成了三分天下的格局，即粤东以有段石器为主，珠江三角洲及粤西以有肩石器为主，而粤北以有肩有段石器、有肩石器和有段石器兼容混合为其特征，这种情况既是百越地区之间文化传播与交流以及融合的反映，也是土著文化与外来文化相互适应并加以改造的结果。在百越地区，有肩石器与有段石器在考古学以及历史学上都有标志性的意义。从考古类型学的角度观察，有肩石器和有段石器作为石器中的标型器，它是百越地区中各考古学文化的组成部分，同时也是先越各族间有所区别的标识物。粤北由于受到有肩石器的影响，与有段石器结合而成有肩有段石器。石器中，有肩石器与有段石器又分别占有相当数量，构成了粤北石器文化中颇具特色的内涵之一。反过来，珠江三角洲地区的有肩石器受到有段石器的影响，在其大体上呈方形的有肩石器中，也有部分加上了段的形态，成为另一种有肩有段石器。

佛山地区的新石器时代遗址均属贝丘遗址，这类遗址多位于海、湖泊和河流的沿岸，在世界各地有广泛的分布。在贝丘的文化层中多夹杂各类贝壳和各种食物的残渣，还有石器、陶器等文化遗物。往往能发现房基、窖穴（灰坑）和墓葬等遗迹。由于贝壳中含有钙质，使骨角牙器等保存完好。根据贝丘的地理位置和贝壳种类的变化，可以了解古代海岸线的变迁和海水温差的变化，对于复原当时的自然环境和生活环境有很大的帮助。

聚落是人类各种形式的聚居地的总称。它不单是房屋建筑的集合体，还包括与居住直接有关的其他生活设施和生产设施。聚落既是人们居住、生活、休息和进行各种社会活动的场所，也是人们进行生产的场所。南海区的灶岗遗址、鲩鱼岗遗址，三水区的银洲遗址，高明区的古耶遗址和禅城区的河宕遗址都是聚落址，它们与西樵山遗址是不同性质的人类活动地。在这些聚落址，我们可以看到遗址中各有功能区域，如居住区、墓葬区等，但还没有找到作坊区，西樵山遗址则是采石场和半成品加工区。墓葬区与居住区没有彻底分离，这是文明程度还不够发达的标志。

聚落址作为古人类适应环境、利用自然的产物，是人类文明的结晶。聚落址的外部形态，打上了当地地理环境的烙印。同时，聚落址又是重要的文化景观，在很大程度上反映了区域的经济发展水平和风土民情等。当然，聚落址也对地理环境和人类的经济活动发生作用，如周时期，墓葬区与居住区已有一定距离的分开，而后来形成的城市聚落，对经济的发展和人类分布有着更为巨大的影响，墓葬区与居住区已彻底分离。

聚落形态有两个方面，一是以血缘纽带为组织的社会，这在石器时代尤为常见，但血缘关系相对松散，既有直系、旁系，还有远亲。在社会生产力较低的情况下，为着占有和保护自己的自然食物资源地，采取这种方法是必要的，也是必然的。聚落不仅是人类早期最基本的自然生活方式和普遍的社会组织形态，而且还是利用自然环境适应生产力发展水平谋取最佳发展效果的必然选择。稳定历来是人类社会可持续发展所要求具备的必要条件，为此，在生产力水平低下，人类群体规模小、人数少的背景下，走团结联合之路，才能创造力量，维持和平，从而有利于人类组织自身的长期稳定发展。二是以地缘关系为组织的社会，可见于青铜时代。在生产力有所提高的基础上，就形成了城市聚落，对经济的发展和人口分布有更多的影响，这种聚落形成了早期的国家，也即古国。地域邻近的不同血缘的聚落组织相互自愿结成的一体化联盟，其中有的跨血缘结盟，有的又跨

血缘又跨地域结盟。[①]这在佛山先秦时期的社会结构是很明显的，不仅出现了氏族居住的聚落，而且聚落、聚落群与组织形态比较松散的聚落群体（即临时性部落联盟）的社会组织的存在非常清晰。

仰身直肢葬是粤东以及我国东部半月形区域所流行的葬俗。从人体形态观察，可以发现，拔牙是一种广泛流行的风俗。考古发现表明，我国拔牙之俗主要流行于东部—东南沿海一带。它出现于距今6800年山东北辛文化中期，盛行于山东—苏北的大汶口文化，到了山东龙山文化阶段开始衰落。在东南地区的苏、沪、浙、闽、粤、台等地史前遗址中也发现了拔牙遗迹。随着纬度的下降，这些拔牙遗迹越往南年代越晚。汉晋以来，拔牙习俗仍在南方、西南地区百越后裔的俚、僚、蛮、濮等少数民族以及海南黎族、台湾高山族中流行。此外，拔牙风俗在东亚的日本，东南亚的越南、印尼，非洲大陆，澳洲及环太平洋的海岛区也广为流行。

佛山河宕墓地经鉴定的人骨有56座，结果表明，成年男性的平均身高为166厘米，成年女性的平均身高为154厘米。“河宕组”人骨体质特征为蒙古人种南部边缘类型，同时兼有一些同澳大利亚—尼格罗人种相似的特征。在可供观察的22例成年标本中，施行过人工拔牙的占19例，明确未拔牙的3例。拔牙个体的出现率达82.6%。在成年男女拔牙个体中，男性占10例，女性占9例，明确未拔牙的3例皆为女性。河宕遗址的拔牙年龄最年轻的一例是22~25岁男性，“估计拔牙施行年代仍和个体发育进入成年或性成熟期有关”。河宕古居民拔牙的特点是严格限制于上牙，没有发现一例是拔下牙，除了个别例外，都习惯地拔除双侧或单侧的上颌第二门齿，这样的例子有18例，占95.5%。但其中能肯定只拔去左右一对上第二门齿而未涉及其他牙齿的10例，另有4例因颌骨不全，只能看到一侧第二门齿拔去的个体，也可能都是属于拔去一对第二门齿的类型。拔牙数量说明，当时男女

---

① 参考裴安平：《中国史前聚落群聚形态研究》，香港：中华书局，2014年，第1—468页。

的拔牙风俗是很盛行的。拔牙的出现率达82%，拔牙的基本形态是一对或一侧上颌第二门齿，不涉及其他齿种。所出现的5例不同拔牙形态，也只限于上颌第一、二门齿之间的不同组合。这种拔牙风俗和拔牙形态，与我国山东大汶口文化、苏北大墩子和上海崧泽遗址所见是相同的。

南海区大同圩灶岗贝丘遗址发现的6座墓，其中M4人骨鉴定为拔牙个体，男性，45岁左右，拔除上颌右侧门齿，左侧门齿齿槽缺失不明是否拔牙。南海区百西乡鱿鱼岗贝丘遗址，发现36座墓。经鉴定发现6个成年男女（男5个，女1个）实行拔牙。拔牙个体中最年轻的是26岁左右（M12，男，26~35岁），拔牙形态多数是拔上颌侧门齿，但有2例是拔右上第一前臼齿。拔除上颌侧门齿的形态在广东佛山新石器时代遗址中人骨上是较普遍的现象。由此推测这里的先民与珠江三角洲地区新石器时代先民可能同属越人而不同种姓。

因此，拔牙习俗存在于仰身直肢葬墓是没有疑问的，这种风俗对研究世界范围内尤其是上古的族群和民风民俗，确有其不可忽略的历史价值。考古发现证明，拔牙习俗除在中国（含台湾）外，在东南亚地区和日本、韩国、西伯利亚和大洋洲、美洲各地也很流行，可追溯到距今7000年前。拔牙风俗在世界上不同地区、不同人种和不同民族中，所包括的内涵、拔牙形态（齿种）、年龄、性别及动机等，往往存在差异。那么，拔牙习俗为何出现在中国山东到珠江三角洲地区这个半月形地带？这与拔牙习俗的南传当不无关系。大汶口文化时期（距今6100~4600年），拔牙习俗已十分盛行，普遍流行拔除一对上颌侧门齿，这种情况占拔牙总数的92.8%。据考古发现，拔牙习俗是东夷人的习俗，传至史前江南居民，经浙、闽、粤沿海地区传至珠江流域，故考古学家石兴邦先生认为“大汶口文化的创造者，可能就是古代在我国南方最有势力的僚族（百越族的一支）的远祖。他们与中原原始居民属同一种系，原来住地可能就在山东半岛及其沿海地

区，后来逐渐南移。”[①]以此来解释南中国沿海史前文化中的拔牙现象或许更为合理。这种习俗的传播应不晚于早商时期，而更应是新石器时代晚期就向南传播。

从文献记载看，唐代海南岛（今属海南省）黎族或黎族先民也存在过拔牙风俗。唐代《唐大和上东征传》中记述了鉴真大师和普照和尚准备东渡日本，因船遇台风被飘泊到海南岛，在崖州亲眼目睹到“男著木笠，女著布絮，人皆雕题（文身）凿齿，绣面鼻饮”。[②]

拔牙习俗的成因，学界有多种说法，如成年仪式、婚姻习俗以及爱美等等，众说纷纭，尚无定论。在中国，主要发现于大陆东面的半月形地带，如山东、江苏、上海、安徽、福建和广东。在湖北、河南、四川也有一些发现，但不如蹲葬（曲肢葬）那么多，且主要呈内陆西面的半月形状态。广东原始居民的拔牙（又叫打牙、凿齿）遗骸，在珠江三角洲地区的贝丘遗址主要属于新石器时代晚期。战国《山海经》载凿齿人所居“有山名曰融天，海水南入焉”，据考证，融天山位于“山东半岛南边的黄海”[③]。珠江三角洲的拔牙风俗可能来自中国东部沿海，因拔牙习俗发现年代最早、数量最多的是山东王因遗址和江苏邳县大墩子的大汶口文化早期，距今约6500年左右。战国《山海经·海外南经》、西汉《淮南子》等，有“羿与凿齿战于寿华之野”，“羿诛凿齿于畴华之野”的记载。一般认为凿齿民即拔牙的部族。战国屈原《楚辞·招魂》中说：“魂兮归来，南方不可止些，雕题黑齿，得人肉以祀，以其骨为醢些。”黑齿，也即凿齿。珠江三角洲的拔牙习俗与山东大汶口文化基本一致，应是受后者

---

① 石兴邦：《试论大汶口文化及其有关问题——中国原始社会文化探索之二》，载《山东史前文化论文集》，济南：齐鲁书社，1986年，第177—195页。

② ［日］真人元开：《唐大和上东征传》，北京：中华书局，2000年，第69页。

③ 转引自曾骐：《东湾仔拔牙——兼论我国东南沿海拔牙习俗文化区》，载《广东省文物考古研究所建所十周年文集》，广州：岭南美术出版社，2001年，第95—102页。

影响。[①]

一般认为，古代的拔牙习俗有四种含义：第一，成人拔牙是一种“氏族成丁仪式”，表示男女青年通过此仪式而成为氏族的正式成员，是青春成熟期的表现；第二，婚姻拔牙表示获得婚媾资格。元代《云南志略》记述土僚蛮“男子及十四、五，属左右击去两齿，然后婚娶”，清时《黔书·黔风》（上卷）记打牙仡佬“女子将嫁，必折其二齿，以妨害夫家也”，此风一直延至清末；第三，美饰拔牙是一种美的追求，具有装饰的意义。西晋张华《博物志·异族》载：“荆州极西南界至蜀，诸民曰獠子……既长，皆拔去上齿牙各一，以为身饰。”这种拔牙的目的是为了模仿缺少门牙的反刍动物，显示一种美；第四，服丧拔牙表示悼念死者[②]。明代田汝成《炎徼记闻》卷四载打牙仡佬习俗，“父母死，则子女各折二齿投入棺中，以赠永诀”。这四种含义，古时以第一种较可信，后来的男子成年为“弱冠之年”，女子成年为“及笄之年”亦同此理。服丧拔牙是历史年代较晚的有文献记载的事情。

我们可以看到，先秦时期佛山地区的墓葬，基本上都是东西向，这是家族（族群）纽带的标志与体现。南海区的灶岗遗址、鱿鱼岗遗址、三水区的银洲遗址和禅城区的河宕遗址，墓向（头向）主要是东偏南的，灶岗遗址的墓向偏南更为严重，达到130º。高明的马麻岭墓葬主要是东偏北，个别的才是东偏南，这处墓地已与居住地分离，严格地说，这时期家族（族群）的纽带已经削弱，不像新石器时代那么强烈。

我们还注意到陶器文化中所传达的信息。在新石器时代较晚的时候，已有较发达的几何印纹陶器纹饰，云雷纹已出现，各种拍印纹样呈现出多种多样的特征，文字或符号经已出现，河宕遗址有41种符号（文字）就是明证。这类刻划符号泛见于各地的新石器时代文化中，如大溪文化、大汶

① 杨式挺：《略论我国古代的拔牙风俗》，载《广西民族研究》2005（3），第145—152页。

② ［日］春成秀尔：《拔牙的意义》，载《考古学研究》（20）2号，1979年，第25—48页。

口文化、良渚文化、马桥文化、崧泽文化以及龙山文化等，及至后来，吴城文化以及各地商周时期的考古文化，也有了更多的此类刻划符号出现，符号的种类也呈现出从简单向复杂发展的趋势。这类符号或称为“中国文字的始祖”，或以为“中国文字的孑遗”，又或谓“中国文字的另类”和“一种记数指事的符号”，众家说者至今仍在讨论。

可以相信，河宕遗址陶器上的刻符，都是特意而为，无论是记数或是指事，只要是有了约定俗成，那就具有了当时当地的社会意义。如果我们把“结绳记事”作为文字出现之前的萌发阶段，那刻划陶符的出现就应是文字的起源阶段。陶器作为文字、符号的载体，在陶器产生之后是自然而然的事情，战国《易·系辞》载：“上古结绳而治，后世圣人易之以书契。”契，即为刻。饶宗颐先生对这类刻划符号更是高度评价，认为“这些资料对中国文字的产生，带来了远古实物的佐证”，“就符号的本身已经足以证明它是一条历史的线索，并非孤立的现象”，“这些符号虽然简单，但大部分可以证明和文字形象有蜘蛛马丝的分不开的关系”。[①]刻划陶符在岭南地区的使用时间虽然距今只有三千年左右，随即由于秦汉统一中国而中止了陶符在岭南的继续发展，汉以后已极少见到，但其意义仍然存在。百越族语言当然有多种，但先秦及汉使用陶符与陶文已是客观的事实，至汉代，陶符与与汉字共存了相当一段时间[②]，陶符才基本消失，体现了政治势力对文字使用的影响。

族群在民族学中指地理上靠近、语言上相近、血统同源、文化同源的一些民族的集合体。佛山地区的族群来自何方，这是我们需要探讨的一个方面。从新石器时代文化来考虑，岭南族群受到来自岭北的各种文化影响，而佛山地区属于岭南的中心，细石器文化来自于华北地区的人群辗转至此，及至其后，创造了双肩石器文化，可以看到这类文化影响了珠江三

① 饶宗颐：《符号·初文与字母——汉字树》，香港：香港商务印书馆，1998年，第3页。

② 广州市文管会：《广州汉墓》，北京：文物出版社，1981年，第209页。

角洲及粤西地区，或许说，佛山地区的族群是百越中南越族的先民，但岭南的先越人间有不同种姓。此后还有各种移民的到来，如高明马麻岭周时期墓葬所代表的族群，虽然受到来自东面缚娄国原始青瓷的影响，但以新石器时代文化的拔牙习俗、陶器的制造情况来看，其族群无疑是南越族先民的一支。

广州南越王宫博物馆馆长、研究员全洪在研究原始社会组织的“酋邦”制时指出：“酋邦是在进化论的框架中用来对不同的社会形态进行分类的一个概念，指的是继部落之后的社会整合阶段。”“社会再向前发展就是文明社会的国家。”“中国历史上在从原始社会的部落向文明社会的国家之间是存在酋邦这一过渡社会的，”“对于这种过渡形态的研究，使用各种不同的名称也是很自然的。‘国’或‘古国’等概念在文化发达的先进地区，如黄河流域、长江流域等地的确是能恰如其分地表达出古史传说时代的特征。但在那时文化滞后，社会整合程度不高的地方如西南地区、珠江流域恐怕就难以概括。因此我们觉得应该运用‘酋邦’的概念，深入地进行研究。”这里所指的珠江流域，应该包括佛山地区在内。佛山地区的新石器时代遗址，可以说是以部落为主体的，如禅城区的河宕遗址，其社会结构在青铜时代之前，即新石器时代晚期的晚一阶段中，应就是酋邦制度下的社会组织，酋长是掌握权力的人物，掌握了手工业专门化的分工和食物以及其他必需品的再分配，这使中央集权化成为可能和必然，而由此，“当酋长的身份在社会结构中变为长期设置的官职后，社会不平等就成为该社会的特征”。①

我们研究佛山地区的古代文化，不能不注意韶关曲江区石峡遗址②的影响。以石峡文化为代表的考古学文化圈，主要分布在粤北地区，向东可达

① 全洪：《简介国外对酋邦社会及其理论的研究》，载《广州文物考古集》，北京：文物出版社，1998年，第120—131页。

② 广东省文物考古研究所等：《石峡遗址》，北京：文物出版社，2014年，第1—607页。

河源、梅州一带，并南下到揭阳一线，已是外围地区。向西可见于封开的杏花乌骚岭墓葬群[①]，那是石峡文化在粤西的地方类型。目前的资料显示，石峡文化没有越过贺江到达广西，但有迹象表明越过西江而到了云浮地区。在珠江三角洲，只是个别地点如三水的银洲遗址，以及珠海宝镜湾、香港涌浪等滨海遗址可以见到三足器这类略见石峡文化因素的器物。石峡文化也含有其他省区考古文化的典型器物，而其他省区的考古文化中也含有若干石峡文化的典型器物。这是相互交流的证据。石峡文化第Ⅲ期墓葬出上的陶鬶、觯形器、高足杯“是石峡遗址的居民受（山东）大汶口—龙山文化影响下产生的”。石峡文化发现的盘形鼎、贯耳壶、琮、璜、玦、大孔钺，见证了海道是石峡居民与山东省海岱史前居民交往的主要通道，而太湖区的滨海一带为其必经之路。两地相互交流的时间，始于距今6000年前。汕尾市海丰田墘发现的玉琮、玉环[②]和珠江三角洲区出现的拔牙习俗也是一个佐证。石峡文化与江浙地区良诸文化的也有密切联系，大汶口—龙山文化对石峡文化的影响，正是通过良渚文化而间接给予。江西清江樊城堆下层及墓葬出土的陶鼎、鬶、豆、壶、盘与石峡墓葬出土的相似或相同，而且两地毗邻，或许可以认为，樊城堆下层文化和石峡文化可能是“以鄱阳湖—珠江三角洲为中轴的南方地区”当中的“赣江—北江区”同一考古学文化的两个类型。石峡遗址现为全国重点文物保护单位。

石峡遗址的文化内涵既有自身的特点，又与珠江三角洲地区及岭北诸文化有不同程度的联系。将各期文化遗存同周邻地区的相关文化进行比较，便可发现有一个有趣的、逐渐接近和趋同的文化现象。第一期文化与珠江三角洲地区的珠海草堂湾等少数遗址有一些相似之处。第二期文化即

---

① 广东省文物考古研究所等：《封开县乌骚岭新石器时代墓葬群发掘简报》，载《文物》1991（11），第1—7页。

② 杨少祥等：《广东海丰县发现玉琮和青铜兵器》，载《考古》1990（8），第751—753页。

石峡文化，分布范围较大，主要在粤北区，如英德青塘以北，连接始兴、仁化、翁源、连平、和平等县至粤东揭阳市北部，向西可达封开县杏花镇；南面的佛山市三水区银洲遗址，南海区的灶岗遗址、鱿鱼岗遗址、禅城区的河宕遗址，香港屯门的涌浪遗址，珠海市的后沙湾遗址，东莞石排的圆洲遗址及揭阳市南部普宁的虎头埔窑址等，都受到石峡文化的影响，而且与南岭以北的江西樊城堆文化[①]有非常密切的关系，与江浙地区的良渚文化等同期文化遗存也有一定的联系。第三期文化同珠江三角洲地区和东江流域的同期文化也有比较密切的关系，同江西的吴城文化等也多有联系。第四期文化几乎分布于广东全境，应该是南越先民的文化，同古称百越地区的诸多文化有密切的联系。数千年来，珠江三角洲地区与石峡遗址等各地文化的联系和交流逐渐加强，并走向融合。

与佛山地区先秦时期文化面貌最为接近的遗址是肇庆的茅岗遗存和东莞村头遗存。茅岗遗址在肇庆市西部的金利镇，原属高要，现属鼎湖区。发现三组干栏式建筑遗存，其中以第一组保存较好，总长14.7米，行距1.64~1.70米，面积应为24.55平方米。木柱栽入洞中，大部分凿有一个榫眼。发现木桩26根，多栽于木柱旁1米左右处，大部分桩头基本与柱的榫眼等高；圆木条14根，是穿入榫眼的架结栅棚构件。从现存梁架结构可以推测居住面的铺设，当是在梁架上铺以木板或密排树枝，再涂上草拌泥或垫以草、席之类。从柱头残存高度看，原高度不会低于1.5米，屋顶当高得多，推测为“悬山顶”，而整个棚架则采取接榫与缚扎相结合的方法固定。各组建筑，每座大约相距4.5米或7.8米，依次排列。[②]

---

① 江西省文物工作队等：《清江樊城堆遗址发掘简报》，载《考古与文物》1989（2）2，第20—40页。

② 杨耀林：《广东高要茅岗新石器时代干栏式建筑遗存》，载《史前研究》1985（1），第43—47页；杨豪、杨耀林：《广东高要县茅岗水上木构建筑遗址》，载《文物》1983（12），第31—46页。

茅岗遗址的陶器，绝大部分都拍有繁缛的几何印纹，素面只有35%。纹饰中有粗（细）绳纹、方格纹、网格纹、三线方形网格纹、三线长方形网格纹、双线菱形网格纹、三线菱形网格纹、叶脉纹、曲折纹、水波纹、不规则条纹、乳丁纹、菱格纹、变体云雷纹以及刻划的弦纹等；其中方格纹、网格纹占绝对多数，叶脉纹、乳丁纹次之，绳纹最少（图结-1）。陶器少数手捏，多数轮制，高颈尊的颈间弦纹应为快轮制作。陶器中，釜最多，豆、盘、钵次之，罐再次。还有纺轮、网坠。

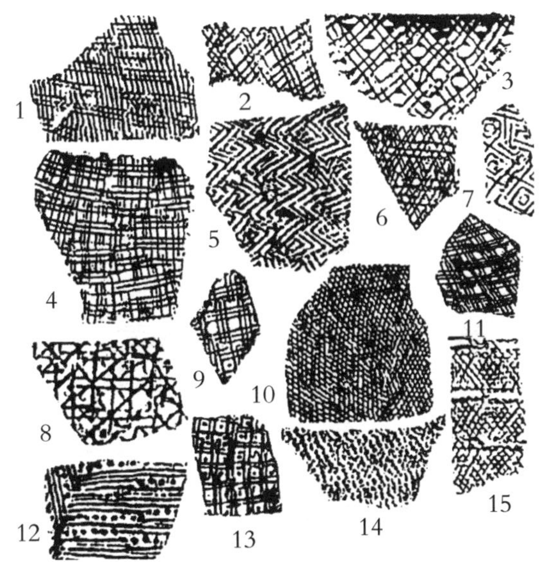

图结-1　肇庆茅岗遗址的陶器纹饰（依杨豪）

1、10. 长方格纹；2、6. 网格纹；3. 三线网格纹；4. 方格纹；5. 曲折纹；7. 变体云雷纹；8. 双线菱形网格纹；9、11. 三线方格纹；12. 乳丁线纹；13. 方格凸点纹；14. 绳纹；15. 双线菱格纹

石器有斧、锛、凿、镞、球、芯、环、璜等。分为打制石器和磨制石器（包括局部磨制和通体磨光石器）。

打制石器仅斧一类。磨制石器有条形斧状，偏刃，系打制后再加磨而成。还有通体磨光的锛、凿、镞、环、璜等。石锛分为有段有肩和双肩无段两种，有段有肩锛呈铲形平刃，上有宽肩，肩背带段，柄呈扁圆形；双

肩无段锛为扁平形，分刃、柄两部分（图结-2）。石凿与此基本相同，但刃面较窄。

关于茅岗遗址的年代，用木头样品作碳十四测定，树轮校正年代为4765±145年。若此测年大致准确，遗址当属新石器时代晚期。但大多数陶器器形和印纹特点与河宕、村头遗址相似，其年代当属新石器时代晚期之后段，距今4000年以内，现为广东省文物保护单位。

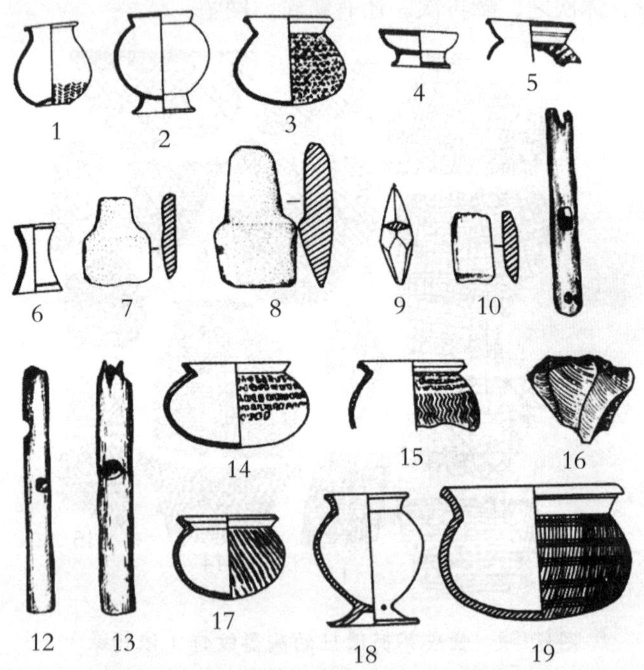

图结-2　肇庆茅岗遗址的器物（依杨豪）

1. 陶垂腹罐；2、18. 陶圈足罐；3、14、17、19. 陶釜；4. 陶圈足盘；5、15. 陶罐；6. 器座；7. 双肩石锛；8. 有肩有段石锛；9. 石镞；10. 石锛；11～13. 木构件；16. 打片石核

茅岗遗址的陶器器形与佛山禅城河宕遗址十分接近，但黑皮陶器的陶质有一些差异。石器更体现出茅岗遗存受到来自北面有段有肩石器的影响。这是两者的差别之处。

东莞村头遗址位于虎门镇村头村西面的小山岗[①]，面积1万平方米，属台地型，现为全国重点文物保护单位。遗址文化堆积厚、遗迹、遗物丰富。有房址、灶坑、灰坑、壕沟和少量墓葬，是一处大型环壕聚落遗址。特别是大小9条壕沟为广东发掘记录所罕见，其中较长且宽的一条，长达80余米，宽近3米，基本环绕着聚落的南部边缘。发现24座房址，应为居住区，其形状有圆形、圆角方形、方形等，其中一座（F23），圆角长方形，长5米、宽4米，门向西南，门道呈斜坡状，房址内地面约高出外面地面5厘米。在垫土面铺设一层黏性较小的砂质黄泥土，在东北面铺一层厚约2～3厘米的黏土，烧烤至红色或黑色，最后再铺一层黄泥土踏实。因长期踩踏，房内地面较坚实（图结–3）；另一座平面近于圆角方形，门道朝南，房址宽4米、进深5米，面积约20平方米，四周有一排柱洞，转角处以两个并列柱洞为一组，从倒塌的堆积物和构件看，为木骨泥墙，房里有数个柱洞，分布于四角和中间，可能是“四面坡”屋顶的支柱洞，房内地面铺垫一层纯净粘土，并经用火烧烤；一座平面呈圆形，直径3~3.5米，面积可能在10平方米上下，周边挖有柱洞，屋顶可能为“攒尖顶”，屋内地面经过火烤，较为坚实。周边共有32个柱子洞，2个灶坑。堆积中有许多贝壳，其中多数是牡蛎（蚝），海月贝也有相当数量。这种房子结构与佛山的河宕遗址非常相似，村头遗址中清理这时期的灰坑60个，有圆形、椭圆形、长方形和不规则形等四种形状，坑内填陶片、贝壳和动物碎骨，南部应是垃圾区。在遗址的东北区还有非成年人墓葬区，有一座墓（M3）的儿童骨架保存较好，葬式侧身屈肢，方向100°，头向西，墓圹长1.15米，最宽0.6米，深0.5米，随葬1件折肩凹底方格纹罐（图结–4）。其他都是仰身直肢葬。

---

① 邱立诚等：《东莞村头遗址发掘的初步收获》，载《广东省博物馆馆刊》1991（2），第70—73页；广东省文物考古研究所等：《东莞村头遗址第二次发掘简报》，载《文物》2000年（9），第25—34页。

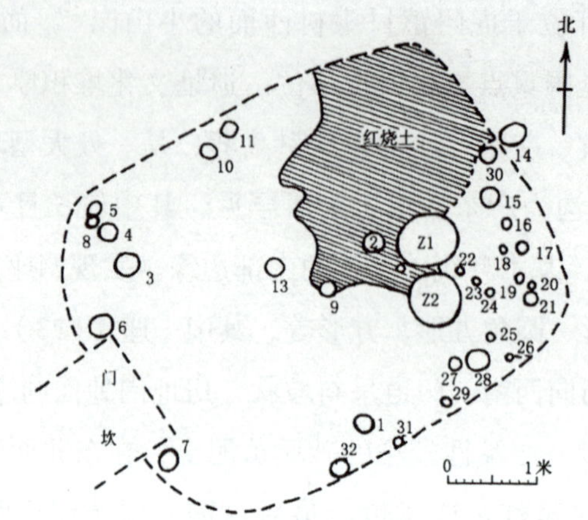

图结-3　东莞村头遗址F23平面图（依李岩）

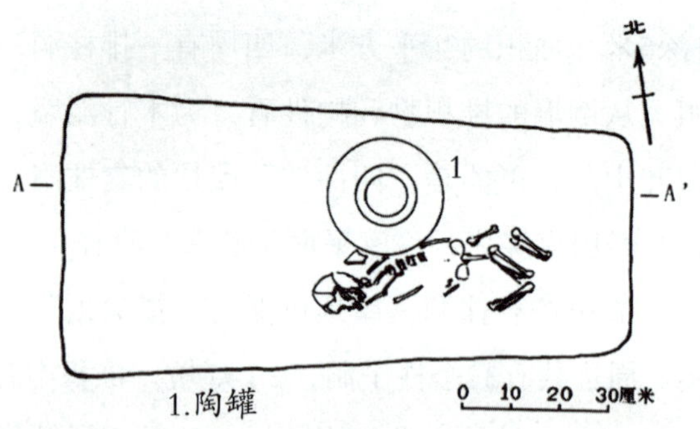

图结-4　东莞村头遗址M3平面图（依李岩）

陶器的数量很多，虽然多已破碎，但可复原者达100件左右。陶质从早至晚是泥质陶所占比例渐增，夹砂陶所占比例渐减；陶色有灰、褐、橙黄、灰白、黑皮等，扣之有金属声。

其中灰陶是从早至晚所占比例渐增。泥质陶的火候，也有从早至晚渐为增高之趋势。泥质陶数量越多，火候较高者就越多。部分泥质陶已达到很高的火候，质较坚硬，陶器多为手制，罐类多在口沿留有慢轮加工的痕迹。盘、豆类多分盘身、器足两段制作后再黏合，用慢轮加工。罐、尊类分口沿、肩、腹分段制作。陶器纹饰以拍印纹为主，种类多样。有从早至晚渐为增加之趋势。夹砂陶主要有绳纹、粗线曲折纹，其他有粗格纹、

菱格纹、方格凸块纹等。泥质陶以叶脉纹、双线或复线方格纹为多，还有曲折纹、双线或复线方格加凸块或凸点、菱格、复线菱格、云雷或云雷与曲折纹组合、梯格纹、篮纹、席纹、方格纹或细方格纹、指甲形纹、圆圈纹、编织纹、水波纹等（图结–5）。

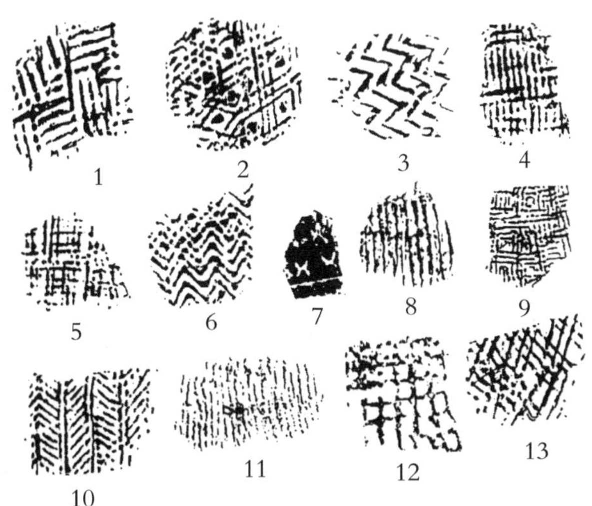

图结–5　东莞村头遗址的陶器纹饰（依李岩）

1. 席纹；2. 方格凸点纹；3、6. 曲折纹；4. 长方格纹；5. 方格纹；7. X（阴）纹；8、11. 绳纹；9. 云雷纹；10. 叶脉纹；12. 大方格纹；13. 网格纹

陶器器形以釜、罐、盘、豆为基本组合。釜均为夹砂陶，饰绳纹或粗曲折纹。多为侈口，平卷沿，沿面凹下。扁圆腹，圜底。也有斜卷沿、圆腹的。有一种罐形釜，直口或微敛，深腹，圜底，个别器形较大。这类器的底部多见残留烟熏后的黑色痕迹。罐类多为泥质陶，少量为夹砂陶。纹饰多样，部分为素面。器形的主要特征是，侈口，束颈或高颈，高颈者多有突棱，圆肩或折肩，圆腹。以圜凹底为多，部分圈足。圈足器的底部亦多见拍印有与器身相同的纹饰。

盘均为泥质陶，多为素面，部分在圈足外划弦纹。浅盘，圈足是从高向矮发展，多为抄手，数量很多，相当一部分为磨光黑皮陶。豆亦为泥质陶，素面，部分在圈足处划弦纹。深盘，喇叭形圈足（图结–6）。圈足盘

和罐与河宕遗址的同类器至为相近。但磨光黑皮陶器在佛山地区的遗址发现很少，这是最大的差别。

石器的器形种类亦很多，其中较重要的是戈类，形制为览援直内，有栏，内部有穿。另见一种比较罕见的戚或称璋。其他器形有矛、镞、锛、凿、斧、铲、网坠、砺石以及璜、环等。锛的数量形式较多，有长身锛、有段锛、有肩有段锛，其中部分与佛山地区的遗址所见相同，应是受西樵山文化影响而产生，而有段石器与有段有肩石器，则是来自于东面和北面的影响。环有“T”形环，还有一种双肩石器，器体矮且宽，刃厚钝，推测可能是用于敲食贝类的器具。

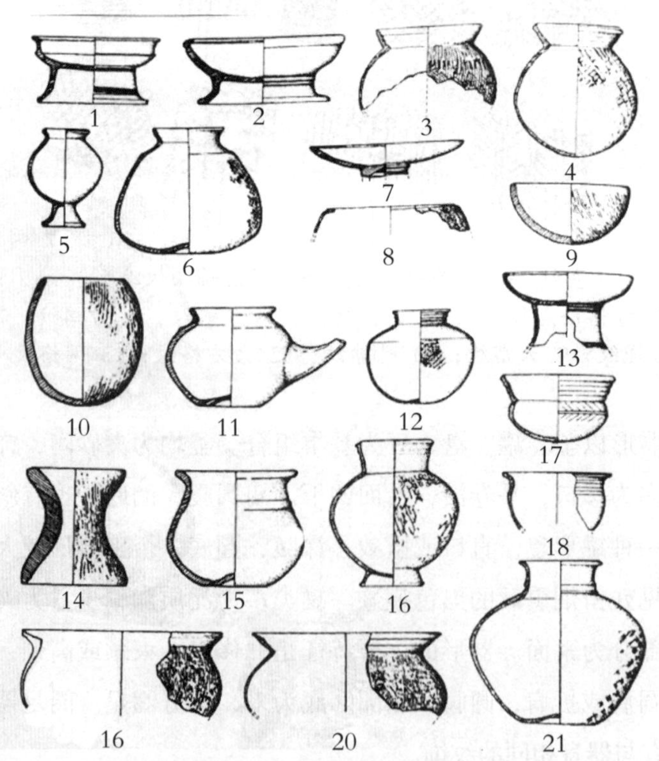

图结-6　东莞村头遗址的陶器（依李岩）

1、2. 圈足盘；3、4. 圜底罐；5、16. 圈足罐；6、15. 垂腹罐；7、13. 豆；8、10. 钵；9. 钵形釜；11. 带把罐；12、21. 圜凹底罐；14. 器座；17. 宽口釜；18. 盆；19、20. 釜

村头遗址的年代，一般认为在距今3500年以内，与佛山禅城的河宕遗址第二期基本相当，在绝对年代上，与河宕遗址第二期的年代更为接近，即相当于新石器时代晚期后段至商代之初。现为第八批全国重点文物保护单位。

佛山地区的新石器时代遗存，与香港西贡沙下遗址[①]也有许多共同之处，如古椰遗址、灶岗遗址的陶釜、圈足陶罐、陶豆，还有河宕遗址的圈足罐，银洲遗址的陶器座等，都在沙下遗址找到相类似的器型。由此判断，古椰遗址、灶岗遗址与沙下遗址的第一期相当，属于新石器时代晚期的早段遗存，而河宕遗址则与沙下遗址的第二期相当，属于新石器时代晚期的晚段遗存。

我们再来讨论这些遗址的居民生产和生活。考古学常常称为的“贝丘遗址”，通常属于岗丘型，四周是低洼的沼泽地，遗址分布较为密集，文化堆积含有相当数量的贝壳。南海的灶岗遗址、鱿鱼岗遗址以及三水的银洲遗址、禅城的河宕遗址，都有一定的空间，如可为分居住区与埋葬区，自然资源以淡水浅水栖息的动物为主，因而人们可以接触和认识更多潜在的自然资源。这与台地遗址是相同的，台地型遗址的潜在资源相当丰富，为人们的定居谋生以及文化的发展提供了优越条件。[②]因此，可以说，这些遗址的居民是择地而聚居。

珠江三角洲地区的彩陶文化是我们要讨论的一个方面。珠江三角洲地区的彩陶器数量不多，种类也少，说明在当时是一类较为特别并且分外

---

① 香港古物古迹办事处、河南省文物考古研究所：《2002年度香港西贡沙下遗址C02区和DII02区考古发掘简报》，载《华夏考古》2004（4），第3—47页；香港古物古迹办事处、广州市文物考古研究所：《香港西贡沙下遗址DI区发掘简报》，载《华夏考古》2007（4），第3—34页；李岩、崔勇：《古椰贝丘遗存初识——兼谈香港沙下等相关遗存》，载《湖南考古辑刊》（13），2018年，第226—250页。

② 赵善德：《先秦秦汉时期岭南社会与文化考察》，广州：暨南大学出版社，2014年，第92—93页。

珍贵的器皿。彩陶器上的纹样，显现了遗址居民的审美观念，其所赋予的社会意义更是不可忽视。这些彩陶遗址都位于海岸、岛屿或江河边上，彩陶器的纹样又主要表现水的形态，正是遗址居民经济生活与水息息相关的真实写照。这类彩绘（包括刻划、镂孔）各种水形态的陶器，或许就是遗址居民举行祭祀活动时的用器。任何器皿的造型都是人们生产生活需求的反映，而彩陶器上的纹样，寄存了特定史前时期人类的思想感情和意识崇尚。从彩陶器上尚可辨别的红彩残迹，我们仿佛看到了史前人类与海洋（江河）搏斗时流淌着的滴滴鲜血。目前，我们对珠江三角洲地区彩陶遗存的分布范围已有比较清晰的认识，它们之间的文化关系与年代也较为明朗。珠江三角洲地区的彩陶遗存作为岭南地区有着稳定的地域范畴，遗存内涵有着共同文化因素的一群考古遗址，如东至深圳咸头岭遗址、大黄沙遗址，东莞蚝岗遗址、万福庵遗址，南为香港大湾遗址、春坎湾遗址、大浪湾遗址，澳门黑沙遗址，西至珠海后沙湾遗址，中山龙穴遗址、白水井遗址，北到增城金兰寺遗址，肇庆蚬壳洲遗址等[①]，佛山地区是其孑遗之地，古椰文化最具特色的彩陶器是圈足盘内壁多见放射状彩条纹，这是彩绘陶器衰落期的遗留。河宕遗址的陶器也有少量赭红色彩绘的条形或带状彩，这更是彩绘陶器的残留痕迹。

佛山地区先秦时期的人类生计模式、饮食方式是今人尤其关心的情况，郭文钠、李莉曾进行过探讨和报道[②]。采集贝类以及狩猎陆生动物、渔猎水生动物经济固然是其生活的来源，但植物性的食物也是不可或缺的。郭文钠认为："灶岗、鱿鱼岗、银洲遗址等发掘简报中也并未提及植物类

① 邱立诚：《史前时期珠江三角洲地区的彩陶器》，载《岭南考古研究》（5），广州：中山大学出版社，2006年，第118—131页。

② 郭文钠：《佛山地区新石器时代饮食文化研究》，载《文博学刊》（3），2020年，第17—26页；李莉：《5000多年前坚果是人类植物性食物主要来源》，载《百科知识》（21），2018年，第57页。

遗存。这与植物类遗存不易保存有关，也与当时未普及浮选法而难以获取古代植物遗存有关。”这个意见不无道理。2006年发掘的古椰贝丘遗址，运用了浮选法、植硅体和淀粉粒分析等植物考古技术，出土了大量种子，在随手拣拾的86个样品中，有约4000颗完整的植物种子及大量的破碎橡子壳。这些植物种子分属于20科25个种，能鉴定出来的有橄榄、破布木、木荷、木防己、寄生藤、苦楝、鹰爪花、南酸枣、八角枫等。在石器表层残留物中提取到淀粉粒共有250多颗，其中最多的是壳斗科，橡子淀粉粒在可鉴定的淀粉粒中出现频率达到了75%，与植物遗存结果相类似。除了壳斗科，残留物中还包含了禾本科、块根块茎类植物的淀粉粒。由此而判断古椰遗址的原始居民已有园圃农业。研究者认为古椰贝丘遗址中的橡子、橄榄等野生植物资源，是古椰遗址人类植物性食物的主要来源，葫芦、小葫芦、栝蒌、南酸枣、杨梅及块根块茎类等各种野生植物资源也是先秦时期人类采集的对象。

杨晓燕等人曾对古椰贝丘遗址的植物种子进行测年，结果显示其年代为距今5800～5500年，这个年代属于新石器时代中期的晚一阶段，较之考古判断的年代要早。对出土炭化程度最高的三个稻米样品进行碳十四测定，结果是：06GGLTS09W06⑦–Z2为15 ± 35；06GGLTS09W08⑥–Z14为现代炭化样品；06GGLTS09W07⑤–Z10为275 ± 40，均属现代样品混入。由此而认为，珠江三角洲地区的稻作农业始于何时还不能确定，但块根块茎植物、棕榈、芭蕉、坚果等是这时期人类的主要食物，当然也伴之以渔猎。因此，古椰遗址居民仍以采集植物类食物为主要来源。[①]宗永强等认为珠江三角洲地区的稻作农业直到约公元前500年（距今约2500年）才发展起来，这个根据是公元前500年后海岸线退至番禺一带，珠江三角洲的湿地面积扩

① 杨晓燕、李昭、王维维等：《稻作南传：岭南稻作农业肇始的年代及人类社会的生计模式背景》，载《文博学刊》（1），2018年，第33—47页。

大，为稻作农业的发展提供了自然条件。[①]实际上，距今2500年前，广州、佛山地区的陆地虽然未连接成片，但一些高地的山坡仍然可以发展稻作农业，只是规模不大而已。当然，这还有待于考古资料的实证。距今4400年前，广州东部的黄埔区茶岭先民可能已经开始种植以粳稻为主的栽培稻，在茶岭遗址检测到的水稻植硅体，应是目前珠江三角洲地区出土单位明确、年代最早的栽培稻实物遗存，这无疑是茶岭遗址最为重要的考古发现。其与粤北石峡文化有较为密切的联系是无可置疑的。

据屈大均《广东新语·石语》中的"五羊传说"，周夷王时，南海有五仙人，衣各一色，所骑羊亦各一色，来集楚庭。各以谷穗一基六出，留与州人，且祝曰："愿此阛阓永无荒饥！"言毕腾空而去，羊化为石。[②]那么，西周时期广州与佛山地区应有稻作农业。周夷王在位时是公元前885—公元前878年，距今差不多为3000年，因此，西周时期珠江三角洲地区传入稻作农业应较为可信。历史学家岑仲勉认为："西周末年，王室衰微，诸侯崛起。楚人蚕食诸姬，汉阳姬族不胜楚人压迫，逐渐沿湘水流域，向南移徙，同时携其家畜、农作物，传播于南方，是为吾粤人开明文化之第一步。"[③]清人顾祖禹《读史方舆纪要》载："相传南海人高固为楚威王相时，有五羊衔谷萃于楚亭，遂增筑南武城，周十里，号五羊城。"[④]楚威王熊商（？—公元前329年）在位是东周时期的公元前339年至公元前329年，其时招高固为相，可见距今2500年珠江三角洲地区发展稻作农业也是有传说记载的，均可备为一说。

邓聪先生于1996年《大湾文化试论》中尝试指出："属于大湾文化

① Zong Y., Zheng Z., Huang K., et al., "Changes in Sea Level, Water Salinity and Wetland Habitat Linked to the Late Agricultural Development in the Pearl River Delta Plain of China," *Quaternary Science Reviews* 70, 2013, pp.145-157.

② ［清］屈大均：《广东新语·石语》，香港：中华书局香港分局，1974年，第180页。

③ 岑仲勉：《五羊故事》，载《广东文物特辑》，1948年。

④ ［清］顾祖禹：《读史方舆纪要》卷101，"广东二"，香港：中华书局，2005年。

之一的蚬壳洲遗址[①]，曾发现过一些多孔的石刀。多孔石刀在大湾文化的出現，可能暗示稻或其他谷类作业的存在，對研究大湾文化的经济面貌，有着重要的意义。在距今7000~6000年前珠三角前沿的沿海，海湾沙堤空间突然出现大量的遗址，也可能是三角洲腹地稻作农业相当发展后的結果。”当然这只是一种推测，因为“也考虑到在早期海湾的环境，並不一定适合稻作农业的发展”。[②]

稻作农业从野生稻进化为栽培稻，其演化进程对世界的社会发展产生巨大的影响。经对粤北的广东英德牛栏洞遗址各层文化堆积取样分析[③]，结果在T5、T9、T10、T11发现有水稻硅质体，其形态有两种，一种为双峰硅质体，另一种为扇形硅质体。前者见于T5④层、T9④层、T11②层上部，共有4粒；后者见于T10②层、③层、④层，亦有4粒。两种水稻硅质体的形态数据经计算机聚类分析，结果表明，属于非籼非粳的类型。牛栏洞遗址发现的水稻硅质体，是迄今岭南地区所见年代最早的水稻遗存，这一发现，使得岭南地区农业史的研究，尤其是岭南地区水稻起源问题的研究有了重大的突破，这个影响是十分深远的。发现水稻硅质体的文化期属于第二、三期，而由于第二期文化中不见有磨刃石器与陶器，似乎显示水稻为牛栏洞人所掌握是先于磨刃石器和陶器。牛栏洞遗址的第二、三期文化绝对年代约在距今11000~8000年间，因此，如判断无误，则岭南地区栽培水稻的历史可前推至距今10000年以前。这个发现似乎对珠江三角洲地区并无影

---

① 广东省博物馆等：《高要县龙一乡蚬壳洲贝丘遗址》，载《文物》1991（11），第8—13页。

② 邓聪、黄韵璋：《大湾文化试论》，载《南中国及邻近地区古文化研究》，香港：香港中文大学出版社，1994，第395—450页。

③ 江惠生主编：《英德牛栏洞遗址——稻作起源与环境综合研究》第五章，北京：科学出版社，2013年，第1—214页。

响。即使是新石器时代晚期在粤北地区的曲江石峡遗址①以及肇庆地区的封开杏花河旧屋后山遗址②、河源地区龙川坪岭头遗址、和平老院遗址③中都发现有水稻遗存，但珠江三角洲地区的局部，时至今天，在新石器时代遗址中还没有水稻遗存的发现。

中国科学院考古研究所研究员赵志军曾对广东英德牛栏洞遗址作深入的研究，认为："我们基本可以得出这样一个结论，华南地区与稻作农业的起源没有关联。不仅如此，根据目前掌握的资料我们还发现，在当地文化已经发展到了新石器时代中期的前段，即距今7000年前后，仍然没有出现与稻作农业有关的生产活动，直至距今6500年前后，已经在长江流域建立起的稻作农业生产体系才开始向南传播进入华南地区，但很快地成为了当地的主要生产经营方式。对华南地区而言，稻作的传入是生产技术的引进还是移民群体的带入，这是我们今后要继续探讨的一个问题。"④换言之，佛山地区的新石器时代人类，也还没有稻作农业的产生，至少到了距今3000～2500年前后的青铜时代，稻作农业才有产生的可能。

不可否认，从生食到熟食，是人类从野蛮到文明的跨越。但岭南的佛山地区却保留着生食的习惯，如顺德与南海区域，都有生食鱼片和牡蛎（蚝）的习俗，许多遗址中发现"蚝蛎喙"就是明证。然而，食料经过加工变为熟食毕竟更为可口和安全，更是脑力的需求，故此熟食的食物更容

---

① 张文绪、向安强等：《广东曲江马坝石峡遗址古稻研究》，载《作物学报》，2006（32）11，第1695—1698页；《石峡遗址M104古稻稃壳印痕研究》，载《华南农业大学学报》，2007（28）2，第20—23页。

② 张文绪、向安强等：《广东省封开县杏花河旧屋后山遗址古稻双峰乳突及稃壳印痕研究》，载《中国水稻科学》，2008（22）1，第103—106页。

③ 向安强、张文绪等：《广东龙川坪岭头遗址出土古稻研究》，载《天津农业科学》，2013（19）8，第80—83页；又据和平县博物馆历史陈列资料。

④ 赵志军：《对华南地区原始农业的再认识》，载《华南及东南亚地区史前考古》，北京：文物出版社，2006年，第145—156页。

易为人们所接受。在遗址中，许多动物的骨骼都有经砸碎和火烧痕迹，陶釜底部也常见烟炱，灶坑在房子中也比比皆是，说明很多食物都是烹制后才食用。顺德区现在还流行的双皮奶，应就是以先秦时期的水牛奶为基础原料而制作的食品。

总体来说，佛山地区的新石器时代晚期人类，其食物来源以采集贝类、植物作物和渔获经济为主，食谱范围十分广泛，养殖业与家畜放牧尚处于发展阶段，薯芋类园圃农业已经产生，尚未见有稻作痕迹。狩猎活动可能不会很多，因此用于狩猎矛、镞器类还较少，食用陆生动物仍以家养畜类为多数。

从考古文化的角度来看，河宕文化的双肩石器源自于西樵山文化，拔牙习俗主要是来自东面的影响，但以陶器来说，则主要是继承了深圳咸头岭文化的传统。河宕文化一期中的镂孔圈足豆，来源于粤北地区的石峡第一期文化，河宕文化二期的凹底器，源头似乎在粤东的后山类型[①]，说明河宕文化的渊源关系具有相当的复杂性。可以说，河宕文化是在继承咸头岭文化传统的基础上，并在发展过程中不断地吸收其他文化的先进因素而形成。河宕文化在不同时期与周边文化有着一定的联系，新石器时代晚期早一阶段主要与粤北的石峡文化、石峡中层文化与粤东的虎头埔文化有更多的接触和交流。在新石器时代晚期晚一阶段至青铜时代，粤东的后山类型、浮滨文化、江西的吴城文化[②]，其前身均对河宕文化产生了一定的影响，各文化之间交流频繁。在受周边其他文化影响的同时，河宕文化对广西武鸣地区商代晚期文化[③]也有某些影响。而河宕文化的流向，主要还应在

---

① 广东省文物考古研究所等：《广东普宁市池尾后山遗址发掘简报》，载《考古》1998（7），第1—10页。

② 江西省文物考古研究所等：《吴城：1973–2002年考古发掘报告》，北京：科学出版社，2005年，第1—425页。

③ 韦江、杨清平：《广西武鸣河流域先秦墓葬的初步研究》，载《南方文物》2007（1），第59—65页。

珠江三角洲地区。

综上所述，这里就佛山地区的新石器时代主要遗存作一个梳理，对其相应的年代作一个排列。首先是新石器时代早期偏晚阶段的细石器文化，这是自西而东的传播，目前一般认为从贵州通过西江水系进入广西，再从广西进入广东，其年代下限可能到了古椰文化的晚期，即距今约为4600～4300年。其次为西樵山文化的早期，约为新石器时代中期，这一阶段还没有发现属于该时期的文化遗存，但不排除佛子庙遗址和古椰遗址的一些器物是属于这一时期的。西樵山文化的晚期属于新石器时代晚期，其早段遗存在佛子庙遗址的第一期文化、灶岗遗址及古椰遗址的两期文化都有发现，而晚段遗存则有更多的发现，如佛子庙遗址的第二期文化、鱿鱼岗遗址、银洲遗址和河宕遗址，这时期的典型遗址之多，反映了人口的兴旺和经济的发展，这是大自然的眷顾，更是人们努力的结果。此后，佛山地区进入了两周时期，如高明区的马麻岭墓地遗存。

马麻岭墓地最大的特征是墓葬结构和陶器上装饰夔纹，且与其他纹饰组合，尤其是方格纹，这是必配的纹样。广东省内最大的一件陶器，即出自此地，这是一件陶瓮（T0406④：1），鼓腹，圜平底。沿内饰刻划波浪纹，器表饰梳齿与方格组合纹，腹饰刻划曲折纹、弦纹，拍印方格与夔纹组合。这件器物纹饰复杂多样，可说是集前期（如曲折纹）与当时流行的纹样（如夔纹）于一身，堪称典型之器。口径62厘米，腹径80厘米，高84厘米（图9-21：1），器形之大，无与伦比。马麻岭墓葬属于一次葬，与粤北石峡文化墓葬的埋葬方式有所不同。石峡文化墓葬虽然也是东西向（头东脚西），但把一次葬的人骨归拢到东南角，既显示其族源来自于东方，又有南下之意，二次葬时重新放置随葬器物，并把一次葬时的随葬器物置于填土之中。马麻岭墓葬则是把大件的随葬器物放置于填土之中，且多已砸碎，只是把器形较小的近身之物（如玉、石器、陶纺轮）放置在墓底人骨处，这种现象应是不同种姓的反映，但来自于北面的影响显而易见。

广东先秦时期陶器上的“夔纹”一词，最早见于1957年发表的《广东

宝安新石器时代遗址调查简报》一文[①]，1956年发表的文章曾称之为“夔形纹”和“类似饕餮纹”[②]。对“夔纹”陶器的年代，其时提出“可能相当于中原春秋战国时期”。

20世纪70年代以来，广东学者将含有夔纹陶器的遗存称为“夔纹陶类型”遗存，对其年代，虽多有分歧，但多数认为主要年代在春秋时期，上限不早于西周，下限不晚于战国早期。香港深湾含夔纹陶的文化层，测年数据为公元前700年[③]，为此说提供了有力支持。“夔纹”是两个“f”（或“F”）下端相对连接而形成的一种印纹，20世纪20—40年代已在香港、粤东地区有所发现，外国学者称之为“F纹”或“双F纹”，归属青铜时代。

含夔纹陶器的遗存分布很广，但主要集中在珠江三角洲、东江、北江与西江地区，迨及桂东北，湘南与赣南也有，但潮汕、雷州地区较为少见，海南则不见。推断夔纹陶器是由岭南越人仿照中原青铜器上的夔龙纹、窃曲纹或是陶器上的相类纹饰而创造的一种陶器纹样，中心区应在粤中地区，并迅即沿东江、北江与西江流域发展、传播。起源时间可能在商周之际，因为在江苏南京北阴阳营商代遗存与陕西扶风西周遗址的陶器上可以看到与夔纹相近的纹样。[④]夔纹陶器发现虽早，分布也很广，但经发掘的典型遗址却为数甚少。香港南丫岛大湾、深湾、大屿山石壁都有夔纹陶遗存，受发掘规模限制，整体面貌与器物组合形态未能清楚。曲江石峡遗

---

① 莫稚：《广东宝安新石器时代遗址调查简报》，《考古通讯》1957（6），第8—15页。据商志䭲回忆，其父商承祚先生是“夔纹”的命名者，《香港考古论记·后记》（文物出版社，2000年）载：这种纹饰在30年代被芬神父等外国学者称为F、双F花纹，父亲在50年代见解独特，命名为夔纹，从此沿用至今。

② 莫稚：《广东清远滘江河支流新石器时代遗址调查发掘简报》，载《文物参考资料》1956（11），第40—45页。

③ 秦威廉编：《南丫岛深湾——考古遗址调查报告》，香港考古学会专刊第三本，1978年，第1—293页。

④ 南京博物院：《北阴阳营——新石器时代及商周遗址发掘报告》，北京：文物出版社，1993年，第149页图六一；另：笔者在陕西周原遗址博物馆所见。

址第四期文化经大规模发掘，地层关系清楚，遗物丰富，年代为西周至春秋时期。

在同类遗存中，深圳盐田大梅沙遗存是最有代表性的一处，发现于1982年，1992年发掘1189平方米，其中Ⅱ区属夔纹陶时期遗存，清理墓葬8座，出土大量陶器和少量青铜器、石器。其文化内涵丰富，器物组合清楚，根据考古学文化的命名原则，可将“夔纹陶类型”文化遗存命名为“大梅沙文化”。大梅沙文化的陶器以侈口、宽沿、垂腹、圜底（晚期向平底发展演变）瓮（或罐）与敞口、折腹豆为主要特征；有少量原始瓷器，陶器纹饰多为组合纹，一般以夔纹、云雷纹、方格纹、篦点纹、弦纹等搭配装饰，有的用两组或三组纹样，但下腹主要是方格纹。云雷纹的形态最为多样，形成回字、方格凸块（或凸点）、卷云、重圈等，晚期出现勾连云雷纹。年代约为春秋至战国早期。就夔纹来说，主要有两种，一种是f呈圆角形；另一种是F呈直角形。从马麻岭墓葬出土的夔纹陶器看，两者之间应有早晚之分和演变关系。广东省文物考古研究所副研究员吴海贵等曾研究夔纹陶纹饰的源流问题，认为是青铜器上涡纹的变形，这类纹饰从西周早期偏晚传入本地，一直延续到战国早期。经过长时期的发展变化，“涡纹”逐步消失，最后只保留下“双F”线条。[①]有学者则认为，“夔纹”是从本地几何印纹陶中的云雷纹和S形纹（图结-7）演变来的，但同时受到青铜器上纹饰的影响。[②]

关于米字纹陶遗存与夔纹陶遗存的关系问题，这里也作初步讨论。1987年发掘的深圳市叠石山遗址[③]，发现夔纹陶器与米字纹陶器共存，并见

---

① 吴海贵、吴孝斌等：《双F纹源流初探》，载《博罗横岭山》，北京：科学出版社，2005年，第431—439页。

② 徐恒彬：《广东几何印纹陶纹饰演变初步认识》，载《文物集刊》（3），北京：文物出版社，1981年，第203—211页。

③ 深圳博物馆：《深圳市叠石山遗址发掘简报》，载《文物》1990（11），第21-28页。

青铜器和铁器。叠石山遗址的文化内涵，多数具有发现于深圳的大梅沙文化陶器的特征，如夔纹、各种云雷纹、方格纹所搭配组成的组合纹；器形有瓮、罐、豆、簋、壶等。少数为发现于增城的“西瓜岭文化”的陶器风格，如米字纹、水波纹等，器形有瓿、钵、盒、罐等。[①]因为没有发现两类陶器在地层上的叠压关系，发掘者认为夔纹陶器与米字纹陶器是同时期的。1990年发掘的香港龙鼓上滩遗址，在第8层发现米字纹陶遗存叠压于夔纹陶遗存之上[②]，由此，米字纹陶遗存晚于夔纹陶遗存的地层关系初露端倪。

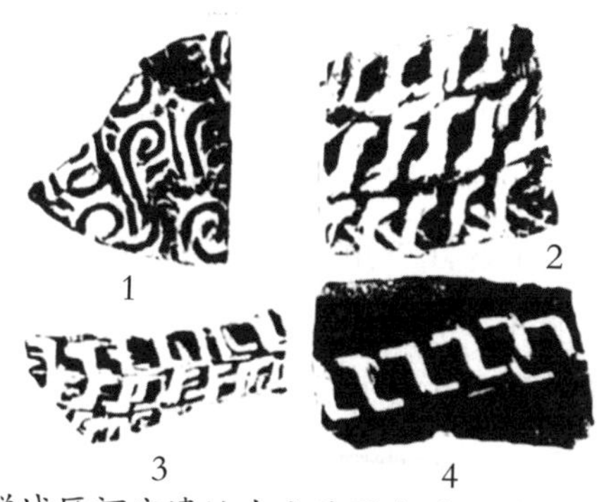

图结-7　禅城区河宕遗址出土陶器上的纹饰（依徐恒彬）

1、3. 雷纹；2、4. S纹

1996—1999年进行发掘的博罗县银岗遗址[③]，以明确的地层叠压关系和丰富的文化内涵确立了夔纹陶遗存（一期文化）早于米字纹陶遗存（二期文化）。银岗遗址一期文化的陶器主要是夔纹罐、折腹豆、带耳杯、平底钵，并见动物陶塑；纹饰主要是以夔纹、云雷纹、勾连云雷纹、方格纹为主体的各种组合纹样。银岗遗址二期文化的陶器主要是米字纹罐、方格

① 莫稚等：《广东增城、始兴的战国遗址》，载《考古》1964（3），第143—151转160页。

② 商志醰等：《香港考古学发展史简论（下）》，载《考古与文物》1997（3），第51页。

③ 广东省文物考古研究所：《广东博罗银岗遗址发掘简报》，载《文物》1998（7），第17—30页；《广东博罗银岗遗址第二次发掘》，载《文物》2000（6），第4—22页。

纹釜、平底或三足的盒、平底的碗、杯、平凹底钵、鼎、瓿，也有动物陶塑；纹饰主要是单一的印纹，如米字纹、重方格交叉纹、方格凸块或凸点纹、方格纹等，组合纹是刻划的水波、弦纹、篦点纹。二期文化中也有少量勾连云雷纹和夔纹陶片，应属于一期文化的遗物而在二期文化所发现。从文化发展的规律看，夔纹陶与米字纹陶两者之间有交错现象是正常的，或许可以认为，叠石山遗址是大梅沙文化（夔纹陶遗存）的晚期，末期时米字纹陶器开始出现，并延续至西汉早期（南越国时期）。银岗遗址二期文化属于西瓜岭文化（米字纹陶遗存），在这期文化中，早期阶段夔纹陶器尚未绝迹。

从考古学来说，在佛山地区的古代遗址中，西樵山文化、古椰文化和河宕文化代表了该地区新石器时代的考古学文化，他们是粤中地区考古学文化的一部分，显示了珠江三角洲西部地区的考古文化特色。或者说，他们代表着佛山地区的几个族群。马麻岭墓葬代表了该地区青铜时代的考古学文化，严格来说，属于以大梅沙文化为代表的夔纹陶文化。它们的年代，夔纹陶文化为西周后期至战国早期，米字纹陶文化为战国中期至南越国时期（西汉前期）。[①]深圳博物馆研究员李龙章曾对夔纹陶文化与米字纹陶的年代提出异议，认为夔纹陶遗存的年代“基本上处于战国时期，上限不早于春秋晚期，下限在战国晚期，与米字纹陶遗存相衔接”[②]。这个问题还有待考古证据和年代学来解决。

与夔纹陶器相反，米字纹陶器起源于华东地区，西周中期，宁镇地区就出现了饰重方格（回字）交叉纹的陶器，米字纹就是从重方格（回字）交叉纹简化而来，此时约在西周晚期至春秋前期。赣闽地区出现米字纹陶

---

① 邱立诚：《论广东地区两周时期的考古文化》，《广东省文物考古研究所建所十周年文集》，广州：岭南美术出版社，2001年，第144—157页。

② 李龙章：《两广夔纹陶类型遗存年代问题商榷》，《南方文物》2003（1），第17—25页。

器已在春秋晚期至战国早期，进入广东地区，当为战国中期开始。在华东地区，米字纹多与其他纹样组合成复合纹饰，并与云雷纹系列的纹样一起出现。在同一时间段，岭南区正是夔纹与云雷纹大行其道之时。米字纹样传入岭南区（含两广地区）之初，仍有部分与方格纹组成复合纹样，保留了入传时的原始型，但多数是以单一纹样来装饰于陶器表面。在战国晚期，有的米字纹又进一步简化，米字中间减去一横而成“水”字形纹（或称三角形纹）。公元前334年，越国被楚威王所败，越王无疆被杀，因此，“越以此散，诸族子争立，或为王，或为君，滨于江南海上”[①]，米字纹由此而向岭南区传播。故屈大均的《广东新语·越》载“以周显王时，楚子熊商大败越，越散处江南海上”[②]。可以说，米字纹陶器正是南奔的东越人怀念先人的一种物品，并被当地越人所接受而成为流行的纹饰。直至南越国灭亡，米字纹陶器才销声匿迹，被带戳印的方格纹陶器所取代。夔纹陶器与米字纹陶器在岭南地区的两种际遇，恰如其分地反映了百越间文化的传播与交流所产生的各地略有异同的社会物质形态，而为社会所接受的最终体现则是文化的融入性与融合性。

文明是一种社会形态，是人类社会发展到一定阶段的产物，这个阶段就是社会上层贵族组建的方国出现的时候。受中原地区夏、商王朝的影响，岭南地区也在商时期起先后涌现出许多小方国。当商王朝向周边地区扩张的时候，这些小方国则为自己的生存而努力，它们伴随着岭南文明的出现而诞生，也随着文明的发展而逐步消亡，这是历史发展进程的一部分，也是人类社会文明史的组成部分。从鄱阳湖到珠江三角洲地区，岭南文明史也融进了南中国的文化洪流中，纳入中国多元一体的文化产生历史时期，这是几千年的发展进程，也由此奠定了珠江三角洲地区与东南亚地区的文化关系。演变与发展，这是学术发展的必然。

---

① [西汉]司马迁：《史记·越王勾践世家》，北京：中华书局，1982年，第1751页。

② [清]屈大均：《广东新语·越》卷二，香港：中华书局香港分局，1974年，第31页。

商周时期，岭南地区的小方国在你掠我夺的争斗中分分合合，其兼并之势亦如中原地区的春秋战国一样。先秦时期岭南地区的土邦小国，多数国家形态可能还没有发育得很充分，仍处于部落酋长制。故战国时《吕氏春秋·恃君览》有“缚娄、阳禺、驩兜之国，多无君”之说[①]，所谓“无君”，大概是指没有岭北地区中原各国那种十分严格的“君臣制度”。西汉贾谊《过秦论》也说，秦“履至尊而制六合……百越之君，俯首系颈，委命下吏”。可见百越地区的方国也是有君的。

先秦文献《逸周书·王会解》提到南方各国（族）向商朝进贡特产的事，如商朝初年伊尹受商王成汤之命，“于是为四方令曰：‘……正南：瓯邓、桂国、损子、产里、百濮、九菌，请令以珠玑、玳瑁、象齿、文犀、翠羽、菌鹤、短狗为献’”。据考证，“正南瓯”指岭南的西瓯，又作区、呕，是岭南百越中一支古老的部落。到了战国末年西瓯人已相当强大，在与秦军作战时顽强抵抗达3年之久。

西瓯地望，北与桂国、东与苍梧为邻，西迄桂西、桂西北，南到郁江、邕江、右江一带，与骆越交错。桂国，据战国《山海经·海内南经》载：“桂林八树在贲隅（蕃禺）东”（笔者注：应为西），即在桂林一带，“八树”言其多，那里盛产桂树、桂皮早已闻名。其地位于桂北，北至湘南，南迫桂江，西至融江一带，东接苍梧。战国末年并入西瓯部。据秦时西瓯有君名“译于宋”，有将名“桀俊”，骆越之地有“骆王”“骆侯”“骆将”之称谓，故汉初赵佗有“瓯骆裸国亦称王”[②]之说的情况，由此而看，先秦时期的西瓯国与骆越国之国家形态发育应较为完备。

一般地说，雷州半岛及海南岛有“儋耳国”“雕题国”，在肇庆以西有“西瓯国”，在粤西南地区有“骆越国”，在粤西部分地区有“伯虑国”，在今封开一带有“苍梧国”；而粤东韩江流域地区，春秋时属“七

① [战国]吕不韦：《吕氏春秋·恃君览》卷20，天津：百花文艺出版社，2015年。

② [西汉]司马迁：《史记·南越列传》，北京：中华书局，1982年，第2970页。

闽地”，战国时期则各地越人杂居于此；缚娄国在今博罗、惠州一带，今博罗县罗阳横岭山发掘300余座周时期墓葬，墓地管理有序，随葬品有珍贵的青铜甬钟、铜鼎和玉器，无疑是缚娄国的一处重要墓地。阳禺国在今粤北清远、阳山、英德一带，秦时在此置中宿县。驩兜国在今珠江三角洲的水网地区，驩兜，又作欢兜，或作驩头，多有别称，《山海经》晋代郭璞注：驩兜，尧臣子丹朱的异称，被舜逐于南海。战国《山海经·海外南经》载：“驩头国在其南，其为人人面，有翼，鸟喙，方哺鱼。……或曰驩朱国。”西晋张华《博物志·外国》说，“驩兜国，其民尽似仙人”。驩兜部族原居中原，与尧、舜争斗中失败被逐于澧水崇山一带，故秦《尚书·舜典》有“放驩兜于崇山” 之说。周代，驩兜族辗转南迁至岭南沿海地区，包括广西左江崇左及广东珠江三角洲一带。及至其后，崇左一地的驩兜族被融合于骆越之中，而其他则立国于珠江三角洲一带，故驩兜国的地望多被认为在沿海地区，或以为古代番禺（今广州）。佛山地区至秦汉时期才属南越国，在先秦以前其属地是否属于驩兜之国，则时至今日尚未有论定。

汉代杨孚《异物志》称，“乌蛮在南海郡之西，安南郡统司之北，即乌浒蛮也，古有损子国。生首子辄解而食之。……其国有乌浒滩（按：乌浒滩在横州东十里），汉建武中，国废”。又云：“乌浒，地名，在广州之南，交州之北”。南朝时范晔《后汉书·南蛮传》载，“灵帝建宁三年，郁林太守谷永以恩信招降乌浒人十余万内属，皆受冠带，开置七县”。据此，损子当分布于郁江中游一带，夹在瓯骆之间，人数颇众。其居地当在今横县、贵县、容县、玉林等处，即今广西南宁地区东北部及玉林地区、钦州地区的一部分。其名称因有食首子而得。

产里，亦称产国，常与损子并称，明代邝露《赤雅》谓：“乌蛮国。乌蛮，古损子产国，即乌浒蛮也。”清时顾炎武《天下郡国利病书》亦称“古损子产国”。

宋代乐史《太平寰宇记》云：“三梁故县，乌浒所巢。俗云三梁，乌

浒即此地也。”由此可见，损子、产里，地望相近，部分交错而居，主要分布在今广西玉林地区。商代岭南，南方与商王朝已有明确的朝贡关系。所贡的特产，也正是出产于岭南及南海一带。据研究，子安贝出产于中国南海和东南海岸，商王朝所用的子安贝多来自这些地方。海贝是商朝的货币，同时用来赐给贵族。商人尚卜，龟甲也是沿海所得，是商王朝用来占卜的基本材料。依此，驩兜国的后人很可能就是汉代的“乌浒”族，即晋唐时期的“俚僚”族，以铜铸鼓为其习俗，故粤西铜鼓年代多为东汉至南朝时期。铜鼓乃云南、贵州、广西东传之物，其分布范围东至江门恩平，南至湛江徐闻，北至茂名信宜，“乌浒”与“俚僚”不过是“拿来”主义罢了。其后一支演化聚居于今天的茂名一带，电白、高州称为“俚话”；一支演化聚居于雷州一带，虽然音为闽南，但亦称之为“俚话”；一支演化为今日黎族的一部分。“俚、雷、黎”三者音韵相近，而且关系异常密切，应是“乌浒”族后裔与移民的混合体，古时亦即壮族的一支。古代的广东，其实就是壮语区，《赤雅》载：“僚之有侗，犹壮之有大良也。”徐松石也认为，“大良一种乃赤雅所记最有趣致的壮人”[①]。故《赤雅》说“大良与壮同类而性稍异”。两广地名中用大良二字的不少，顺德即有大良，《赤雅》作者邝露为明朝南海人，到了广西才知道大良之奇。泰壮语中，“大”等于“地”，“良”等于“黄色部族”。“大良乃指黄族土人的住地。……如今粤语不再呼黄色为良，而泰语则仍然呼黄为良。今日两广仍然充满良字地名”[②]。可知广东各地先秦越人及汉唐时期的南越、乌浒、俚僚之后人，除与汉民族融合之外，乃今日之壮民。

我们认为广东先秦时期的百越族其后人是壮民，这当然包括佛山地区

---

① 徐松石：《粤江流域人民史》，载《民族学研究著作五种》，广州：广东人民出版社，1993年，第101页。

② 徐松石：《百越雄风岭南铜鼓》，载《民族学研究著作五种》，广州：广东人民出版社，1993年，第1074页。

的先民。这个问题不仅明代《赤雅》所说，实际上也是清代顾炎武《天下郡国利病书》所主张的，他说“广东有瑶壮两种，瑶乃荆蛮，壮则旧越人也”[①]。今人徐松石更有发挥，说：“照作者研究所得的结果，壮人确是两粤古代的土著。春秋时楚人在广州作楚庭。秦始皇出兵开辟岭南，分置三郡。汉初赵佗占据三郡，自立为南越王。在这些时候，两广绝大部分的土著就是壮人。”“壮族居住两广，乃在于有史以前。至迟在周朝初年，壮人已经布满了两广区域。所谓百越，所谓瓯骆，所谓路人（其实路人、骆人就是僚人的同音异写），所谓俚僚，所谓乌浒，所谓土人，都是壮类。”“唐宋以后，世人很少知道壮族是旧粤民。甚至两粤早已归化的壮人，也绝对不知道自己的祖先是壮种了。”[②]人们常引地方志书说元明间才有壮人入粤，其实，徐松石曾论及此事，谓“志书不能尽信”，因“信宜县南有罗窦峒，旧唐书《地理志》说窦州因罗窦峒而得名，新唐书《冯盎传》说罗窦诸峒僚叛，诏盎讨平之。当日的僚就是今日的壮。焉能说广东古代没有壮人？”又说：“壮人地名布满广东各地，南海有古灶，番禺有古楼场、古坝、都那，顺德有古鑑、古朗、古粉堡、都宁、都粘堡，新会有古兜山、古猛、古路、古井、古茶、那伏，中山有古镇、古鹤、那州。这不过略举几个例子。我们看了，已经可以瞭然于古代壮人在广东分布的大略情形。”[③]依此，相信佛山地区的百越族，其族属后人多是壮民，从考古学文化的差异来看，这些百越先民也是各有种性，当然，并不排斥其中有来自岭北或粤东的越族先民及其他苗蛮集团、东夷集团的移民迁徙。

苏秉琦先生（1909—1997）在去世前曾给杨式挺《岭南文物考古论

---

① [清]顾炎武：《天下郡国利病书·广东》卷103、104，上海：上海古籍出版社，2012年。

② 徐松石：《粤江流域人民史》，载《民族学研究著作五种》，广州：广东人民出版社，1993年，第87—88页。

③ 徐松石：《粤江流域人民史》，载《民族学研究著作五种》，广州：广东人民出版社，1993年，第90—92页。

集》作序，写道："珠江三角洲一带也有新石器时代较早的遗存，南海西樵山是一处很有希望的大遗址，可能包含旧石器时代晚期和新石器早晚不同时期的遗存。"并说："佛山河宕遗址的时代约与石峡相当，但没有看到时间较早的青铜器。"①因此，在西樵山遗址中寻找旧石器时代遗存是可能的，可惜至今我们未能分辨出来。而河宕遗址的年代，杨式挺先生已有专著论及②，本书也有专章提出讨论，时代当无疑问。广西博物馆研究馆员郑超雄在研究壮族文明起源时，曾指出："汉文献有西瓯、骆越、桂国、损子、产里、句町、缚娄、阳禺、欢头等，这些族称的具体活动区域，尚难全部说清，但相信都是分布在岭南地区，他们与苍梧的关系不是传承关系，而是居住在不同区域中的族群实体，这些族群实体有些是在距今4000多年前，有些稍晚些进入古国文明时代。"③由此我们认为，先秦时期的壮族，其中也有不同的种性和族群，虽然都分布在岭南地区，但他们是有不同之处的，仅就葬俗而言，先秦时期珠江三角洲地区自东而西所流行的仰身直肢葬，就与肇庆蚬壳洲遗址④流行的屈肢葬不同。河宕遗址之后，岭南各地才先后进入方国时期，壮族地区也是同样。拔牙习俗也自东而西，仅到佛山地区为止。

从岭南地区先秦时期陶器器物的发展演变序列看，圜底→圜平底→圜凹底→平底，这是一个发展与变化的过程，其间又有圈足陶器的出现，佛山地区的新石器时代也脱离不了这个过程。以出现的时代大致划分，圜底器大体出现在新石器时代早期，圜平底器大体出现在新石器时代中期，圜

---

① 苏秉琦：《岭南考古开题》，载《岭南文物考古论集》，广州：广东省地图出版社，1998年，第1页。

② 广东省博物馆、佛山市博物馆：《佛山河宕遗址——1977年冬至1978年夏发掘报告》，广州：广东人民出版社，2006年，第1—198页。

③ 郑超雄：《壮族文明起源研究》，南宁：广西人民出版社，2005年，第80页。

④ 广东省博物馆等：《广东高要县蚬壳洲发现新石器时代贝丘遗址》，载《考古》1990（6），第565—568页。

凹底器大体出现在新石器时代晚期的早段，平底器大体出现在新石器时代晚期的晚段；而圈足陶器大体出现在新石器时代中晚期。到商时期，陶器上折肩风格开始出现，云雷纹也开始出现，西周与春秋时期流行组合纹，开始出现垂腹的夔纹陶器，直至战国早期；战国中期最大径在肩部的米字纹陶器开始出现，但最初时仍为组合纹；战国晚期米字纹陶器以单一纹样出现，直至西汉时南越国的灭亡才消失。佛山的几何印纹陶也同样经历了这个过程。当然，我们必须清楚地认识，任何纹饰的出现，与大的时代划分会有交错的阶段。

以圜底的夹砂陶釜为最大特点的“釜文化”始终是百越族群中最大的共同点，它与中原及楚地的“鬲文化”形成鲜明的对比，夔纹陶与米字纹陶则体现了华北、华东及华中地区对岭南区域的浸染。商周时期，中原及楚地的青铜文化给予百越区强烈的影响，各个越人区或多或少接收了许多外来的文化因素，但“釜文化”却岿然不动，“鬲文化”终究不能入主越地，这也是禅城区河宕遗址的陶鬲未能发展的原因。这种文化的向心力和认同感是令人震撼的。越人之间的文化传播与融合，是形成民族风格及族群内部纽带的主要形式，而外来的文化因素所产生的精神上、观念上或物质上的冲击波，是造成族群内部不稳定的强大动力，同时又是推动社会各民族进步的客观条件。汉唐时期，圜平底的夹砂陶釜以硬陶的形态出现在岭南地区，唐以后这种器物才难觅其踪。明清时期，佛山石湾窑生产的平底砂煲，仍深受岭南地区人们的喜爱，直至如今。

佛山地区在先秦时期是越人先民的重要组成部分，也是广府文化的底蕴。秦汉时期是广府文化的起源和发展阶段。因此，研究佛山地区先秦时期的考古文化，就是研究岭南文化、广府文化的核心部分。在地域上，岭南文化可分为广东文化、桂系文化和海南文化三大块，而广东文化又分为广府文化、潮汕文化、客家文化、雷州文化、高凉文化等数种。可以认为，广府文化是岭南文化的组成部分，而佛山地区的文化也是广府文化的重要部分。

第二节　佛山地区秦汉至明清时期人类历史的发展

佛山市辖区位属珠江三角洲地区西部，是岭南史前文化和历史时期考古学研究的重要地区，曾经发现和发掘了较多的新石器时代、商周时期及汉至唐宋明等各个时期的重要遗址和墓葬。但周时期的遗址和墓葬，以往发现较少。这次对高明马麻岭墓地的发掘，填补了这时期该区域考古资料的空白，为研究珠江三角洲地区这一时段的历史文化面貌提供了珍贵资料，有助于解决岭南地区先秦古国、古城、古文化研究等一些重大课题。

秦汉时期，佛山市禅城区澜石一带发现了许多汉代墓葬[①]，其中以东汉砖室墓居多；南海区的平洲、盐步[②]，顺德区的陈村西淋山、龙眼沙富村、官山、猪仔岗[③]和三水区的白坭也发现有此类墓葬；顺德区的杏坛镇逢简碧梧村、龙潭村和勒流镇富裕石涌村、龙眼沙富村蚌岗、众涌村孖塘等地还发现及发掘过汉时期的遗址[④]，为寻找这时期佛山地区的文化提供了重要依据。顺德区汉代遗址和墓葬的发现还进一步证实，距今2500年前，顺德大良、杏坛一带均已成陆，海岸线已移至此地。佛山地区是广府文化的核心区域，广府文化源远流长，历史上，在汉民族的形成和发展，在维护国家

---

① 广东省文物管理委员会：《广东佛山市郊澜石东汉墓发掘报告》，载《考古》1964（9），第448—457页；广东省博物馆：《广东佛山市郊澜石东汉墓清理简报》，载《文物资料丛刊》（4），1981年，第98—103页。

② 广东省博物馆曾广亿：《广东南海汉墓发掘简报》，载《文物资料丛刊》（4），1981年，第89—97页。

③ 广东省博物馆等：《广东顺德县汉墓的调查和清理》，载《文物》1991（4），第47—63页；广东省博物馆等：《广东顺德陈村汉墓的清理》，载《文物》1991（12），第73—75页。

④ 杨式挺、何兆明：《广东顺德古文化遗址调查与发掘》，载《岭南考古研究》（14），香港：中国评论学术出版社，2015年，第35—55页。

统一、民族团结等多方面，广府文化作出重要贡献，佛山地区则在中华民族文化的发展史上占有重要地位，起着不可替代的作用。

晋唐之际，佛山地分属南海县、四会县所辖，至宋并入南海县。高明区荷城曾发掘了唐代大岗山窑[①]，三水河口也发现了洞口唐代窑址，在禅城区石湾大帽岗山也有唐代窑址的堆积[②]，属于馒头窑，但窑穴详情不明。

五代南汉时期，析南海县，在今南海区和顺镇文头岭置“官窑”，产品颇具唐末五代风格[③]，是南汉国官方经营的窑场。南汉至明清时期，南海区里水镇草场村的西华寺遗址于2010年进行了发掘，发现了各时期的建筑遗迹。西华寺始建于五代十国时期的南汉大宝元年（958年），在南汉时期的石碑上还发现刻有“玉清宫使德陵使”字样[④]，说明这时期的西华寺是官办寺庙极为重要的场所，宋代以后，这处寺庙也是历代羊城八景之一“石门返照”的地方。

唐宋时期，是广府语言区和广府文化最终形成的阶段，佛山地属广州，这一区域具有举足轻重的位置。从宋代开始，珠江三角洲地区逐渐取代了粤北，成为岭南的文化中心以来，广府文化以独有的务实、开放、创新等特点，以岭南之精粹，纳海洋之新风，在中华大文化之林独树一帜，对岭南地区乃至全国的经济、社会发展起着积极的推动作用。

宋至清时期，佛山市南海区和顺德区境内修筑了桑园围，其中顺德龙江段至民国初期才明显加高并与大围相连，是中国古代最大的基围水利工程。围堤全长64.84公里，土地面积265.4平方公里，围垦灌溉面积6.2万亩。始建于北宋崇宁、大观年间（1102—1110年）的佛山桑园围，充分体现了

① 杨少祥、崔勇：《广东高明唐代窑址发掘简报》，载《考古》1993（9），第809—814页。

② 佛山市博物馆：《广东石湾古窑址调查》，载《考古》1978（3），第195—200页。

③ 广东省文物管理委员会：《佛山专区的几处古窑址调查简报》，载《文物》1959（12），第53—57页。

④ 郭顺利、邱立诚：《佛山市西华寺南汉遗址》，载《2011年中国考古学年鉴》，北京：文物出版社，2012年，第389页。

珠江三角洲西岸地区的人民在制服水患、征服自然过程中，与江海争田，扩大了耕地面积，提高了粮食产量，对促进当时的农业生产和社会经济的发展起到了巨大作用。2020年12月8日，佛山桑园围成功入选第七批世界灌溉工程遗产。

宋代，在今佛山市南海区小塘镇奇石村一带的多个山岗，有唐宋时期的圆形馒头窑和龙窑，金斗岗、朗下岗和瓦渣岗的产品有不同的分工，在窑址的堆积物中，有的器物拍印有“嘉祐”及“政和二年、三年、六年”等年款[①]，故奇石窑的年代下限为北宋时期，与佛山禅城区的石湾窑关系深受关注，其产品远销海外。

褐釉瓷既受到福建磁灶窑[②]的影响，也给予了湛江地区南宋时期的雷州窑[③]以重要的启迪。此外，顺德区的杏坛镇逢简柠檬基等地也发现了宋代的铜器、铁器和瓷器遗存[④]。

元至明清时期，佛山市禅城区的石湾窑发展起来，首先是海外贸易的繁荣需要大量的陶瓷器出口，其次是石湾当地的手工业发展，刺激了石湾陶业的大发展，如文灶、同庆灶、南风古灶、高灶等窑口，其中南风古灶、高灶现为第三批全国重点文物保护单位。石湾窑成功地仿制了全国各大名窑的釉色，并创造出独具特色的窑变釉。石湾窑的产品除畅销两广地区外，还行销海外。清代屈大均《广东新语·器语》载：“南海之石湾善

---

① 黄晓蕙：《佛山奇石古窑与相关的几个问题》，载《南方文物》2016（5），第211—220页；邱立诚：《广东古窑址的历史概要——兼谈佛山古陶瓷业的发展》，《佛山市博物馆藏陶瓷》，北京：文物出版社，2012年，第213—228页。

② 福建博物院、晋江博物馆：《磁灶窑址：福建晋江磁灶窑址考古调查发掘报告》，北京：科学出版社，2011年，第1—434页。

③ 湛江市博物馆等：《雷州窑瓷器》，广州：岭南美术出版社，2003年，第1—205页。

④ 曾广亿：《广东陵水、顺德、揭西出土的宋代瓷器、渔猎工具和元代钞版》，载《考古》1980（1），第71—76页。

陶，凡广州陶器皆出石湾。”[①]考古发现也证实了这一点，广府建筑上多有佛山石湾造的脊饰及陶艺人物塑像，也有各类生活制品，是石湾窑艺术陶器烧制成功的标志。禅城区澜石鼓颡岗等地还发掘了唐宋元明时期的墓葬[②]，明清时期，佛山的冶铁、铸铁业也发展起来，堪称“佛山之冶遍天下”[③]，反映了佛山地区古代人类历史的发展。

从秦汉至明清时期，佛山经历了南海、番禺、番州、永丰场、忠义乡、佛山等称谓的发展历程，从小到大。进入明清时期，佛山已经成为经济繁荣的城镇，史称“天下四大镇”和“天下四大聚”之一。明清时期的西樵山红砂岩矿采石场遗址（图结–8）位于南海区西樵山狮脑峰东南，现为石燕岩，是第八批全国重点文物保护单位[④]。外洞洞口宽阔，成穹窿状，面积250平方米。内洞贮水成湖，面积达1570平方米，可见采石痕迹，以及大量已经开采、尚未运走的石材。采石场遗址规模宏大，保存完好，对于研究明清时期珠江三角洲西岸地区建筑石材的开采、生产、流通、使用和研究古代采矿技术等具有重要价值。至于石燕岩这处西樵山采石场遗址是否早至宋代开始开采红砂岩，还有待水下考古资料来说明，但西樵山作为旅游胜地已蜚声海内外（图结–9）。

---

① [清]屈大均：《广东新语·器语》卷十六，香港：中华书局香港分局，1974年，第452页。

② 曾广亿：《广东佛山鼓颡岗宋元明墓记略》，载《考古》1964（10），第537—538页；广东省文物管理委员会：《广东佛山市郊澜石唐至明墓发掘记》，载《考古》1965（6），第第284—286页。

③ 朱培建：《佛山明清铸造》，《佛山历史文化丛书》（第一辑），广州：广东人民出版社，2016年，第1—381页。

④ 国务院（国发[2019]22号）文：《国务院关于核定并公布第八批全国重点文物保护单位的通知》，序号第117号，《西樵山采石场遗址》。

图结-8　西樵山红砂岩矿采石场遗址

图结-9　同治年间佛山地区碑刻上的西樵山地图（拓片，南海区博物馆藏）

自宋代的佛山堡到清代的佛山镇，再到如今的佛山市，其间经历近千年，从中我们看到了佛山地区历史的变迁。由此，广府文化[1]也发展到一个新的阶段。近现代以来，以广州、佛山地区为代表的广府文化更是中国的一种先进文化，对中国乃至世界产生了巨大的影响。从20世纪七八十年代起，广东进入新文化时期，起飞的经济与带有岭南风格的粤语文化、粤式生活方式结合在一起，形成了岭南文化的现代阶段，激励着我们，为建设新时代中国特色的社会主义而努力奋斗。

不待扬鞭自奋蹄，辛丑牛年到来的钟声已经敲响。没有哪一个春天不经历难忘的寒冬，没有哪一段历史不经过艰苦的磨难，忘记过去就意味着背叛。让我们牢记着这段苦难的历史，发扬岭南文化的优秀传统，团结起来，共同努力，为破土的每一颗种子而叫好，为完成每一个梦想而喝彩。

正所谓：贝壳层中仙骨葬，先秦佛山处处扬；

三水合流汇珠江，广府文化飘岭南。

① 陈泽宏：《广府文化》（岭南文库），广州：广东人民出版社，2007年，第1—573页。

参考文献

一、古籍

1．[先秦]佚名：《逸周书·王会解》卷七·第五十九，上海：上海古籍出版社，2007年。

2．[战国]佚名：《易·系辞下》，沈阳：辽海出版社，1998年。

3．[战国]佚名：《山海经·海外南经》卷六，桂林：广西师范大学出版社，2007年。

4．[战国]吕不韦：《吕氏春秋·恃君览》卷二十，天津：百花文艺出版社，2015年。

5．[秦]佚名：《尚书》，（清）阮元校刻：《十三经注疏》，北京：中华书局，1982年。

6．[西汉]司马迁：《史记》，北京：中华书局，1982年，第1751、2970页。

7．[西汉]贾谊；《过秦论》，《贾谊新书》，上海：上海古籍出版社，1986年，第4页。

8．[西汉]刘安著，胡安顺，张文年等译：《白话淮南子·本经》卷八，陕西：三秦出版社，1998年，第248页。

9．[东汉]杨孚：《异物志》，广州：广东科技出版社，2009年，第1—52页。

10．[西晋]张华：《博物志》卷二，北京：中华书局，1985年，第110页。

11．[南朝]范晔：《后汉书·南蛮传》，北京：中华书局，1965年，第2839页。

12．[唐]司马贞：《史记索隐》，西安：陕西师范大学出版社，2018年。

13．[唐]真人元开：《唐大和上东征传》，北京：中华书局，2000年，

第69页。

14. [宋]乐史：《太平寰宇记》卷一六七，北京：中华书局，2007年。

15. [元]李京：《云南志略·云南总叙》，杭州：杭州图书馆出版社，1992年。

16. [明]田汝成：《炎徼记闻》卷四，上海：上海涵芬楼影印明万历刻本，纪录汇编本。

17. [明]邝露：《赤雅》卷一，商务印书馆，1936年。

18. [清]屈大均：《广东新语》，香港：中华书局香港分局，1974年，第180页、452页。

19. [清]王夫之：《楚辞通释》，上海：上海人民出版社，1975年，第142页。

20. [清]田雯：《黔书·黔风》上卷，贵阳：贵州人民出版社，1992年。

21. [清]顾祖禹：《读史方舆纪要》卷101，“广东二”，香港：中华书局，2005年。

22. [清]顾炎武：《天下郡国利病书·广东》卷103、104，上海：上海古籍出版社，2012年。

二、著作

1. 贾兰坡：《中国大陆上的远古居民》，天津：天津人民出版社，1978年，第102、137—138页。

2. 秦威廉：《南丫岛深湾——考古遗址调查报告》，香港：香港考古学会专刊第三本，1978年，第1—293页。

3. 袁珂：《山海经校注》，上海：上海古籍出版社，1980年。

4. 广州市文管会：《广州汉墓》，北京：文物出版社，1981年，第1—526页。

5. 黄镇国、李平日等：《珠江三角洲形成发育演变》，广州：科普出

版社广州分社，1982年，第56—62页。

6．广东省博物馆等：《广东出土先秦文物》，香港：香港中文大学文物馆，1984年，第292—293页。

7．李平日、郑建生等：《广州地区第四纪地质》，广州：华南理工大学出版社，1989年，第148—151页。

8.《珠江志》编纂委员会：《珠江志》卷一，广州：广东科技出版社，1991年，第134页。

9．李平日等：《珠江三角洲一万年来环境演变》，天津：海洋出版社，1991年，第65页。

10．广东省文物考古研究所等：《纪念黄岩洞遗址发现三十周年论文集》，广州：广东旅游出版社，1991年，第181—197页。

11．关祥主编：《西樵山志》，广州：广东人民出版社，1992年，第49—66页。

12．南京博物院：《北阴阳营——新石器时代及商周遗址发掘报告》，北京：文物出版社，1993年，第149页图六一。

13．曾骐：《珠江文明的灯塔——南海西樵山古遗址》，广州：中山大学出版社，1995年，第1—163页。

14．李荆林：《女书与史前陶文研究》，珠海：珠海出版社，1995年，第1—345页。

15．广东省博物馆：《广东省博物馆集刊》，广州：广东人民出版社，1996年，第26—33页。

16．苏秉琦：《中国文明起源新探》，香港：香港商务印书馆，1997年，第108—109页。

17．饶宗颐：《符号·初文与字母——汉字树》，香港：香港商务印书馆，1998年，第3页。

18．林华东：《良渚文化研究》，杭州：浙江教育出版社，1998年，第1—592页。

19．杨式挺：《岭南文物考古论集》，广东省地图出版社，1998年，第1—381页。

20．苏秉琦主编：《中国通史》第二卷〈远古时代〉，上海：上海人民出版社，1999年，第483—491页。

21．广东省文物考古研究所：《广东省文物考古研究所建所十周年文集》，广州：岭南美术出版社，2001年，第282—328页。

22．莫稚：《南粤文物考古集》，北京：文物出版社，2003年，第3—430页。

23．湛江市博物馆等：《雷州窑瓷器》，广州：岭南美术出版社，2003年，第1—205页。

24．广东省文物考古研究所等：《博罗横岭山》，北京：科学出版社，2005年，第1—428页。

25.《越文化实勘研究论文集》（一），北京：中华书局出版，2005年，第47—58页。

26．江西省文物考古研究所等：《吴城：1973—2002年考古发掘报告》，北京：科学出版社，2005年，第1—425页。

27．郑超雄：《壮族文明起源研究》，南宁：广西人民出版社，2005年，第80页。

28．广东省博物馆、佛山市博物馆：《佛山河宕遗址——1977年冬至1978年夏发掘报告》，广州：广东人民出版社，2006年，第1—198页。

29．陈泽宏：《广府文化》，岭南文库，广州：广东人民出版社，2007年，第1—573页。

30．邱立诚：《粤地考古求索》，北京：科学出版社，2008年，第247—260页。

31．梁桂全主编：《广东历史人文资源调研报告》，北京：社会科学文献出版社，2008年，第255页。

32．娄欣利：《先秦东江三角洲陶器研究》，北京：科学出版社，

2010年，第12—15页。

33．福建博物院、晋江博物馆：《磁灶窑址：福建晋江磁灶窑址考古调查发掘报告》，北京：科学出版社，2011年，第1—434页。

34．深圳市文物考古鉴定所：《深圳咸头岭——2006年发掘报告》，北京：文物出版社，2013年，第269—274页。

35．江惠生主编：《英德牛栏洞遗址—稻作起源与环境综合研究》，北京：科学出版社，2013年，第1—214页。

36．广东省文物考古研究所等：《石峡遗址》，北京：文物出版社，2014年，第1—607页。

37．赵善德：《先秦秦汉时期岭南社会与文化考察》，广州：暨南大学出版社，2014年，第92—93页。

38．广东省文物考古研究所等：《岭外遗珍》，广州：广东高等教育出版社，2014年，127页上、128页下、132页上。

39．裴安平：《中国史前聚落群聚形态研究》，香港：中华书局，2014年，第1—468页。

40．杨式挺、邱立诚等：《广东先秦考古》，广州：广东人民出版社，2015年，第385—656页。

41．易西兵主编：《西樵山遗址考古研究》，桂林：广西师范大学出版社，2015年，第1—4、767—769页。

42．朱培建：《佛山明清铸造》，佛山历史文化丛书（第一辑），广州：广东人民出版社，2016年，第1—381页。

43．梁惠颜主编：《南海区可移动文物普查精品图录》，广州：岭南美术出版社，2017年，第245页。

44．广东省文物考古研究所：《广东出土先秦青铜器》，北京：科学出版社，2020年，第63、175页。

45．广东省文物考古研究所：《广东省文物考古研究所藏品精粹》，北京：科学出版社，2020年，第24—30页。

46. [美]George（Rip）Rapp.Christopher L.Hill.杨石霞等译：《地质考古学——地球科学方法在考古学中的应用》，北京：科学出版社，2020年，第259页。

三、论文及其他

1. 岑仲勉：《五羊故事》，载《广东文物特辑》，1948年。

2. 莫稚：《广东清远湛江河支流新石器时代遗址调查发掘简报》，载《文物参考资料》1956（11），第40—45页。

3. 莫稚：《广东宝安新石器时代遗址调查简报》，载《考古通讯》1957（6），第8—15页。

4. 中山大学调查小组：《广东南海县西樵山石器的初步调查》，载《中山大学学报》（自然科学版）1959（1），第44—53页。

5. 广东省博物馆：《广东南海西樵山出土的石器》，载《考古学报》1959（4），第1—15页。

6. 广东省文物管理委员会：《佛山专区的几处古窑址调查简报》，载《文物》1959（12），第53—57页。

7. 贾兰坡：《广东地区古人类及考古学研究的未来希望》，载《理论与实践》1960（3），第37—42页。

8. 莫稚：《广东考古调查发掘的新收获》，载《考古》1961（12），第650—665页。

9. 莫稚等：《广东增城、始兴的战国遗址》，载《考古》1964年3期，第143—151转160页。

10. 广东省文物管理委员会：《广东佛山市郊澜石东汉墓发掘报告》，载《考古》1964（9），第448—457页。

11. 曾广亿：《广东佛山鼓颡岗宋元明墓记略》，载《考古》1964（10），第537—538页。

12. 广东省文物管理委员会：《广东佛山市郊澜石唐至明墓发掘

记》，载《考古》1965（6），第284—286页。

13．贾兰坡：《中国细石器的特征和它的传统、起源与分布》，载《古脊椎动物与古人类》1978年（16）2，第137—143页。

14．吴新智：《广东增城金兰寺遗址新石器时代人类头骨》，载《古脊椎动物与古人类》1978年（16）3，第201—204页。

15．佛山市博物馆：《广东石湾古窑址调查》，载《考古》1978（3），第195—200页。

16．中国社科院考古研究所实验室：《放射性碳素测定年代报告》（七），载《考古》1980（4），第372—377页。

17．曾广亿：《广东陵水、顺德、揭西出土的宋代瓷器、渔猎工具和元代钞版》，载《考古》1980（1），第71—76页。

18．王志俊：《关中地区仰韶文化刻划符号综述》，《考古与文物》1980（3），第14页。

19．曾骐：《西樵山东麓的细石器》，载《考古与文物》1981（4），第1—12页。

20．曾骐：《西樵山石器和"西樵山文化"》，载《中国考古学年会第三次年会论文集》，北京：文物出版社，1981年。引自《西樵山遗址考古研究》，桂林：广西师范大学出版社，2015年，第309—310页。

21．广东省博物馆：《广东佛山市郊澜石东汉墓清理简报》，载《文物资料丛刊》（4），1981年，第98—103页。

22．广东省博物馆曾广亿：《广东南海汉墓发掘简报》，载《文物资料丛刊》（4），1981年，第89—97页。

23．韩康信等：《我国拔牙风俗的源流及其意义》，载《考古》1981（1），第64—76页。

24．徐恒彬：《广东几何印纹陶纹饰演变初步认识》，载《文物集刊》（3），1981年，第203—211页。

25．苏秉琦、殷玮璋：《关于考古学文化的区系类型问题》，载《文物》1981（5），第10—07页。

26. 李平日等：《珠江三角洲六千年来的发展模式》，载《泥沙研究》1982（3），第33—42页。

27. 广西壮族自治区文物工作队：《广西隆安大龙潭新石器时代遗址发掘简报》，载《考古》1982（1），第9—97页。

28. 韩康信、潘其峰：《广东佛山河宕新石器时代晚期墓葬人骨》，载《人类学学报》1982（1）1，第42—51页。

29. 杨豪、杨耀林：《广东高要县茅岗水上木构建筑遗址》，载《文物》1983（12），第31—46页。

30. 广东省博物馆：《广东南海县西樵山遗址》，载《考古》1983（12），第1085—1091页。

31. 广东省博物馆：《广东南海县灶岗遗址发掘简报》，载《考古》1984（3），第203—212页。

32. 杨耀林：《广东高要茅岗新石器时代干栏式建筑遗存》，载《史前研究》1985（1），第43—47页。

33. 杨式挺：《试论西樵山文化》，载《考古学报》1985（1），第9—32页。

34. 贾兰坡等：《亚洲和北美洲的史前文化联系》，载中国太平洋历史学会编《太平洋》，北京：海洋出版社，1985年，第16—45页。

35. 湖南省博物馆：《湖南石门县皂市下层新石器遗存》，载《考古》1986（1），第1—11页。

36. 广东省博物馆等：《广东罗定背夫山战国墓》，载《考古》1986（3），第210—220页。

37. 石兴邦：《试论大汶口文化及其有关问题——中国原始社会文化探索之二》，载《山东史前文化论文集》，济南：齐鲁书社，1986年，第177—195页。

38. [日]春成秀尔：《拔牙的意义》，载《考古学研究》（20）2号，

1979年，第25—48页。

39．黄新美，刘建安：《广东南海县鱿鱼岗新石器时代晚期墓葬人骨》，载《人类学学报》1988（7）2，第102—105页。

40．杨式挺等：《广东封开县杏花河两岸古遗址调查与试掘》，载《考古学集刊》（6），北京：中国社会科学出版社，1989年，第63—82页。

41．江西省文物工作队等：《清江樊城堆遗址发掘简报》，载《考古与文物》1989（2），第20—40页。

42．深圳博物馆：《深圳市叠石山遗址发掘简报》，载《文物》1990年11期，第21—28页。

43．上海市文物管理委员会：《青浦福泉山遗址崧泽文化遗存》，载《考古学报》1990（3），第303—337页。

44．广东省博物馆等：《广东高要县蚬壳洲发现新石器时代贝丘遗址》，载《考古》1990（6），第565—568页。

45．杨少祥等：《广东海丰县发现玉琮和青铜兵器》，载《考古》1990（8），第751—753页。

46．彭书琳等：《试论广西的有肩石器》，载《纪念黄岩洞遗址发现三十周年论文集》，广州：广东旅游出版社，1991年，第181—197页。

47．广东省博物馆等：《广东顺德县汉墓的调查和清理》，载《文物》1991（4），第47—63页。

48．广东省文物考古研究所等：《封开县乌骚岭新石器时代墓葬群发掘简报》，载《文物》1991（11），第1—7页。

49．广东省博物馆等：《高要县龙一乡蚬壳洲贝丘遗址》，载《文物》1991（11），第8—13页。

50．广东省博物馆等：《广东顺德陈村汉墓的清理》，载《文物》1991（12），第73—75页。

51．邱立诚等：《东莞村头遗址发掘的初步收获》，载《广东省博物馆馆刊》（2），1991，第70—73页。

52. 王仁湘：《四川广元市中子铺细石器遗存》，载《考古》1991（4），第289—299页。

53. 曾骐：《西樵山的开发和西樵山文化的外向型特征》，载《纪念黄岩洞遗址发现三十周年论文集》，广州：广东旅游出版社，1991年，第222—231页。

54. 梁振兴、李子文：《三灶岛草堂湾遗址发掘》，载《珠海考古发现与研究》，广州：广东人民出版社，1991年，第21—33页。

55. 李伯谦：《广东咸头岭一类遗存浅识》，载《东南文化》，1992年3、4期合刊，第45—49页。

56. 中山大学人类学系张镇洪：《1986—1987年西樵山发掘简报》，载《文物》1993（9），第32—44页。

57. 徐松石：《粤江流域人民史》，载《民族学研究著作五种》，广州：广东人民出版社，1993年，第101、1074页。

58. 吕烈丹：《西樵山石器原料霏细岩开采方法的实验研究——兼谈锦岩、虎头岩洞穴的形成》，载《考古学研究》（二），北京：北京大学出版社，1994年，第267—280页。

59. 邓聪、黄韵璋：《大湾文化试论》，载《南中国及邻近地区古文化研究》，香港：中文大学出版社，1994，第395—450页。

60. 冯孟钦、卢筱洪：《从佛子庙的发掘谈西樵山双肩石器的若干问题》，载《广东省博物馆集刊》，广州：广东人民出版社，1996年，第26—33页。

61. 广东省文物考古研究所等：《广东南海市鱿鱼岗贝丘遗址的发掘》，载《考古》1997（6），第65—76页。

62. 商志䕫等：《香港考古学发展史简论（下）》，载《考古与文物》1997（3），第51页。

63. 香港古物古迹办事处：《香港涌浪新石器时代遗址发掘简报》，载《考古》1997（6），第35—53页。

64．广东省文物考古研究所等：《广东博罗县园洲梅花墩窑址的发掘》，载《考古》1998（7），第28—44页。

65．广东省文物考古研究所：《广东博罗银岗遗址发掘简报》，载《文物》1998（7），第17—30页。

66．邱立诚、吴海贵：《连州市龙嘴竹仔墩西汉墓》，载《1996年中国考古学年鉴》，北京：文物出版社，1998年，第219—220页。

67．广东省文物考古研究所等：《广东普宁市池尾后山遗址发掘简报》，载《考古》1998（7），第1—10页。

68．全洪：《简介国外对酋邦社会及其理论的研究》，载《广州文物考古集》，北京：文物出版社，1998年，第120—131页。

69．韩康信等：《香港马湾岛东湾仔北史前遗址出土人骨鉴定》，载《考古》1999（6），第1—25页。

70．广东省文物考古研究所等：《广东南海市西樵山佛子庙遗址的发掘》，载《考古》1999（7）期，第28—37页。

71．珠江三角洲史前遗址调查组：《珠江三角洲史前遗址调查》，载《考古学研究》（四），北京：科学出版社，2000年，第355—403页。

72．广东省文物考古研究所等：《广东三水市银州贝丘遗址发掘简报》，载《考古》2000（6），第24—36页。

73．广东省文物考古研究所：《广东博罗银岗遗址第二次发掘》，载《文物》2000（6），第4—16页。

74．广东省文物考古研究所等：《东莞村头遗址第二次发掘简报》，载《文物》2000（9），第25—34页。

75．广东省文物考古研究所、东莞市博物馆：《广东东莞市圆洲贝丘遗址的发掘》，载《考古》2000（6），第11—23页。

76．湖南省文物考古研究所：《湖南湘潭县堆子岭新石器时代遗址》，载《考古》2000（1），第22—37页。

77．苏州博物馆、昆山市文物管理所：《江苏昆山市绰墩遗址发掘报

告》，载《东南文化》2000（1），第40—55页。

78．广东省文物考古研究所等：《南海市鲋鱼岗贝丘遗址发掘报告》，载《广东省文物考古研究所建所十周年文集》，广州：岭南美术出版社，2001年，第282—328页。

79．邱立诚：《论广东地区两周时期的考古文化》，载《广东省文物考古研究所建所十周年文集》，广州：岭南美术出版社，2001年，第144—157页。

80．湖南省文物考古研究所：《湖南辰溪县松溪口贝丘遗址发掘简报》，载《文物》2001（6），第17—27页。

81．曾骐：《东湾仔拔牙——兼论我国东南沿海拔牙习俗文化区》，载《广东省文物考古研究所建所十周年文集》，广州：岭南美术出版社，2001年，第95—102页。

82．邓宏文：《广东博罗银岗遗址陶片化学成分、物理性能分析研究》，载《广东省文物考古研究所建所十周年文集》，广州：岭南美术出版社，2001年，第166—185页。

83．邱立诚：《广东先秦时期考古研究的新进展》，载《岭南考古研究》（2），广州：岭南美术出版社，2002年，第151—168页。

84．卢筱洪：《新石器时代的双肩石器制造场——谈西樵山佛子庙遗址及其保护》，载《文物保护和利用》，广州：岭南美术出版社，2002年，第450—455页。

85．郭伟民：《论堆子岭文化》，载《江汉考古》2003（2），第37—45页。

86．莫稚、陈智亮：《广东珠江三角洲贝丘遗址》，载《南粤文物考古集》，北京：文物出版社，2003年，第180—238页。

87．莫稚：《广东珠江三角洲贝丘遗址补遗和余论》，载《南粤文物考古集》，北京：文物出版社，2003年，第239—246页。

88．李龙章：《两广夔纹陶类型遗存年代问题商榷》，载《南方文

物》2003（1），第17—25页。

89．香港古物古迹办事处、河南省文物考古研究所：《2002年度香港西贡沙下遗址C02区和DII02区考古发掘简报》，载《华夏考古》2004（4），第3—47页。

90．杨式梃：《略论我国东部沿海史前居民的拔牙习俗》，载《越文化实勘研究论文集》（一），北京：中华书局出版，2005年，第47—58页。

91．杨式挺：《略论我国古代的拔牙风俗》，载《广西民族研究》2005（3），第145—152页。

92．魏峻：《普宁市虎头埔新石器时代窑址发掘报告》，载《揭阳考古》，北京：科学出版社，2005年，第3—50页。

93．魏峻：《揭东县面头岭墓地发掘报告》，载《揭阳考古》，北京：科学出版社，2005年，第51—102页。

94．吴海贵、吴孝斌等：《双F纹源流初探》，载广东省文物考古研究所等：《博罗横岭山》，北京：科学出版社，2005年，第431—439页。

95．张镇洪：《佛山河宕遗址出土部分脊椎动物遗骨的鉴定意见》，载《佛山河宕遗址——1977年冬至1978年夏发掘报告》，广州：广东人民出版社，2006年，第174—175页。

96．邱立诚：《史前时期珠江三角洲地区的彩陶器》，载《岭南考古研究》（5），广州：中山大学出版社，2006年，第118—131页。

97．张文绪、向安强等：《广东曲江马坝石峡遗址古稻研究》，载《作物学报》，2006（32）11，第1695—1698页。

98．赵志军：《对华南地区原始农业的再认识》，载《华南及东南亚地区史前考古》，北京：文物出版社，2006年，第145—156页。

99．张文绪、向安强等：《石峡遗址M104古稻稃壳印痕研究》，载《华南农业大学学报》，2007（28）2，第20—23页。

100．邱立诚：《再论浮滨文化》，载《饶宗颐学术研讨会论文集》，香港：海天出版社，2007年，第10—21页。

101．香港古物古迹办事处、广州市文物考古研究所：《香港西贡沙下遗址DI区发掘简报》，载《华夏考古》2007（4），第3—34页。

102．李占扬：《许昌灵井遗址2005年出土石制品的初步研究》，载《人类学学报》2007（26）2，第138—154页。

103．韦江、杨清平：《广西武鸣河流域先秦墓葬的初步研究》，载《南方文物》2007（1），第59—65页。

104．张文绪、向安强等：《广东省封开县杏花河旧屋后山遗址古稻双峰乳突及稃壳印痕研究》，载《中国水稻科学》，2008（22）1，第103—106页。

105．郭顺利、邱立诚：《佛山市马麻岭周代墓地》，载《2007年中国产年鉴》，北京：文物出版社，2008年，第364—365页。

106．董平：《广东顺德麻祖岗调查与勘探工作报告》，载《岭南考古研究》（8），香港：中国评论学术出版社，2009年，第110—115页。

107．郭顺利、邱立诚：《佛山市西华寺南汉遗址》，载《2011年中国考古学年鉴》，北京：文物出版社，2012年，第389页。

108．邱立诚：《广东古窑址的历史概要——兼谈佛山古陶瓷业的发展》，载《佛山市博物馆藏陶瓷》，北京：文物出版社，2012年，第213—228页。

109．向安强、张文绪等：《广东龙川坪岭头遗址出土古稻研究》，载《天津农业科学》，2013（19）8，第80—83页。

110．Zong Y.，Zheng Z.，Huang K.，et al.，"Changes in Sea Level，Water Salinity and Wetland Habitat Linked to the Late Agricultural Development in the Pearl River Delta Plain of China，" *Quaternary Science Reviews* 70，2013，pp.145–157.

111．中国社会科学院考古研究所华南一队等：《贵州平坝县牛坡洞遗址2012—2013年发掘简报》，载《考古》2015（8），第16—36页。

112．杨式挺、何兆明：《广东顺德古文化遗址调查与发掘》，载《岭

南考古研究》（14），香港：中国评论学术出版社，2015年，第35—55页。

113. 曾骐：《西樵山文化的可持续性发展》（代前言），载《西樵山遗址考古研究》，桂林：广西师范大学出版社，2015年，第1—9页。

114. 黄晓蕙：《佛山奇石古窑与相关的几个问题》，载《南方文物》2016（5），第211—220页。

115. 邱立诚：《珠江文明的八代灯塔——论西樵山文化遗存的早期文明》，载《南海西樵论坛论文集1》，广州：广东旅游出版社，2017年，第34—49页。

116. 杨晓燕、李昭、王维维等：《稻作南传：岭南稻作农业肇始的年代及人类社会的生计模式背景》，载《文博学刊》（1），2018年，第33—47页。

117. 李岩、崔勇：《古椰贝丘遗存初识——兼谈香港沙下等相关遗存》，载《湖南考古辑刊》（13），2018年，第226—250页。

118. 李莉：《5000多年前坚果是人类植物性食物主要来源》，载《百科知识》（21），2018年，第57页。

119. 郭文钠：《佛山地区新石器时代饮食文化研究》，载《文博学刊》（3），2020年，第17—26页。

120. 邱立诚：《浮滨文化的研究史》，载《浮滨撷英——广东大埔、饶平原始瓷发现与研究》，上海：上海古籍出版社，2020年，第79—92页。

121. 李岩：《古椰遗址出土细小石器的初步观察》，载《从石峡到珠三角——中国南方史前先秦考古研究》，北京：科学出版社，2020年，第310—318页。

后　记

本书是在广州大学教授章文钦老师的大力推荐和支持下完成，承蒙《佛山历史文化丛书》列入出版计划，使本书得以印行。承中山大学曾骐教授、广东省文物考古研究所李岩研究员、郭顺利副研究员以及文物保护与信息中心主任陈以琴女士、刘亭利女士、佛山市博物馆藏品部主任黄晓蕙副研究员、佛山市南海区博物馆副馆长卢筱洪副研究员、三水区博物馆刘永辉先生等提供资料，给予协助，又得到学术委员会顾问罗一星先生、温春来教授等的专家审读意见，终成此稿，在此致以诚挚的谢意。

佛山地区先秦时期的古代遗存，有一些已发表了简报或发掘报告，如禅城区河宕遗址、南海区鱿鱼岗遗址等。但多数未见发掘报告，如高明区古椰遗址，仅有一些报道或论文资料，甚至连发掘简报也没有，许多资料还未发表。南海区灶岗遗址和西樵山佛子庙遗址等也只见发掘简报，不见发掘报告。三水区银洲遗址，已完成发掘报告的编写，但还未见到发表，只有简报可供使用。高明区马麻岭墓葬，只有工作报告可以参考。所幸发掘者尽可能地提供发掘资料，使佛山地区先秦遗址和墓葬资料更丰富，不至于捉襟见肘。

历史是人民创造的，历史经验是历史发展的动力与结果。度之往事，验之来事。回顾过去，展望将来，历史是最好的教科书，以史为鉴，可以知兴替；以史为鉴，可以创未来，这是本书的意义所在。

在本书编写过程中，我的家人承担了繁杂的家务事，使我能够专心进行写作，历时近一年，完成了书稿。在出版过程中，广东人民出版社陈泽航等编辑辛勤劳作，细心地加以运作、编排、修改、校对，使本书顺利印行，特顺此一并致意感谢。

邱立诚于羊城水荫寓所

2021年3月

后 记

“佛山历史文化丛书”已出版书目

第一辑

01 《佛山状元文化》
02 《佛山古村落》
03 《佛山商道文化》
04 《佛山家训》
05 《佛山中医药文化》
06 《佛山明清冶铸》
07 《佛山历史人物录》
08 《佛山传统建筑》
09 《佛山祖庙》
10 《佛山粤剧》

第二辑

01 《西樵山与岭南理学的传承》
02 《佛山北帝文化与社会》
03 《佛山历代诗歌三百首》
04 《明清佛山地方治理研究》
05 《石湾窑研究》
06 《佛山木版年画历史与文化》
07 《佛山彩灯》
08 《佛山纺织史》
09 《佛山武术史略》
10 《佛山古今桥梁掠影》

第三辑

01 《詹天佑：从南海幼童到中国铁路之父》
02 《陈启沅传》
03 《骆秉章传》
04 《冼冠生和冠生园》
05 《佛山古代铸造工匠技艺》
06 《李待问传》
07 《佛山龙舟文化》
08 《大绅与通儒：李文田传》
09 《中国机械名师温子绍》
10 《吴趼人评传》

第四辑

01 《南粤黎明——佛山一九四九年前后》
02 《佛山桑基鱼塘史》
03 《佛 山历代著者辑要》
04 《佛山酒文化史》
05 《石湾陶塑史》
06 《佛山词征》
07 《黄节文选》
08 《鸿胜馆史略》
09 《佛山照明灯具产业史》
10 《梁储传》

第五辑

01《珠江三角洲农业志》
02《明代佛山社会经济》
03《清代佛山社会经济》
04《佛山历代状元进士谱》
05《明清佛山家风家训研究》
06《庞嵩评传》
07《李氏骨伤流派与李广海》
08《佛山古镇老街巷》
09《佛山铜凿剪纸》
10《佛山惠门四子与岭南文化》

第六辑

01《南粤星火——中共佛山早期党组织的创建和革命活动》
02《佛山先秦考古与岭南文明》
03《明清南海县志研究》
04《佛山桑园围史》
05《广三铁路史稿》
06《佛山『铺』历史研究》
07《顺德自梳女历史足迹》
08《佛山华侨华人史》
09《三水红头巾史略》
10《佛山石头霍氏研究》